瓷器改变世界

CHINESE PORCELAIN IN THE WORLD:
HISTORY AND TRADE ROUTES

江建新 主编

精编典藏版

四川人民出版社

图书在版编目（CIP）数据

瓷器改变世界 / 江建新主编. —— 成都：四川人民出版社, 2022.11
ISBN 978-7-220-12642-0

Ⅰ. ①瓷… Ⅱ. ①江… Ⅲ. ①瓷器—对外贸易—贸易史—中国 Ⅳ. ①F752.658.7

中国版本图书馆CIP数据核字(2022)第070272号

CIQI GAIBIAN SHIJIE

瓷器改变世界

江建新　主编

出 版 人	黄立新	E-mail	scrmcbs@sina.com
策划组稿	章　涛	新浪微博	@四川人民出版社
推广统筹	李真真	微信公众号	四川人民出版社
出版统筹	邹　近	发行部业务电话	(028) 86361653　86361656
责任编辑	任学敏　王卓熙	防盗版举报电话	(028) 86361661
封面设计	李其飞	照　　排	四川胜翔数码印务设计有限公司
内文设计	戴雨虹	印　　刷	四川新财印务有限公司
美术设计	李秋烨	成品尺寸	210mm×260mm
版权推广	杨　立　谢春燕	印　张	31.5
融合推广	袁　璐　石　龙	字　数	532千
文创推广	郭　健　魏宏欢	版　次	2022年11月第1版
责任校对	舒晓利　申婷婷	印　次	2022年11月第1次印刷
责任印制	李　剑	书　号	ISBN 978-7-220-12642-0
出版发行	四川人民出版社（成都市三色路238号）	定　价	198.00元
网　　址	http://www.scpph.com		

■版权所有·侵权必究

本书若出现印装质量问题，请与我社发行部联系调换　电话：(028) 86361656

青瓷鸡首壶·南朝

青釉飞鸟熏炉·南北朝

序

陶瓷是中华文明重要的载体之一。被称为我国三大文明源头的陶寺、二里头、良渚都有大量的陶器出土,史前有红陶、灰陶、黑陶与白陶,商周有原始青瓷与白瓷。东汉时期我国已出现人们普遍公认的成熟青瓷,隋唐时期出现了洪州窑、越窑、邢窑等名窑与名瓷,宋代则有所谓汝、官、哥、定、钧五大名窑,又有所谓磁州窑、耀州窑、定窑、景德镇窑、龙泉窑、建窑"六大窑系"之说,元代有浮梁磁局,明清有御窑厂,这些在中国陶瓷史上熠熠闪光的名字,结出了丰硕的文明成果。它们也像中华文明发展中的强大引擎,为中国乃至世界文明的发展带来无尽创意,提供前进动力。特别是从工业革命开始,人类社会规模变得更大、更复杂,而维系社会秩序的物质更加丰富、细致而完整,瓷器渗透人类社会生活的方方面面,甚至影响了人类文明的发展进程。

我国近代学者许之衡在《饮流斋说瓷·概况第一》论瓷谓:"吾华美术,以制瓷为第一,何者?书画、织绣、竹木、雕刻之属全由人造,精巧者可以极意匠之能事,独至于瓷,虽亦由人工,而火候之浅深,釉胎之粗细,则兼藉天时与地力,而人巧乃可施焉。故凡百工艺,欧美目吾华皆若土苴等视,独瓷则甘拜下风,尊为瑰宝,诚以瓷质之美,冠绝全球,虽百图仿效,终莫然及。"瓷器确不同于其他单纯的艺术门类,其工艺的每一演进均关系多个学科,它涉及我国古代人文和自然科技的许多方面。陶瓷是介于物质生活和精神生活之间的物质形态,当人类的审美观念、社会时尚、生活行为方式或某种特殊需要,一旦和陶瓷工艺结合起来,而这种工艺又恰好满足了这些条件时,发生在陶瓷上的工艺变革就水到渠成了。在我国古代缺乏现代传播手段，如没有照相、现代通信技术的情况下，陶瓷工艺技术的传播便依靠人与人之间的口传心授，同时，在当时相对封闭保守的社会环境里，这种工艺的传授则完全是人与人或人与物的直接交流。古代陶瓷工艺传授的这种特殊性，显示了人类自身智力和体力活动的最佳结合，社会生产方式与劳动者的最佳结合，所以，欧美"独瓷则甘拜下风"。同时，在我国中古时代（中世纪）的特殊人文环境里，陶瓷工艺的每一次较大演变都与当时特定的社会大背景有关，可从中看到时代涌动的气息，所谓"瓷虽小道，而于国运世变亦隐隐相关焉"。

中国瓷器史对整个人类文明史的发展有巨大的贡献，是人类文明史中极为浓墨重彩的一个篇章；而其中蕴含的丰富的历史、文化、艺术、科技信息，无论从哪个角度去发掘都是一部引人注目的专著。10世纪开始，大量中国瓷器向海外输出。14世纪元代中后期出现的青花瓷，是东西方文明碰撞出的火花。15世纪初郑和七下西洋的庞大船队所运载的瓷器，开通了连接东西方文明的桥梁。而17世纪初由荷兰东印度公司开辟的联通欧亚的海上贸易之路，将中国瓷器源源不断地输入欧洲大陆，在更深、更广的领域开展了东西方文明的交流与融合。同时，也极大促进了城市的发展，如景德镇便因此成为一个"世界瓷都"，明人王世懋谓"景德镇官窑设焉，天下窑器所聚，其民繁富甲于一省，其地万杵之声殷地，火光烛天，夜令人不能寝，戏目之曰'四时雷电镇'"。李约瑟在《中国科学技术史》中谓"明代的景德镇是世界上第一座工业城市"，在景德镇这个极富东西方文化交流色彩的生态空间里，展示着文明互鉴的最佳样本。

中国的制瓷技术对世界曾产生过重大影响，南宋嘉定十六年（1223）日本加藤景正来到中国，居六年，将制瓷技艺带回日本。明代正德年间（1506—1521年），日本伊势松坂人伊藤五郎大夫在景德镇居住了五年，学习制作青花瓷，归国后在有田设窑烧制陶瓷。17—18世纪，中日"伊万里"风格的瓷器，演绎了一段陶瓷贸易、技术交流和融合创新的生动历史。14世纪制瓷技术传到朝鲜，在朝鲜王朝甚至出现模仿景德镇御窑设置的李朝官窑。同时中国制瓷技术传到越南（安南）、泰国等国，西至波斯，再经西亚、东非，传入欧洲。17世纪，荷兰代尔夫特模仿景德镇克拉克青花瓷，生产出代尔夫特蓝陶，使之代尔夫特成为欧洲的"瓷都"。法国传教士昂特雷科莱（殷弘绪），于1712年将制瓷技术与制瓷重要原料"高岭土"介绍给西方，开创了欧洲陶瓷新时代。近代欧洲瓷器是在景德镇瓷器的直接影响下逐渐发展变化的。早期德国、英国、奥地利、意大利等国瓷器的装饰风格都具有中国的艺术风格，制作工艺几乎与中国相同，有的还在瓷器上描绘中国的风景画。17—18世纪，中国瓷器装饰艺术曾风靡法国的上层社会，在法国风行纤巧华美装饰风格的所谓"洛可可"运动，就是受中国瓷器装饰的影响。中国瓷窑按照欧洲人的审美习惯和风格烧制他们订制的瓷器，将中国的陶瓷文化与西方文化完美合璧，瓷器于当时便已成为全球化产品。18世纪中叶，法国人成功烧造出真正的硬质瓷器。随后英国、瑞典、荷兰都模仿中国制瓷技法，开辟了欧洲制瓷历史的新纪元，演绎了人类历史上几个世纪以来瓷器模仿与超越的互动场景，谱写了海上丝绸之路上中外文化、技术交流的历史篇章。

中国瓷器是中华文明一部分，也是世界文明的一部分。我们研究与鉴赏中国陶瓷，同时也是在感知人类文明的具体物像，探寻人类文明发展的轨迹。《瓷器改变世界》一书，力图给大家提供一个感知、探寻人类文明史的珍贵实物景象和一个研习瓷器的机会。当前，在"一带一路"倡议下，中国瓷器将以更加多元、成熟的姿态，经由"21世纪海上丝绸之路"走向全球。

是为序。

目录

绪言　瓷器改变世界的光辉历程 / 1

壹

考古：世界范围内的中国瓷器遗存

魏晋南北朝：中国外销瓷的肇始时代 / 14
隋唐五代时期：中国瓷器外销第一个高峰 / 23
宋元时期：中国瓷器外销的黄金期 / 44
明清时期：古代中国瓷器外销最后的辉煌 / 63
沉船上发现的明清外销瓷 / 81

贰 瓷路：中国瓷器走向世界的路线图

8世纪以前：文明交流与外销萌芽 / 112

8—10世纪：中国瓷器与亚非贸易圈的建立 / 115

11—15世纪：跌宕起伏的瓷器外销之路 / 138

16—18世纪：中国瓷器与早期全球化 / 153

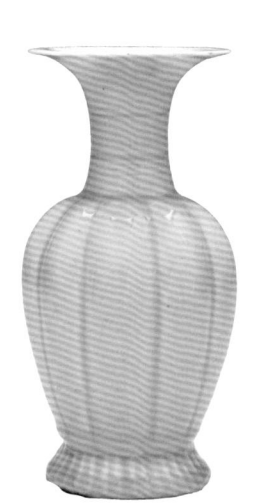

叁 瓷窑：熊熊燃烧的千年窑火

追溯早期外销瓷的产地 / 170

两宋时期外销瓷产地的变迁 / 188

元代外销瓷产地的变迁 / 198

大航海时代的中国外销瓷窑 / 206

目录

肆 订制：独特的外销瓷贸易模式

- 早期订制瓷器的推测 / 230
- 宋元时期繁荣的对外贸易 / 236
- 订制瓷器的繁荣时代 / 248

伍 纹章瓷：外销瓷中的特殊品种

- 西方的纹章和纹章瓷 / 274
- 纹章瓷在欧洲的流行 / 283
- 纹章瓷在美洲的订制 / 307
- 纹章瓷装饰风格和文化特色 / 317

陆 青花：那一阵蓝白相间的中国风

- 青花瓷的世界之旅 / 334
- 青花中的瑰宝：克拉克瓷 / 352
- 明清外销青花瓷的独特魅力 / 366

柒 德化瓷：那一片纯洁的『中国白』

让欧洲人痴迷的"中国白" / 382

明清德化白瓷外销的主要品种 / 389

欧洲和新世界的德化白瓷贸易 / 399

捌 仿制：中国瓷器引领的世界瓷器潮流

朝鲜半岛对中国瓷器的仿制 / 414

日本对中国瓷器的仿制 / 428

"中国风"与欧洲各地的锡釉陶器生产 / 445

欧洲硬质瓷器时代的来临 / 466

结语 / 479

参考文献 / 483

后记 / 487

图片来源 / 488

绪言
瓷器改变世界的光辉历程

文明无国界，是人类共同创造的财富。在漫长的人类历史发展过程中，影响世界文明进程的重要发明和发现，不少是中华民族的贡献。汉代以来形成的陆上、海上丝绸之路将中国与世界紧紧连接，丝绸之路既是一条商路，也是一条文化之路。在漫长的岁月中，包容开放的中华民族创造的璀璨文明沿着这条道路向世界传播，世界各民族文明中的合理成分也沿着这条道路传入我国，被我们所吸纳。

瓷器是人类世界的伟大发明。中国瓷器的发明，影响了整个世界，对人类社会物质文化的提高作出了重大贡献。据考古资料可知，早在商周时期，生活在江浙一带的原始先民们就已经烧造出原始青瓷了。在原始瓷的基础之上，至东汉晚期，成熟的瓷器出现了。魏晋南北朝时期，制瓷技术进一步发展。隋唐时期，形成了"南青北白"的瓷业格局。入宋以后，各地的制瓷技术都取得了长足的进步，产生了"六大窑系"。元朝在景德镇设立了浮梁磁局，专门负责烧造瓷器事宜。此时的景德镇创烧了青花瓷与釉里红瓷器，逐渐确立了其制瓷技术的领先地位。明清时期，中央王朝在景德镇设立了御窑厂，专门为皇家烧造御用瓷器。随着明末清初全球化贸易的开启，大量的以景德镇窑为主包括广东、福建诸窑口生产的瓷器行销全球，对世界各地的人们的生活产生了重大的影响。此时的景德镇，凭借其完备的制瓷体系、先进的制瓷技术、广阔的销售市场等优势，成长为独领风骚的中国瓷都。

早在汉代，中国瓷器就通过陆上和海上丝绸之路运销东南亚、印度次大陆和西亚地区等。此时瓷器的外销以陆路为主，产品主要是青瓷。唐宋以降，随着造船技术的进步、航海事业的快速发展，瓷器更多通过海运的方式外销，销售范围随之扩大，产量亦随之增加。我国唐代东西洋航路所及之处，如日本、印度、波斯湾、埃及等地都发现了唐代的陶瓷碎片。当时著名的外销瓷窑口是位于湖南的长沙窑。日本陶瓷学者三上次男通过对这条海上贸易通道的考古调查后认为，这是连接中世纪东西方两个世界的陶瓷纽带，他把这条运输瓷器的海上航路称为"陶瓷之路"。

宋元时期，随着对外贸易的开展，大量的中国瓷器被输出到东南亚、南亚、西亚与非洲东海岸等地区。宋代中央王朝还先后在广州、宁波、杭州、泉州等处设立了专门管理对外贸易的机构——市舶司；同时，大力发展造船业，当时已能造出载重二千斛的民用海船，可以远渡重洋；指南针的发明和使用，为航海贸易事业的发展插上了翅膀。作为研究宋代中外交通与文化交流的唯一完整文献，成书于南宋宝庆元年（1225）的《诸蕃志》列举了当时亚洲56个国家或地区，其中用瓷器进行贸易的有15个国家或地区，占全部的四分之一以上。由此可见当时中国瓷器外销的繁盛景象。

元代景德镇窑在制瓷工艺上有了新的突破。首先是制瓷原料的进步，采用了瓷石+高岭土的"二元配方"法，提高了烧成温度，减少了器物变形，因而能够烧造出颇有气势的大型器。其次是青花、釉里红的创烧，使具有强烈中国气派与风格的釉下彩瓷器发展到一个新的阶段。

大元帝国，兼容并包。当时来华的商人和游学者众多，其中就包括来自意大利的旅行家马可·波罗。他在中国游历17年之久，且担任过元朝的官员，撰写了第一部欧洲人详述中国的游记——《马可·波罗游记》。这其中就记录了当时中国瓷器的面貌，为欧洲人了解中国瓷器提供了线索。在《马可·波罗游记》发表近二百年后，葡萄牙的航海家达·伽马发现了通往印度洋的航线。欧洲人进入印度洋以后，很快穿过马六甲进入中国领海，中国与欧洲的海上贸易从此轰轰烈烈地展开了。欧洲人终于见到了无数精美的中国瓷器，那时正值明代晚期的嘉靖、万历时期。

青花瓷在元代发展成熟，入明后被明皇廷所青睐，不仅成为宫廷用瓷，还成为当时郑和下西洋带出去的重要礼品瓷。明代前期郑和七下西洋和新航路的开辟，将中国瓷器的销售范围延伸至欧洲，形成了一条世界性的海上陶瓷之路。清代康、雍、乾时期，社会稳定，经济相对繁荣，景德镇御窑厂在皇室的大力扶持下，在瓷器制作技术方面屡有创新，将传统制瓷业推向巅峰，从而也带动了景德镇民窑的全面发展，景德镇从此成为"世界瓷都"。当时景德镇瓷器是欧洲各国室内装饰的时尚艺术品，是上层社会生活的必备日用品，至18世纪形成了一股强劲的"中国风"。

欧洲人在接触到精美的青花瓷器后，立即为之倾倒，青花瓷器成为当时欧洲长距离贸易中销路最广、获利最多的重要商品之一。1514年，葡萄牙航海家抵达广州沿海，开始了欧洲国家与中国的第一次贸易。1553年，葡萄牙人取得了在澳门的居住权，开启了一条海上致富之路。与此同时，西班牙把菲律宾作为和中国贸易的据点，大量采购中国茶叶、丝绸和瓷器，再将这些货物转运回国。1571年，有"海上马车夫"之称的荷兰抵达印度尼西亚，取代了葡萄牙和西班牙的远东贸易霸权。

在17世纪，荷兰和英国先后成立了东印度公司，垄断了亚洲的贸易资源。1610年

（万历三十八年），荷兰商船Roode Leeuw met Pijlen号抵达广州，购回瓷器9227件。1614年，运往荷兰的瓷器数量上升为69057件。据保守估计，1602年至1682年，荷兰东印度公司从中国进口约1200万件瓷器，这些瓷器除大多数被运回欧洲外，还有一部分被运到中南半岛、印度次大陆、阿拉伯地区等进行销售。1715年，英国东印度公司最早在广州开设贸易机构。18世纪中叶，英国占据了在欧洲经营中国瓷器的首要地位。在18世纪初，英国人把2500万到3000万件中国瓷器运到了欧洲。

其他的国家看到巨大商机后，也先后成立东印度公司，纷纷来华购买瓷器，加入亚洲贸易大潮中。从此，中国瓷器就通过东印度公司源源不断地输往欧洲，从而使欧洲成为清代中国瓷器最大的海外市场。

15—17世纪欧洲正值文艺复兴时期，东西方交通不便、文字语言不通，致使当时的东方古国中国对欧洲来说，仍旧十分神秘，令其充满向往和想象。

在马可·波罗的游记中，中国被描述成一个富庶、繁荣的礼仪之邦，让欧洲人心向往之的同时，也加速了对自身文化变革的动力。伴随着16世纪大量精美的中国瓷器开始输入欧洲，装饰着美丽花卉和戏曲故事纹样的青花瓷，让欧洲人对神秘的东方古国有了更为直观形象的认识。所以，对欧洲人来说，青花瓷是中国送给当时欧洲文艺复兴最好的礼物。

17世纪末到18世纪末,欧洲掀起了前所未有的"中国热"。在一百多年的时间里,中国被欧洲极为追捧,无论是物质、文化还是政治制度,乃至于1769年曾有欧洲人戏称:"中国比欧洲本身的某些地区还要知名。"在"中国热"期间,欧洲人热衷于模仿中国的艺术风格和生活习俗,收藏来自中国的物品,以至形成了一种时尚。其具体体现在:凡尔赛宫的舞台上,国王身着中国服装出现在大臣面前;塞纳河边的戏园子里,男女老少聚精会神观看中国皮影;国王的情妇养金鱼,大臣的夫人乘轿子;富人在私家花园的中国式亭子里闲聊,文人端着景德镇的茶碗品茗……这一时期,中国的瓷器成为欧洲上流社会彰显身份的时尚品和奢侈品。

法国国王路易十四曾下令:把所有的银质餐具统统熔化掉,派作更重要的用场;餐具一律用瓷器替代。德国萨克森公国奥古斯特曾用600个全副武装的近卫骑兵从普鲁士国王那里换来127个青花瓶。由此可见,销往欧洲的中国瓷器当时是多么昂贵了。为获取更多的中国瓷器,路易十四曾命令法国首相创办东印度公司,专门到广东订造中国瓷器。俄国彼得大帝和普鲁士国王腓特烈大帝也不例外。可以想象,中国瓷器是怎样刺激了欧洲市场,开启了最早的全球化贸易活动。16世纪后半叶,贸易活动开始兴盛,17世纪末到19世纪初,中国对欧洲的外销瓷贸易更是达到一个前所未有的高峰,当时的瓷器已从欧洲上层社会走进寻常百姓家。17世纪末,英国进口的茶叶是2万磅,至19世纪初达到2000万磅,增加1000倍。那么仅茶具就需要增加多少呢?当时欧洲甚至用"高岭土"(高岭是清代景德镇出产瓷土的一座山的名字)命名世界其他地方的瓷土,可见中国瓷器对欧洲的影响有多大,可以说欧洲当时几乎是通过瓷器来认识中国的。

在明代晚期,景德镇窑、漳州窑、德化窑的瓷器和宜兴紫砂器等也相继进入欧洲市场,许多制品成为广受人们欢迎的上等用品。洁白、明亮、半透明并装饰有精美图案的中国瓷器，让欧洲人着迷和惊叹，他们一直想获得成功制作瓷器的技术。早在16世纪，欧洲人就开始尝试着制作高温硬质瓷，最早对此进行尝试的是意大利人。随后，法国和英国也加入这个试制瓷器的队伍中。经过一百多年的尝试和努力，欧洲人意识到他们所制作的瓷器与来自中国的瓷器还是不一样。所以，直到18世纪初，瓷器的制作在欧洲还是个难以破解的技术难题。

那时的欧洲人为何如此痴迷尝试制作瓷器呢？其背后的动力不仅仅是对东方古国精美瓷器的好奇心，更重要的原因在于大宗的远距离贸易致使欧洲的重金属货币大量外流乃至库存空竭。包括瓷器在内的中国商品输入欧洲，使白银源源不断地流入中国这个白银"秘窖"，而当时世界资本主义最强大的国家英国的商品却打不进自给自足的中国市场，这种中英之间的贸易不平衡最终导致英国东印度公司向中国大量输入鸦片，使得中国白银大量流出，以至清政府颁布禁烟条例和引发"虎门销烟"事件，最终导致鸦片战争的爆发。

对欧洲制瓷贡献巨大的是当时在景德镇地区传教的法国传教士昂特雷科莱（汉名殷弘绪），他在景德镇居住达7年之久。在此期间，他尽一切可能搜集景德镇制瓷技艺的信息。在他1712年寄回法国巴黎的一封信中，详细描绘了景德镇制瓷工艺的流程和制瓷原料的构成，包括对原料的选取、成型、彩绘、烧窑等各环节都做了详尽记录。这些记录对欧洲人破解中国瓷器的秘密起到了极大的作用。

欧洲最早烧造出高温瓷器的是德国的迈森瓷厂，它经过多次试烧，成功烧出白色而透明的欧洲硬质瓷。当时迈森仿烧的瓷器有不少是中国贸易瓷，包括明清时期的景德镇青花瓷和彩瓷，还刻意追求模仿中国瓷器的韵味。不过他们生产出的青花瓷的釉彩色泽与中国传统的青花瓷有着较为明显的区别，更多的是吸收烧造技法。相比之下，迈森的产品在釉色上白皙光亮，而景德镇产品釉色白中闪青者居多；迈森仿烧的彩瓷在色调上更显艳丽，其彩瓷的画面、图案与中国传统瓷器纹饰风格迥然不同。当然，文化交流与影响从来都是相互的。在景德镇输入欧洲的贸易瓷中，也有一些直接受到迈森瓷器风格影响的产品。

在18世纪以前，木材、陶和锡等材质的餐具是欧洲餐桌上的常用器皿，但只有富有的人和贵族才能用上锡釉陶具或银制品。对于欧洲平民来说，由于没有像样的高雅餐具，他们的饮食文化和餐桌礼仪在18世纪以前相对粗俗。随着中国瓷器大量输入欧洲，丰富了欧洲人的日常餐具，欧洲人的饮食方式发生了极大的改变，产生了所谓的"饮食革命"。18世纪的欧洲上流社会，饮食成为一种社交活动，尤其是套装餐具的出现和流行使得银制品餐具逐渐被舍弃。德国人雷德侯在《万物》一书中曾这样描写："欧洲人为中国瓷器的品质着迷，瓷器能按照人的意愿成型；装饰方式多样；用后极易清洗，同时又坚硬、耐用；能发出铿锵声，加之其美如玉——光滑、白净、晶莹，而且半透明。"

中国瓷器到达欧洲后，欧洲人对其进行了进一步加工，添加了各种装饰。大多数加工美化的瓷器出现在17世纪末到18世纪中叶。一些外销瓷被欧洲人嵌上贵金属，通常用金或银镶嵌。这些镶嵌往往只用作装饰，如花式支架、饰边或把手，但这些金属装饰也可能改变瓷器的功能，可以使一件装饰瓷变得更加实用，如改装成烛台等。

为了同当时欧洲流行的巴洛克风格相适应，许多进入宫廷的中国瓷器都被穿戴上华丽富贵的金属"衣帽"。这种装饰在保护贵重的中国瓷器的同时，也同欧洲宫廷风格相匹配。这种在中国瓷器上镶嵌贵金属的做法，是一种典型的"中为洋用"的文化态度，在17—18世纪的欧洲上流社会中呈现出一道亮丽华贵、兼具东西异彩的风景线。

从某种程度上说，世界上可能找不出哪样东西能够像中国外销瓷一样，成为多民族、多宗教、多习俗、多文化共同参与创造的文化载体。由于要适应和满足异域文明在宗教信仰、生活习性、审美需求和实际使用功能上的要求，外销瓷在器形设计、题材选择、花样设计、工艺施展上，都呈现出许多不同于中国宫廷用瓷和民间生活用瓷的特点。其器形之千姿百态，其花色之奇异缤纷，远远超过了国内宫廷用瓷和民间生活用瓷，为中国瓷器文化添增了灿烂的新篇章。

一千多年间，瓷器始终居于东西方文化交流的核心，在欧亚大陆进行远距离的文化传布，而且深入所到之处的寻常百姓家，深刻地改变着当地的传统和文化。随着中国瓷器的到来，当地的某些传统被改变，甚至被取代。瓷器改变了世界，影响了世界。瓷器不仅仅是一种商品，还是一种文化载体，沟通着东西方文化的交流与碰撞，促进着东西方文明间的交融与互进。

习近平总书记曾经在多个场合讲述过中国瓷器的故事。2013年10月3日，习近平在印度尼西亚国会演讲时指出："中国古典名著《红楼梦》对来自爪哇的奇珍异宝有着形象描述，而印度尼西亚国家博物馆则陈列了大量中国古代瓷器，这是两国人民友好交往的生动例证，是对'海内存知己，天涯若比邻'的真实诠释。"2016年1月21日，习近平在伊朗《伊朗报》发表署名文章，其中说："来自中国的丝绸和伊朗的高超工艺结合，成就了波斯丝毯的高贵；来自伊朗的苏麻离青和中国的高超工艺结合，成就了青花瓷器的雅致。"中国瓷器,作为"中国名片",无时无刻不在展示着中国风采。

回顾中国瓷器走向世界的光辉历程,可以明显地看出,瓷器是一张历史悠久、光辉璀璨的"中国名片"。瓷器走向世界,代表着中国以自己独特的方式向世界展现自己的魅力,代表着中国文化走向世界的独特模式。改革开放以来,中国瓷器工业迅猛发展,目前已成为世界上的瓷器生产大国,中国生产的日用瓷器产量占全世界的70%左右,艺术陶瓷产量占全球的65%,瓷器出口至近200个国家或地区,年产量和出口金额均居世界首位。可以说,中国业已成为世界瓷器的制造中心。

回顾中国瓷器的过去,展望中国瓷器的未来,中国瓷器对世界的贡献有目共睹。所有这一切,都是《瓷器改变世界》这本书的出发点和落脚点。讲述中国瓷器的故事,用世界的眼光认识中国,是《瓷器改变世界》这本书的特色。我们截取了中国瓷器外销的这个片段,目的是让中国人了解中国瓷器的世界影响力、中国几千年来的世界影响力。

瓷器是**中华文明**孕育的瑰宝之一，作为世界上第一个**掌握瓷器制作技术**的国家，中国被视作**"东方瓷国"**。中国瓷器，不仅受到国人的普遍喜爱和广泛使用，成为社会生活中**不可缺少**的物品；同时，也受到外国人的欢迎，是**海外贸易**中十分重要的商品，在古代中外贸易往来和文化交流中占有重要地位。**中国的瓷器走向世界**，持续了近两千年。在漫长的岁月里，中国瓷器在全球范围内留下了自己的**身影**。考古发掘证明，中国瓷器的考古发现，不仅出现在亚洲各国，甚至出现在欧洲、非洲、北美洲、南美洲，**人类行迹所至之处**，几乎都有中国瓷器的踪影。即便是浩瀚的大洋，也是中国瓷器**考古发掘**的重要场所。考古，**证实了**中国瓷器走向世界的光辉**历程**。

壹·考古

世界范围内的中国瓷器遗存

魏晋南北朝：中国外销瓷的肇始时代
    百济故地发现的中国瓷器 / 15
    法隆寺的越窑四系罐 / 21
    菲利纳所藏的南北朝时期瓷器 / 22

隋唐五代时期：中国瓷器外销第一个高峰
    太宰府鸿胪馆遗址的隋唐瓷器 / 24
    尼罗河畔的隋唐瓷器 / 27
    波斯湾古海港的中国瓷器 / 32
    横空出世的"黑石"号 / 34
    "井里汶"号上的秘色瓷 / 42

宋元时期：中国瓷器外销的黄金期
    基什岛上发现的宋元瓷器 / 48
    坦桑尼亚发现的宋元瓷器 / 50
    肯尼亚发现的宋元瓷器 / 53
    举世瞩目的新安沉船 / 57

明清时期：古代中国瓷器外销最后的辉煌
    从严格海禁到开放海禁 / 63
    中国瓷器的全球之旅 / 65
    明清时期中国瓷器的考古发现 / 65
    马达加斯加出土的明清瓷器 / 73
    明清瓷器来到北美洲 / 76

沉船上发现的明清外销瓷
    杜里安沉船上的明代瓷器 / 86
    满载克拉克瓷器的"万历"号沉船 / 89
    金瓯沉船上的雍正朝瓷器 / 95
    惨遭劫掠的"泰兴"号沉船 / 100

魏晋南北朝：
中国外销瓷的肇始时代

中国古陶瓷的外销，与古代陆路和海上的交通、贸易和对外文化交流等是密不可分的。张骞开通西域，丝绸之路成了中西方交流的主要通道。而此时的海上通道也开始打通，岭南已与海外地区有一定海上贸易往来。两汉时期，陆上丝绸之路主要贩运的货物是丝绸，这已经被考古发掘所证明，由于这一时期是中国瓷器的萌芽时期，因此目前海外考古并未发现其时陶瓷的踪迹。随着中国制瓷业日渐成熟，到了南北朝时期，中国瓷器正式踏上了对外销售的道路。海外考古发现的南北朝时期中国瓷器，主要考古地点分布在与中国相近的朝鲜半岛、日本和东南亚等国家和地区。

汉武帝时期，汉朝曾在朝鲜半岛设置郡县，因此朝鲜半岛和中国的交往最为密切。在朝鲜半岛，考古发掘曾出土过东汉时期的绿釉陶罐、陶博山炉等，也出土了西晋时期越窑青瓷虎子等器物，还发现了数量较多的东晋、南朝时期越窑青瓷，据考证，这些瓷器是从海路运送过去的。西汉以后，中国与日本的往来渐趋频繁，尤其是东汉至三国时期会稽（今浙江绍兴一带）的工匠还东渡日本制作铜镜，而当时正是越窑制瓷业迅速发展的时期。而位于东南亚的印度尼西亚，曾出土过六朝末期的越窑青瓷。

虽然汉魏南北朝时期考古发现的中国瓷器较为稀少，但是这些发现足以证明汉魏南北朝时期中国瓷器已经走出了国门，行销周边国家。

百济故地发现的中国瓷器

据史书记载，早在西周时期，中国和朝鲜半岛就已经开始交往，汉代以降，中国和朝鲜半岛的关系更加密切。到了南北朝时期，虽然中国处于分裂状态，但是和朝鲜半岛的交往并没有中断。朝鲜半岛近几十年来的考古发掘，发现了不少南北朝时期的中国瓷器，这些器物证实了当时文化交流的情况。朝鲜半岛出土的中国瓷器主要在百济故地。

百济，是扶余族分支以朝鲜半岛中部的汉江流域为主要根据地而建立的国家。其历史可分为三个时期：一期是以汉江流域的汉城（或称慰礼城，在今韩国首尔地区）为都城的汉城时期（前18—475）；二期是以锦江流域的熊津（今韩国公州）为都城的熊津时期（475—538）；三期是以扶余为都城的泗沘时期（538—660）。百济王室出自扶余族，因此在中国史书上或名"扶余某"，或简称为"余某"，在《晋书》《宋书》《梁书》直至两《唐书》等史书中都有关于百济的记载。

关于百济和中国交往的文献资料，可以追溯到东晋咸安二年（372），《晋书》卷九《简文帝纪》记载："（咸安）二年春正月辛丑，百济、林邑王各遣使贡方物。"又记载，"六月，遣使拜百济王余句为镇东将军，领乐浪太守"。而根据考古资料来看，百济和中国的交往可以追溯到西晋时期，因为在百济的势力范围内发现了不少西晋时期的遗物。西晋之后，百济和中国的外交、商贸往来基本上没有中断过，这一关系一直持续到百济灭亡为止。迄今，在朝鲜半岛的百济故地和一部分百济影响所及的地方出土的中国瓷器有100多件，这些瓷器是中国南北朝时期瓷器外销的最好见证。

从考古上说，百济故地发现的年代最早的中国陶瓷器是在韩国首尔的梦村土城遗址和石村洞古墓群。梦村土城遗址位于首尔南部，是百济早期的重要土城遗址。在土城中曾出土过三片黑釉钱纹陶片，据研究很可能是西晋时期的钱纹陶。在安徽省马鞍山吴朱然墓、鄂城孙将军墓以及浙江衢县街路村西晋墓都曾出土过比较完整的类似的钱纹陶罐，尤其是街路村墓还出土了"元康八年（298）"铭砖，因此可以明确推断出墓葬的年代。这为论证梦村土城的年代提供了有力证据，也说明至迟在3世纪末4世纪初百济已经和中国南方政权有了交流往来。经过考古发掘，梦村土城和石村洞古墓群出土了不少中国的青釉瓷，这些瓷器的造型、胎土和施釉技法很接近越窑风格。其中石村洞出土的四系罐的年代应该是南朝晚期。这些足以说明百济和中国南北朝时期交往的频繁，更说明了中国瓷器的出口在这一时期已经逐步形成规模。

在韩国首尔南部的风纳土城，经过考古发掘也出土了相当数量的中国陶瓷器。据考证，风纳土城是史料中记载的百济慰礼城，该土城的修建年代约为3世纪。这里出土的中国陶瓷器主要是南北朝时期的，包括施釉陶器、钱纹陶器和黑釉瓷等，是南北

图1-1　黄褐釉陶钱纹罐·三国吴

图1-2　风纳土城出土的青瓷壶残件

图1-1
安徽马鞍山雨山朱然墓出土。高32厘米，口径22.8厘米，底径20厘米。这个钱纹罐上的钱纹和韩国首尔梦村土城出土的钱纹很接近，说明当时朝鲜半岛和中国的交往十分频繁。

图1-2
韩国首尔百济博物馆藏。高21.5厘米。1997年出土于风纳土城遗址。据考证，该青瓷壶属于越窑青瓷，釉色呈黄绿色，施釉均匀，壶内部粗糙。该残件的出土说明当时的百济不仅从中国购买了釉陶器，越窑青瓷也是他们青睐的对象。

图1-3
韩国国立中央博物馆藏。高20.3厘米，长26.4厘米，口径5.1厘米。该虎子是1928年从日本人天池茂太郎手中购买的，为中国西晋盛行的青瓷虎子。从该虎子的整体形态和青瓷的材质上看，应该是中国西晋末到东晋初期制成的，后流传到百济。该文物是有助于了解百济和中国南朝的交流关系以及百济的中央和地区间关系的重要史料。

朝时期较为常见的种类。风纳土城出土的陶瓷器和安徽淮南刘家古堆东汉墓出土的施釉陶器很接近。风纳土城出土的中国陶瓷器为研究中国陶瓷传入朝鲜半岛的途径提供了重要的资料。

在现今朝鲜开城曾经发现一件**青瓷虎子**，虽然这是一件收藏品，未能弄清楚它的具体出土地，但是从造型上来说，这是典型的中国西晋时期的青瓷器，在中国出土的青瓷虎子和这件青瓷虎子很相似。青瓷虎子传入朝鲜半岛之后，也影响了百济陶虎子的造型，如扶余军守里出土的陶虎子，即便整体造型大为简化，但是它依然保留了中国青瓷虎子固有的结构和功能。

图1-3 青瓷虎子

韩国忠清南道北部的天安市，在百济时期也属于百济的统治区域。天安市的花城里百济墓葬出土的文物中，最著名的就是中国的**青瓷盘口壶**。该壶底部扁平，器身向上逐渐展开。短颈上带有盘形口，盘形口缘上饰有弦纹两道，并以褐彩装饰。双肩上各一对耳，上面也有褐彩装饰。瓷壶外表施有厚厚的略呈褐色的绿色釉，壶身足胫与底部没有施釉。底部有在烧制时垫烧的痕迹。盘口壶上的褐彩装饰是4世纪中期以后中国瓷器流行的装饰手法，装饰有类似斑点的青瓷器物在中国东晋时期的同种器物上也能看到。而在天安市的龙院里百济古墓群的九号石室墓中，也曾出土过一件南北朝时期流行的黑釉鸡首壶。九号墓的规模很大，出土的遗物数量丰富，风格独特，其主人应非一般人物。据考证，这件黑釉鸡首壶属于浙江德清窑系瓷器，类似的黑釉鸡首壶在杭州、镇江、南京等地的南朝墓葬中也有出土。

图1-4　青瓷盘口壶

图1-5　武宁王陵瓷盏

图1-4

韩国国立中央博物馆藏。口径18.0厘米,高37.6厘米,底径13.9厘米。1969年出土于忠清南道天安市城南面花城里的百济古坟。花城里出土的青瓷盘口壶应该是在与中国南朝的交流过程中传入百济地区的,后又在地区统治过程中传入了花城里一带的统治者手中。

图1-5

韩国国立公州博物馆藏。高度在4.5—4.7厘米,一组六件,均为敞口,深腹,圈足,器形和一般的深腹碗相似。

图1-6

韩国国立公州博物馆藏。高21.4厘米。发现于韩国公州武宁王陵羡道东壁入口处。盖子中间有四方形钮,周边用五个莲花叶来装饰。壶体上面有六个系,系的下方刻划莲花。据推测,壶体下方斑驳的黑色痕迹或是埋入时盛入的食物流出痕迹。

在百济的熊津时期墓葬中,最具代表性的考古发掘要数忠清南道公州的武宁王陵。武宁王陵出土的中国瓷器是南朝梁时期流行的瓷器。根据文献可知,熊津时期的百济和中国交往十分频繁。武宁王是百济第25代王,他在位时是百济熊津时期的鼎盛时期。武宁王陵共出土了9件南朝瓷器,包括青瓷罐2件、黑釉盘口壶1件和瓷盏6件。两件青瓷罐均为六系罐,釉色呈浅黄或浅蓝色,胎土均匀,器面釉色大部分已经脱落。这两件青瓷罐的造型与南京秦淮河、赵土岗发现的六系罐造型很相似。武宁王陵发现的6个瓷盏,据考证其中5个为灯盏,1个为酒盏。在最初的考古报告中,这6个瓷盏被认定为青瓷盏,后来有的学者又提出了白釉盏的说法。白釉瓷盏的说法一旦成立,那么其年代有可能要早于河南安阳北齐范粹墓出土的白釉瓷,从而进一步说明南朝白釉瓷的生产不一定晚于北朝。武宁王陵瓷器的年代是南朝梁时期,因为墓中出土的墓志上写有"宁东大将军"字样,这个称号是梁武帝册封的,因此该墓瓷器的年代较为准确。

图1-6 青釉六系罐

图1-7 白瓷砚

到了泗沘时期，百济和中国的交往依然频繁，从泗沘时期的百济故地的考古发掘就已证明了两国之间的交往。这一时期的考古发掘以扶苏山城最具代表性。扶苏山城位于今韩国扶余郡的北面，襟带白马江，是一座防御性很强的军事要冲。曾经发现过百济时期的住房遗址、仓库遗址和寺庙遗址。在这些遗址中出土了大量的中国瓷器，器物以黑褐釉瓷、白瓷砚和青釉瓷为主。在整个扶余地区，出土的瓷砚尤其多，而首尔和公州仅各出土了一件青瓷砚和陶砚。在中国的考古发掘中，南北朝中晚期的多数墓葬中经常出土三足或者六足的圆形青瓷砚。扶余出土的一件完整的陶质砚，其造型基本上和南京石门坎出土的三兽足砚相同；另外两件青瓷砚也同南朝的同种器物类似，其中五足圆形砚和南京光华门外出土的东晋青瓷六足砚、江西永丰出土的南朝青瓷五足砚属于同一类产品。而扶余出土的白瓷砚和南朝辟雍砚一模一样，明显是来自中国的产品。

由考古资料可知，中国和百济的交往时间跨度很大，从汉代一直持续到了百济灭亡。在这600多年的交往过程中，中国瓷器是怎样进入百济的呢？据研究，百济发现的中国瓷器主要有两种输入渠道。第一是百济和中国之间的正式外交渠道。正式交往包括朝贡、遣使，包括随行人员的往来，在这个过程中，瓷器作为日常用品得以流通是完全可能的。第二是中国和百济的民间交往。南北朝时期南朝的对外贸易主要是海上商业往来，这种往来在孙吴时期就已经开始了。随着中国江南经济的进一步发展，南朝的商品经济日益雄厚，无论是官商还是民间豪商都进行着大规模的远洋贸易，商业活动范围远达南洋诸国、波斯和东罗马一带，临近的则通往百济和倭国（日本）。在当时，青瓷作为商品出口完全有可能。当时的陆上通道也已开通，即北朝诸朝代通过高句丽和百济发生关系，考古也已证明了这一点。无论是官方的还是民间的，无论是海上交通还是陆上交通，毫无疑问的是瓷器已经进入了朝鲜半岛，并且在朝鲜半岛留下了自己的足迹。

法隆寺的越窑四系罐

相对于朝鲜半岛而言，南北朝时期中日之间的交往并不频繁，相对应时期内日本发现的南北朝瓷器并不是很多。目前收藏在日本东京的一件**越窑盘口四系罐**，是日本所见时间最早的中国瓷器，据说这件瓷器是日本奈良法隆寺所藏，于明治十一年（1878）献给王室，瓷器的生产时间约为南北朝晚期，根据《法隆寺伽蓝缘起并流记资财帐》记载，这个青瓷罐是日本船只从中国带回来的，原本用于盛装香料。这件瓷器也是中日南北朝时期交往的物证之一。

图1-7
韩国国立扶余博物馆藏。泗沘时期虽然使用各种砚台，但最多的是有多只腿的多足砚和带底座的砚台。砚台腿还做成莲叶或兽腿状，以增添装饰性。此外还发现了绿釉砚台和青瓷、白瓷等瓷砚台，据推测为从中国直接进口的。中国制造的进口砚台大部分为王室或贵族阶层使用之物。

图1-8
日本东京国立博物馆藏。高26.5厘米，口径13.6厘米，足径10.3厘米。盘口，直颈，溜肩，肩上安装双系，鼓腹。通体施青釉，施釉不到底，胫部露胎。腹部墨书"高九寸""佛"字样。

图1-8　越窑盘口四系罐

菲利纳所藏的南北朝时期瓷器

印度尼西亚目前收藏的南北朝瓷器,据说全部出土于印度尼西亚本土,但是具体的出土地点并不明晰。印度尼西亚国家博物馆收藏的中国南北朝青瓷,主要源于荷兰人艾格伯特·威廉·冯·奥撒伊·德·菲利纳(1886—1964)的收藏。菲利纳1886年出生于荷兰阿姆斯特丹一个富裕家庭。21岁时,他离开了荷兰,开始前往荷兰的殖民地寻找发财机会。他在苏里南待了五年之后,去了印度尼西亚。菲利纳来到印度尼西亚之后,开始了古董收藏,其藏品以瓷器为主,而且这些瓷器基本上都来自印度尼西亚本地。20世纪20年代后期,菲利纳的藏品在自己的居所堆放不下,于是他就将藏品在巴达维亚学会博物馆(印度尼西亚国家博物馆前身)进行展览。1959年,菲利纳被迫离开印度尼西亚,而他的藏品却成了印度尼西亚国家博物馆中的永久收藏。

菲利纳收藏的瓷器主要是指使印度尼西亚当地人盗挖古代遗址和墓葬的出土物,因此可以推断这些瓷器应该是出土于爪哇岛的。在菲利纳的藏品中,有一部分是中国南朝时期到隋代的青瓷,包括青瓷盘口鸡首壶、青瓷虎子和**青瓷莲瓣纹四系罐**等。假设这些藏品的信息无误,那么这些瓷器有可能就是早期越窑瓷器输送到东南亚的证据,其年代应该和朝鲜半岛出土的瓷器大体相同,展现了早期瓷器走出国门的基本面貌。

虽然从数量上来说,朝鲜半岛和东南亚发现的南北朝时期中国瓷器数量很少,但是足以表明这一时期中国和这两地区的人员往来已经比较频繁。

图1-9

印度尼西亚国家博物馆藏。高26厘米。通体施青釉,外壁饰莲瓣纹。这件四系罐是菲利纳的藏品之一,是在印度尼西亚发现的古老的中国瓷器之一,罐应该是隋代的产品,类似的青瓷罐在国内也有出土。

图1-9　青瓷莲瓣纹四系罐

隋唐五代时期：
中国瓷器外销第一个高峰

　　隋唐以来，随着航海技术的不断进步，海外交通得以迅速发展，特别是唐代以来海外贸易逐渐繁荣。同时，随着制瓷技术的发展与海外市场的需要，陶瓷器成为中国对外输出的重要贸易商品之一，如851年汇编的《印度中国见闻录》里就记载了商人苏莱曼对精美的中国瓷器的赞誉。另外，11世纪著名的波斯历史学家贝伊哈齐记述：哈里发·哈仑·拉希德（786—809）执政时，呼罗珊总督向他进献过数量空前多的金银、丝绸、珠宝和瓷器，其中包括20件精美的中国御用瓷器以及数达2000件的中国民用瓷器。这些史料证明，在八、九世纪之交，今天的中亚、西亚地区就已经出现了中国瓷器。

　　这一时期，中国"南青北白"的制瓷手工业生产格局的形成，决定了此时外销瓷器以青釉、白釉瓷器为主。此时的外销瓷主要输出方式有两种：一种是通过古代丝绸之路，出现在长安、洛阳等地的瓷器通过外国商人的自由贸易远销西域诸国；另一种方式是通过我国海舶经海道运销到西亚和非洲等地。这一时期销往海外的瓷器品种主要是唐代越窑青瓷、邢窑白瓷、长沙窑釉下彩瓷以及巩县窑三彩等名窑产品。

　　隋唐、五代时期的外销瓷器输出空前发展，输出地区也大大增加。考古发掘证明，东亚、东南亚、西亚、北非、非洲东海岸等一些地区均有中国瓷器的踪迹，比较典型的考古发掘地点有日本的福冈太宰府鸿胪馆遗址、福冈博多遗址群、京都府长冈京遗址、平安京遗址与奈良平城京遗址，朝鲜半岛的海州龙媒岛，东南亚的沙捞越地区、印度尼西亚勿里洞岛附近的"黑石"号沉船以及"井里汶"沉船，西亚伊朗的尸罗夫港遗址，非洲埃及福斯塔特遗址等，这些地方均有大量中国瓷器考古发掘出土或出水。

太宰府鸿胪馆遗址的隋唐瓷器

隋唐时期中国瓷器在日本的考古发掘地点，首推**太宰府鸿胪馆遗址**。太宰府位于日本福冈市东南的太宰府町。在奈良、平安时代，这里是日本朝廷设置在九州的总督府，也是九州军事、政治、经济和文化中心。公元7—9世纪，太宰府是中日文化交流的门户，和中国关系密切的日本名人如山上忆良、大伴旅人、菅原道真、空海、最澄、圆珍等都曾在这里活动。而鉴真和尚东渡成功之后，先在今九州南部鹿儿岛市秋目浦登陆上岸，之后抵达太宰府。据传鉴真在太宰府停留期间，曾在太宰府观世音寺传授过戒律。太宰府接待海外来使和商旅的地方就是鸿胪馆，相当于现在的外交迎宾馆。鸿胪馆出现在平安时代，在平安京（京都）、难波（奈良）和筑紫（福冈）三地都设有鸿胪馆，如今唯一能确认场所地址的就是太宰府的鸿胪馆。这个鸿胪馆从7世纪开始到11世纪约400年间，迎接了大量的遣唐使、新罗使节团和商客等。

鸿胪馆遗址发现瓷器的历史可以追溯到1949年太宰府市平和台棒球场开建的时候。在建设过程中，考古学家中山平次郎等人就在工地上收集了大量的建筑砖瓦和越窑瓷器，根据这些砖瓦和越窑瓷器，中山平次郎等人认为这里就是鸿胪馆遗址的一部分，他们认为该遗址已经被破坏，故并未进行考古发掘。到了1957年棒球场进行翻新工程时，又发掘出了3000件瓷器，其中一些是来自中国的青瓷。1987年，平和台棒球场的外场座位改建翻新的时候，发现原本认为已经遭到破坏的遗址实际上保存状况良好，因此才开始了大规模的考古工作。

从1987年开始发掘直至现在，鸿胪馆出土了大量的中国瓷器，在发掘出土的中国隋唐时期陶瓷中以9世纪后期的越窑青瓷最多。有学者对鸿胪馆出土陶瓷做了简单的统计，指出鸿胪馆遗址所见中国陶瓷的窑口有越窑、定窑、邢窑、河南巩县窑、婺州窑、江苏宜兴窑、长沙窑、台州温岭窑等。可见，日本学者所说的"越窑系青瓷"中可能还包括了一些周边地区的青瓷器物。根据已发表的报告书里的数据统计，截至2009年，这个遗址出土的越窑青瓷的数量达到近350片，是日本出土越窑青瓷最丰富的遗址。其中最令人印象深刻的是一件10世纪的**越窑青瓷刻莲瓣纹碗**，是同时期日本各个遗址中发现的中国瓷器中最精美的产品之一。

图1-10 太宰府鸿胪馆遗址

图1-11　越窑青瓷刻莲瓣纹碗

图1-11

日本福冈市考古中心藏。福冈太宰府鸿胪馆出土。这是鸿胪馆遗址出土的最漂亮的越窑青瓷碗，碗的外表施以橄榄绿色釉，碗内刻层层莲瓣纹，纹饰细腻。此类碗在埃及和菲律宾的遗址也有出土。

图1-12

日本东京国立博物馆藏。高21.2厘米，口径10.3厘米，底径8.5厘米。这是典型的唐代水注，同类器物在太宰府、长冈京、平安京等遗址均有出土，说明当时中国越窑瓷器出口日本的盛况。

图1-13

福斯塔特遗址发现的长沙窑瓷片数量稀少，甚至有学者怀疑这里并未发现长沙窑遗物。但是根据学者的仔细研究发现，福斯塔特遗址是存在长沙窑遗物的，并且这些瓷片多以棕黄绿色的线纹装饰。长沙窑瓷器对埃及的窑工很有启发，埃及9—10世纪兴起的法尤米釉陶器就是受长沙窑影响的产物。

鸿胪馆出土的瓷器，按年代来说，晚唐时期的瓷器组合多以碗、罐、壶为主，至五代早期，碗、盘、盒居多，而到了五代后期，器物组合渐趋丰富，出现碗、盘、罐、盒、壶、灯盏等多种器物。从形制上说，鸿胪馆出土的越窑系青瓷器物的发展较为稳定，变化较为明显的形制演变不明显。在装饰方面，鸿胪馆遗址所出土越窑系青瓷器物在晚唐时期多以素面为主，辅以少量压印竖棱线为简单装饰。至五代初期，出现简单且面积较小的刻划花纹，多见于碗类器物内底。五代中期及以后，碗类器物内底具有刻划花纹饰的器物逐渐增多，器物纹饰的种类亦逐步丰富，如荷叶纹、莲瓣纹、花鸟纹等。纹饰面积由内底中心逐渐扩大至整个器物内底，纹饰形制由简单趋向于繁复。除此类特殊纹饰外，曲口、葵口、花口、压印棱线等装饰类型也仍旧贯穿于晚唐五代时期，这类纹饰形状多见于碗、盘、盏等日用器物。

统计数据表明，9—10世纪间，输往日本的中国瓷器中始终以**越窑瓷器**为大宗，说明了以越窑瓷器为主要货物的明州港（今浙江宁波）可能是唐代沟通日本最主要的港口，而越窑产区距明州最近，明州应是越窑瓷器主要的输出港。因此在日本发现的早期中国陶瓷中越窑瓷器占了绝对的多数，其贸易情况与东南亚及环印度洋地区有明显的差别。

图1-12　越窑青瓷水注

尼罗河畔的隋唐瓷器

在埃及的尼罗河畔，坐落着举世闻名的**福斯塔特遗址**。福斯塔特遗址位于今天的埃及开罗市南。642年，阿穆尔·本·阿斯率领的阿拉伯军队占领了埃及，并在科普特人居住区的东北面建立了军营（福斯塔特），而后发展成聚居区，很快又成为这一地区政治和经济活动的中心。直到14世纪中，福斯塔特废弃之前，这里一直是周边地区重要的政治中心、工商业中心。

福斯塔特遗址的发掘开始于20世纪初。1920年之前，埃及政府古物部的阿里·巴哈噶特在此主持了为期十年的发掘工作。"二战"之后，法国、美国和日本的研究团队加入考古发掘的行列，与埃及专家进行合作，至今尚有一系列合作项目仍在进行之中。福斯塔特遗址经过数十年考古发掘，出土了逾一百万件器物。其中包括一系列低温陶器、高温陶瓷器、玻璃器、油灯、石器和窑具等。在所有出土文物之中，来自中国及中国邻国的陶瓷器共计一万余件，为东亚与西亚及北非地区之间源远流长的文化交流、商贸往来提供了弥足珍贵的证据。

图1-13 福斯塔特遗址出土的长沙窑瓷片

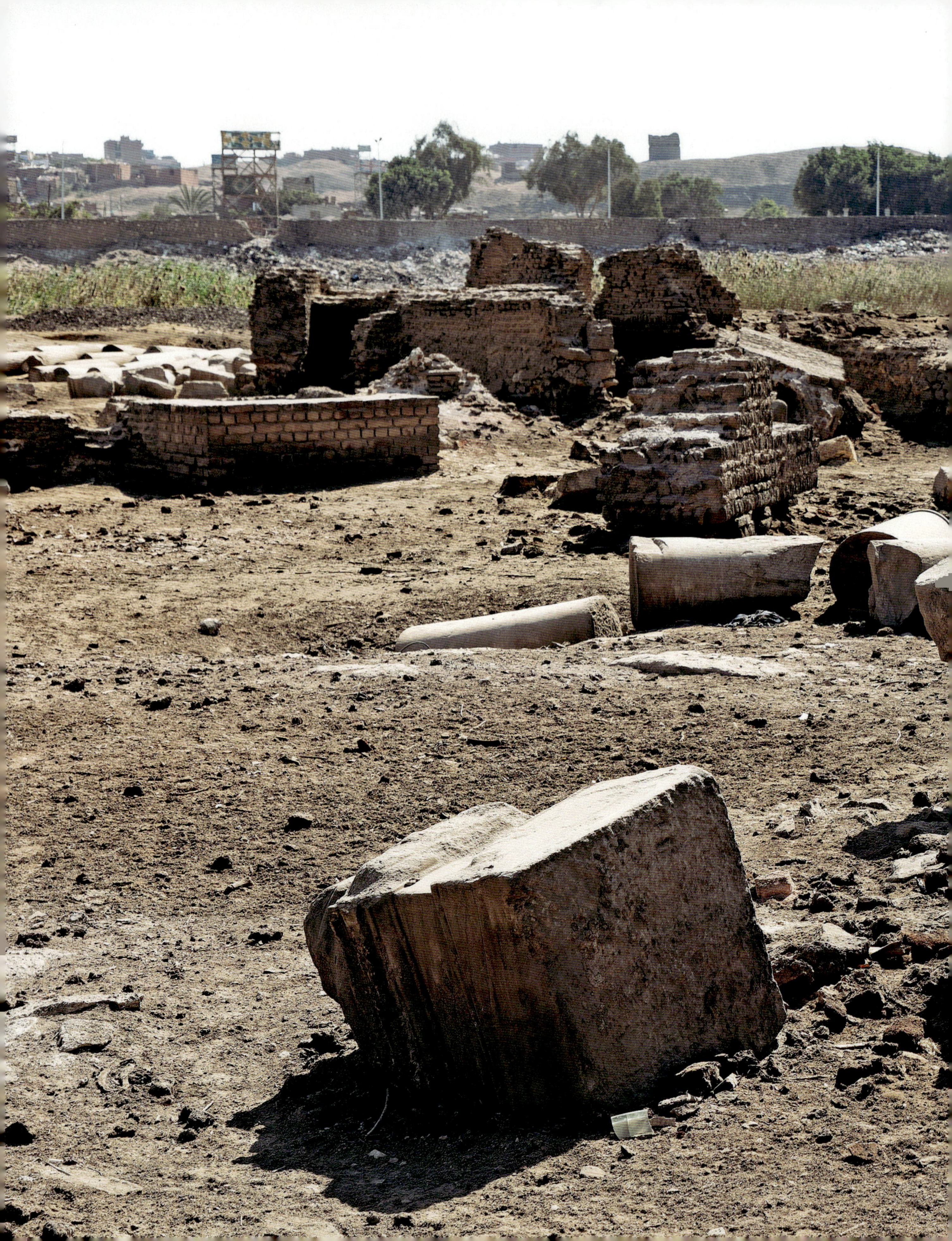

图1-14 福斯塔特遗址考古现场

20世纪二三十年代，英国陶瓷学者率先开展了对福斯塔特遗址出土中国陶瓷器的细致研究，例如奥斯卡·拉斐尔、R.L.霍布逊以及利·阿什顿等。1934年，日本学者小山富士夫（1900—1975）就福斯塔特遗址出土品中的"富凯藏品"作了报道。"二战"之后，瑞典远东古物博物馆的俞博在斯德哥尔摩发文介绍了馆藏福斯塔特出土中国陶瓷的情况。三上次男（1907—1987）也在一系列出版物上频繁发表关于福斯塔特陶瓷的研究成果。1964年、1966年两年，受埃及政府邀请，由小山富士夫和三上次男率领的出光美术馆团队对福斯塔特遗址出土的中国陶瓷进行了全面的调查，由此开始了艰苦卓绝的拣选工作，学者们从库房里数以百万计的碎瓷片中挑选出中国陶瓷。1978年到1985年，早稻田大学、出光美术馆和日本中近东文化中心联合组队，在福斯塔特遗址开展了进一步的发掘。这次发掘出土了约10万片伊斯兰陶瓷，868片中国白瓷、青瓷及青花瓷。1981年，以这次特殊的发掘工作为出发点，就同一时期的中国陶瓷与埃及窑址产品之间的关系，三上次男在伦敦东方陶瓷学会发表了题为"福斯塔特：中国与埃及"的演讲。

据统计，福斯塔特遗址出土的陶瓷器共计3518箱，总数约合35万片。其中东亚陶瓷有111箱，约有陶瓷碎片1.1万片。而据日本学者弓场纪知等人统计，福斯塔特遗址出土的越窑青瓷有941片、邢窑白瓷2069片、龙泉窑青瓷2394片、长沙窑青瓷8片、耀州窑青瓷25片，其余诸如白釉绿彩陶器、磁州窑陶器、元青花、明青花、明五彩以及清代瓷器多达7000片。

福斯塔特城兴起于图伦王朝（868—905）和伊赫什德王朝时期（935—969），通过与阿拔斯王朝的频繁交流，逐渐发展成一个商业城市。出土物中属于唐至五代时期的中国陶瓷包括**邢窑白瓷**，**越窑青瓷**，长沙窑青釉褐彩、褐绿彩瓷和巩县窑白釉绿彩陶器。所有这些标本的年代都始于9世纪，福斯塔特遗址出土的中国唐至五代陶瓷都不早于这个阶段。

这一时期的中国陶瓷在伊拉克的萨马拉和尼沙布尔都有出土，但数量不多。同类唐代陶瓷片和同时期的伊斯兰陶片也见于江苏省扬州唐城遗址出土物中。扬州是当时中国的商贸重镇，这也说明东亚与西亚及北非之间的贸易可能兴起于9世纪。模仿越窑青瓷而制作的绿釉陶器在福斯塔特遗址也有发现，这类器物证明西亚及北非仿制中国陶瓷可能始于9世纪。长沙窑青釉褐彩、褐绿彩瓷器和巩县窑白釉绿彩陶片是唐代销往西亚及北非的陶瓷器的重要例证。就后者而言，据杰西卡·罗森报道，斯里兰卡的曼泰出土过类似产品。这类陶器在萨马拉和扬州都有出土，产自河南巩县窑，9世纪时发展出专供伊斯兰市场的品种。

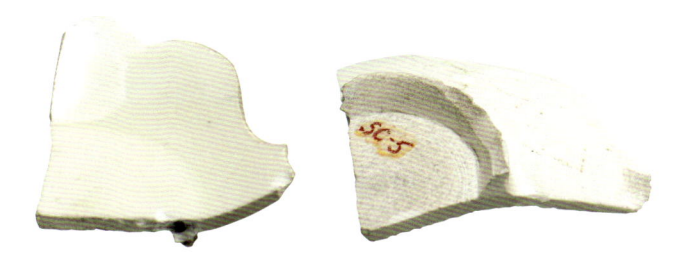

图1-15 邢窑白瓷片·五代

图1-16 福斯塔特遗址出土的中国瓷器残片

图1-15
美国国家亚洲艺术博物馆藏。长7厘米，宽5厘米。这个瓷片是邢窑白釉碗的残存部分，碗底切削痕迹清晰可见，釉色白里泛青，胎质呈灰色。美国国家亚洲艺术博物馆大约收藏了100多片福斯塔特遗址出土瓷片，是理查德·埃廷豪森1951年于阿拉伯艺术博物馆（现在的伊斯兰艺术博物馆）购买的。

图1-16
英国维多利亚与阿尔伯特博物馆藏。这一对瓷片都是从福斯塔特遗址出土的，根据瓷片正面的纹饰和釉色可以辨认出这对瓷片属于越窑青釉瓷器，尤其是纹饰上的特点最为明显。

福斯塔特遗址中的唐到宋初的产品以越窑为最多，其中属于晚唐的有素面玉璧底碗。此类器形在越窑上林湖遗址有发现，并与宁波市遵义路渔浦门城墙下出土的唐代越窑形制相同。在福斯塔特发现的越窑玉璧底碗大多在足部施满釉，釉色青绿，质量上乘。其余大部分属于五代到宋初的越窑瓷器，有薄而外卷的圈足和玉环形圈足。足心或碗心有泥饼支烧痕迹。在装饰上有深浅两种划花。福斯塔特遗址出土的白瓷主要是北方窑口的如邢窑、定窑、鲁山段店窑、密县西关窑、登封曲河窑等，器物多为玉璧底侈口碗、唇口碗、海棠形杯、如意口盘等。

总之，唐至五代是埃及进口中国瓷器的初始阶段，数量并不多，也是当地人认识中国瓷器价值的阶段。此时输入的瓷器品种有北方的定窑、邢窑、耀州窑和南方的越窑、长沙窑等窑口瓷器。其中以越窑瓷器最具代表性，质量上乘，这些器物即便是在当时的中国，也是高端瓷器。

波斯湾古海港的中国瓷器

当满载着大唐物品的商船驶入波斯湾的时候，它停靠的那个港口就是尸罗夫。尸罗夫是中世纪波斯湾著名的港口，位于伊朗布什尔省南部的塔赫里村庄西部约1千米处。在中世纪，驶往波斯湾的东方船只往往沿海岸线航行，驶入波斯湾后，大部分在北岸的尸罗夫港装卸货物，少部分继续向北航行，最后抵达处于两河流域（底格里斯河和幼发拉底河）河口的乌剌港（今伊拉克巴士拉附近）。在波斯萨珊王朝初期，尸罗夫一度是波斯与印度、中国进行海上贸易的重要中心之一。公元977年的一场大地震，导致这个兴盛一时的古海港开始走向衰落，最终在13世纪初被彻底遗弃。

1835年，英国海军船长肯普托纳路过塔赫里时，首次发现尸罗夫港废墟。1933年，英国人斯坦因在进行第四次亚洲腹地考察时被中国地方政府驱逐出境，不得不改变计划，到伊朗考察。他在伊朗考察时，首次对尸罗夫港进行考古调查。这个波斯湾古港口被一座山脉分隔为居住区和墓葬区两部分。山坡上遍布房屋遗迹，性质不明，仅存支撑房屋的台基和部分墙体。墓地主要集中在尸罗夫港的希拉乌山谷。

图1-17 越窑青瓷碗·唐

图1-18 越窑青瓷碗·唐

图1-19 越窑青瓷碗残片·唐

图1-17

大英博物馆藏。高5厘米，口径12厘米。大卫·怀特豪斯于尸罗夫遗址发掘出土。这是尸罗夫港出土的少有的几件完整器之一，是唐代上林湖出口瓷器中的典型器。

图1-18

大英博物馆藏。高6厘米，口径20厘米。大卫·怀特豪斯于尸罗夫港发掘出土。这个青瓷碗对于研究唐代越窑瓷器出口波斯湾地区具有重要的史料价值。

图1-19

大英博物馆藏。高2.8厘米，长11厘米。大卫·怀特豪斯于尸罗夫港发掘出土。这是一个青瓷碗的残片，清晰可见碗底圈足的形制，通体施翠青色釉，虽然是块瓷片，亦可窥见越窑瓷器的制作水准之高。

图1-20

大英博物馆藏。高7厘米，口径21厘米。大卫·怀特豪斯于尸罗夫港发掘出土。碗为侈口，弧腹，圈足，通体施白釉，釉色微微泛黄。这是一件根据瓷片复原的器物。唐代出口到中东地区的白釉瓷器较为少见，此为其一。

尸罗夫港的考古发现证明，唐朝出口中东的货物主要是长沙窑外销瓷，其次是**越窑青瓷**，只有少量邢窑或巩县窑白瓷。1933年，英国考古学家斯坦因在尸罗夫遗址搜集的陶瓷碎片中，就有唐代长沙窑产品和越窑青瓷片。1966—1972年，英国考古学家大卫·怀特豪斯对尸罗夫遗址进行了六次大规模发掘，并且在五个地点发现长沙窑外销瓷。这些发现为研究唐代中国与波斯之间的海上交通提供了重要实物。

阿拉伯史家哈桑·白哈济于1059年留下这样一段记载："呼罗珊总督阿里·伊本·伊萨向哈里发哈隆·拉史德贡奉礼品。计有：中国官窑陶瓷20件，包括碗、杯子和小杯，皆哈里发宫廷前所未见之物。此外，这批礼品还包括2000件其他瓷器。"2000多件中国瓷器无法从陆路运输，当是从海路运到尸罗夫港，然后运往巴格达宫廷。阿拔斯王朝哈里发哈隆·拉史德约786—809年（唐德宗贞元二年至唐宪宗元和四年）在位，那么2000件晚唐瓷器当为扬州运到尸罗夫港的长沙窑瓷器，而20件中国官窑陶瓷可能是**定窑白瓷**或越窑青瓷。

图1-20　白釉碗·唐-五代

横空出世的"黑石"号

　　1998年德国打捞公司在印度尼西亚勿里洞岛海域一块黑色大礁岩附近发现了一艘唐朝时期的沉船，将其命名为"Batu Hitam"，中文意译为"黑石"号，至1999年6月基本完成打捞任务，从2000年开始对打捞文物进行整理。

　　"黑石"号沉船的发现颇具戏剧性。"黑石"号的发现者蒂尔曼·沃特法原是德国一家水泥厂的老板，他空闲时间喜欢和员工一起聊天。一次聊天中，一名印度尼西亚工人随口说起自己的家乡勿里洞附近的海域有沉船宝藏，并且信誓旦旦地说当地渔民曾经不止一次在海底捞起宝贝。言者无心听者有意，沃特法就把这件事放在了心上。不久之后，沃特法就将寻宝活动付诸实施。1996年，沃特法千里迢迢奔赴印度尼西亚，潜入勿里洞附近海域进行寻宝。在确认沉船位置之后，沃特法就打算进行打捞，但是有一个问题必须解决。那就是发现海域已经被买走，并且印度尼西亚当地的一家公司拥有该海域的开发许可。由于这家公司财力不足，沃特法于是成立了"海底探索"公司，在一纸合作协议之下，他拿到了开发权，沉船打捞由他的公司进行，并且获批由印度尼西亚海军提供安保工作。打捞工作一共进行了两次，第一次是1998年8月开始的，第二次是1999年开始的，"黑石"号就是第一次打捞的产物。"黑石"号是一艘古代阿拉伯沉船，沉船长约18米，宽6.4米，船板是用椰壳纤维制成的细绳捆扎而成，并未使用后世用钉子固定的阿拉伯船的制造技术。虽然在"黑石"号沉船之前尚未发现类似的船只，但是在晚唐人刘恂的地理杂记《岭表录异》中记载："贾人船不用铁钉，只使桄榔须系缚，以橄榄糖泥之。糖干甚坚，入水如漆也。"结合"黑石"号的发现，说明当时的远洋商人使用的就是这种船。

图1-21

新加坡亚洲文明博物馆藏。高22厘米。口呈杯状，束颈，扁圆腹，腹部刻划花卉装饰，腹及肩部各有一对称系。穿带壶在晚唐至五代时期颇为流行，仅"黑石"号上就见有青釉、白釉及白釉绿彩三种。

图1-22

新加坡亚洲文明博物馆藏。高32厘米。这件执壶造型端庄，尺寸较大，是同类产品中的大件。胎质细密，胎色微泛红，通体施白色化妆土，其上罩透明釉，再施加绿色彩釉斑块。

据考证,"黑石"号沉船上打捞出来的文物达67000多件,基本上为中国生产制造,98%为瓷器,除此之外,还包括少量的金银器、铜镜等。纽约大都会艺术博物馆南亚和东南亚艺术馆馆长约翰·盖伊将之称为"最大和最丰富的9世纪早期中国南方金器及陶瓷货物窖藏"。

在"黑石"号沉船出水文物中,包含中国唐代长沙窑、越窑、邢窑、巩县窑等多个窑口出产的陶瓷,主要为碗碟。其中有5.65万件长沙窑瓷器,200件**越窑青瓷**,350件北方白瓷(其中包含邢窑和巩县窑瓷器),200件**白釉绿彩陶瓷**和700余件广东窑口烧制的粗糙瓷器。这些瓷器表面的纹样反映了多样化的文化来源,从佛教的莲花形象、中亚和波斯的纹样、《古兰经》经文到伊朗流行的绿斑碗,这些文化元素均有体现。

图1-21　越窑青釉刻划莲花纹穿带壶·唐　　　　图1-22　白釉绿彩狮柄龙口执壶

图1-26
新加坡亚洲文明博物馆藏。这个碗外壁在入窑烧造之前刻有"宝历二年七月十六日"铭记，这为人们判断"黑石"号沉没的年代提供了可靠的依据。

长沙窑瓷器是6万余件"黑石"号文物中的大宗。这些瓷器在装船时堆叠成圆柱形，使用稻草捆扎，或者装在"杜顺"存储罐中。其中一件瓷碗有"**宝历二年七月十六日**"刻文，这一年号对应的年份826年，与放射性碳定年法测定沉船中八角等香料的年代一致。而另一件瓷碗则写有"湖南道草市石渚盂子有明樊家记"，标明了产地和生产的作坊，疑为唐代广告语，"石渚"至今仍为长沙市望城区的地名。瓷器表面有非中国传统式样的纹样，包括桫椤纹、胡人伎乐纹和阿拉伯文字，证明长沙窑已成为当时最重要的外销日用瓷产地。而装载长沙窑的存储罐据考证为广东新会官冲窑出产。

图1-23　长沙窑青釉褐绿彩"茶盏子"铭云气纹碗·唐

图1-24　长沙窑青釉褐绿彩五言绝句诗文碗·唐

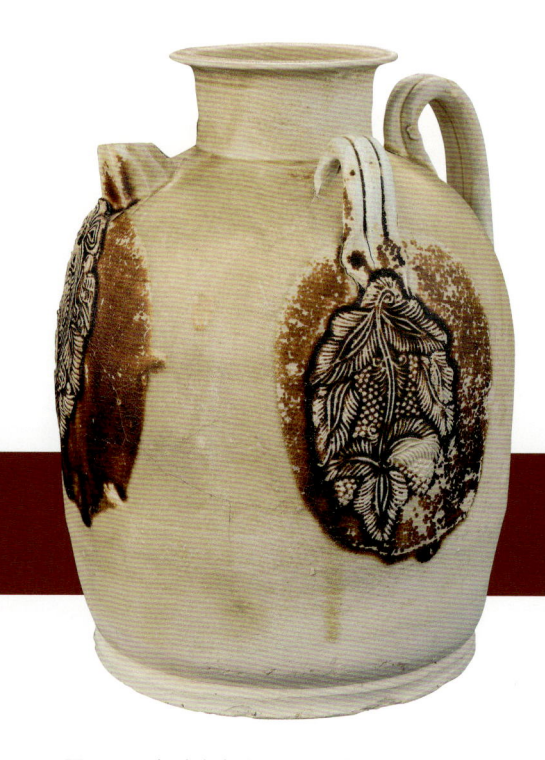

图1-25　长沙窑青釉褐斑模印贴花双系壶·唐

在出水瓷器中，仅有的三件唐代**釉下彩青花瓷**尤其引人注目。经过考证，这些青花瓷产于唐代东都洛阳附近的巩县窑，至发现时为时间最早、保存最完整的中国青花瓷，且与扬州唐城遗址出土的青花瓷碎片纹样类似。这种纹样在唐代陶瓷、金银器中罕见，却与同船发现的金盘上的纹样类似，当同为出口器物。"黑石"号上的发现证明，唐代已经可以烧造青花瓷，且已经用于出口。"黑石"号还曾出水一只带有"盈"字款的绿釉花口碗，以及带有**"进奉"字款的白釉绿彩瓷**，部分学者推测为皇家用瓷，"盈"指代皇家大盈库。

图1-26　长沙窑青釉褐绿彩"宝历二年"铭花草纹碗·唐

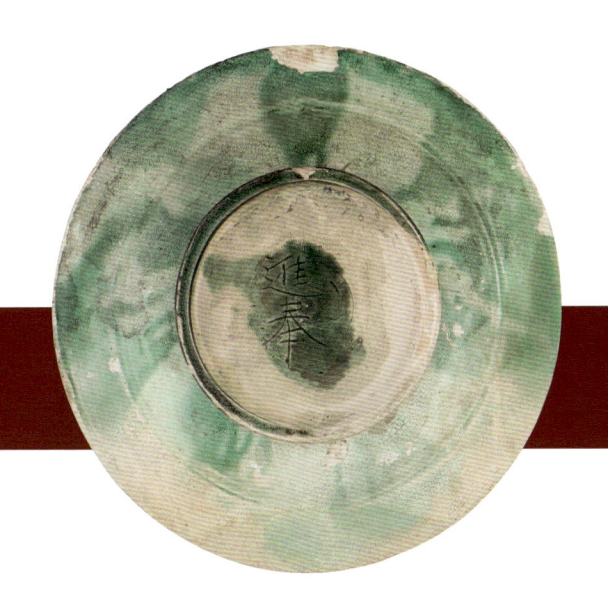

图1-27　巩县窑青花花卉纹盘·唐

图1-28　白釉绿彩"进奉"铭盘·唐

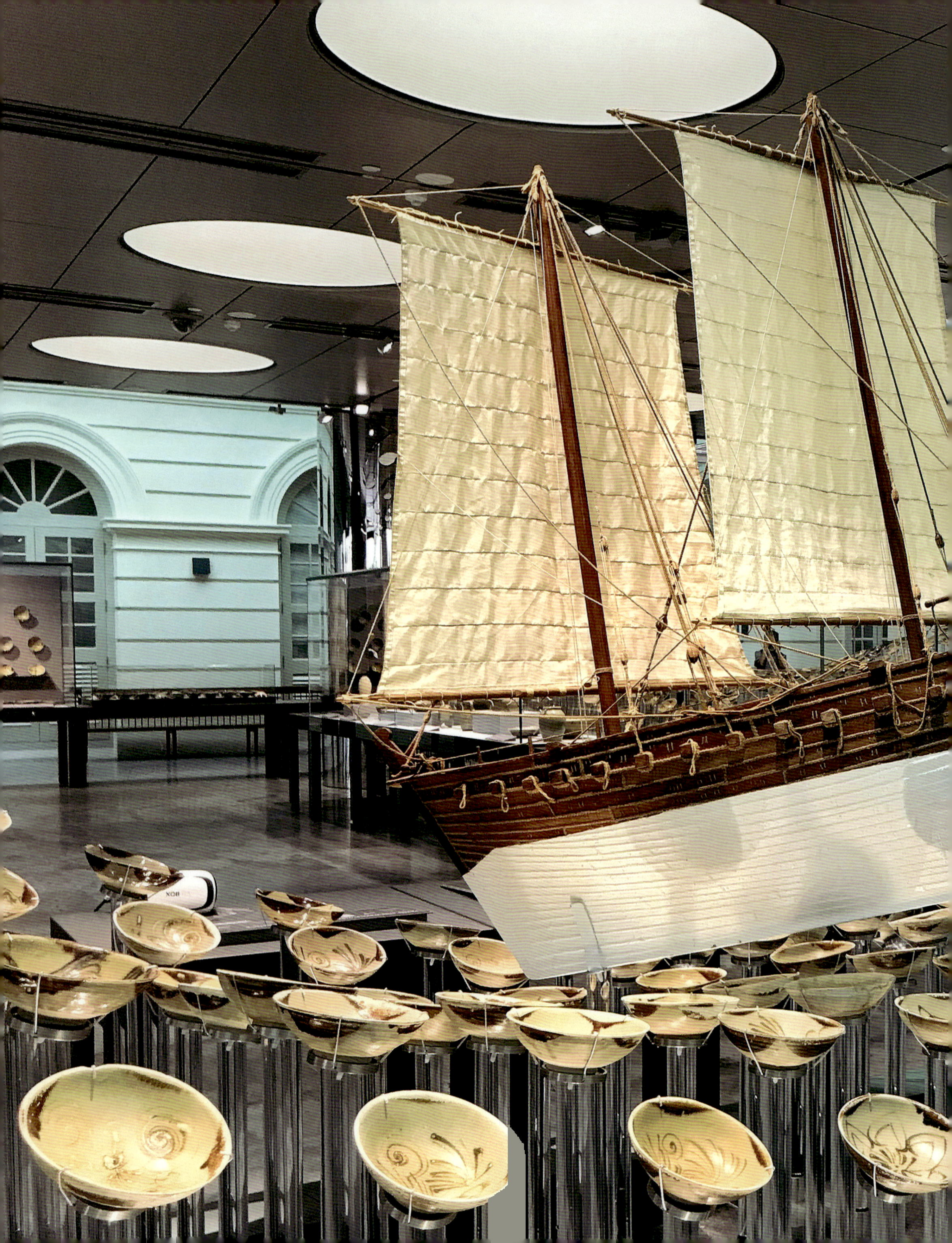

图1-29 "黑石"号沉船模型

图1-30

新加坡亚洲文明博物馆藏。高104厘米。此壶是"黑石"号发现的体形最大的陶瓷器，其装饰风格应该来自阿拔斯王朝。壶的整体造型和阿拔斯王朝金属壶造型接近，应该是专门为中东地区生产的。

一

出水陶瓷中包含一件**白釉绿彩带把陶瓶**，在出水的所有白釉绿彩陶器中最为引人注目。瓶高约一米，长颈圆腹，腹底设有喇叭形，颈上设有瓣口，口沿和肩部设有三股式泥条把，把上端装饰有龙头。船中另有一件绿釉带榫龙首，可与壶口大体吻合，疑为器盖。器物上的纹样见于出水的其他器物上，而不见于中国发现的瓷器。此瓶无法持重，因而并非实用器。在中国境内，类似器形的器物多作为明器使用，例如河北蔚县榆涧唐墓出土的绿釉带把瓶。

"黑石"号沉船中发现的白瓷约有300件，造型主要有杯、杯托、碗、执壶、罐、穿带壶等。从胎、釉及制作工艺上看，这些白瓷可以分为两种类型：一种是精白瓷，胎质细白，釉质润泽，器壁较薄，造型规整；另一种制作较为粗糙，胎质较粗松，器壁较厚，釉质较浊，胎、釉间通常都施白色化妆土。这类白瓷打捞起来时釉层大都已经剥落。

图1-30　白釉绿彩带把陶瓶·唐

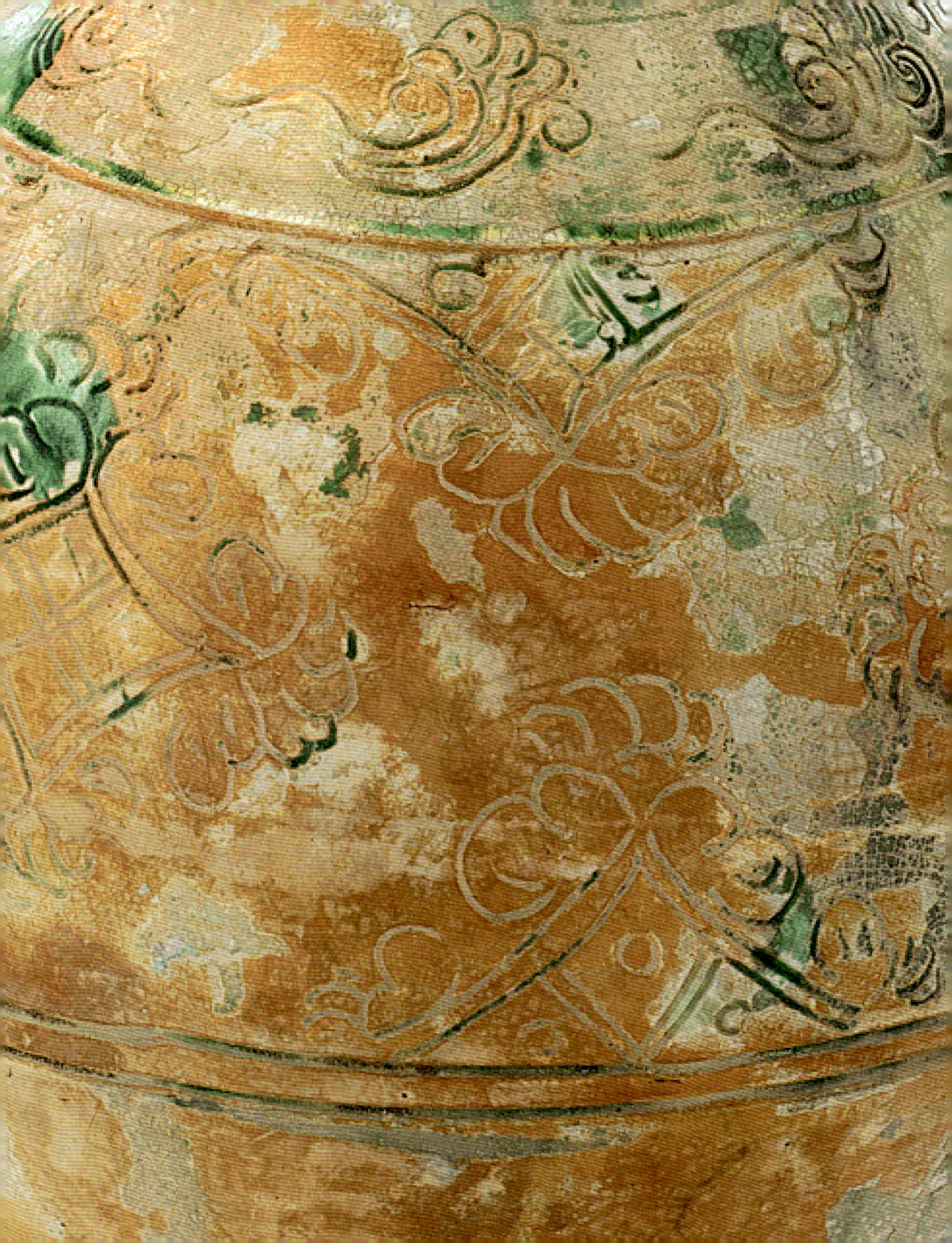

"井里汶"号上的秘色瓷

"井里汶"号是一艘五代末北宋初期的东南亚商船，商船满载各地贸易货物（数量最多的是越窑青瓷）驶往印度尼西亚爪哇岛，不幸在爪哇岛中部城市井里汶西北90海里的海域沉没，故而该沉船被命名为"井里汶"号。

"井里汶"号可谓是海上丝绸之路上的一座"藏经洞"，其打捞取得了丰硕成果，出水了155685件完整器物、78987件可修复器物、262999片残片，器物种类丰富，来源地广泛。货物主要涵盖了近20万件五代末至宋初的越窑秘色瓷和青瓷，邢窑或定窑的白瓷，大量五代十国南汉铅铸币，20余件晚唐风格的青铜镜，三佛齐国爪哇风格的青铜镜、金首饰，泰国细陶器，数百件叙利亚或波斯的琉璃香水瓶，马来西亚锡锭和锡条，可能来自印度或锡兰（今斯里兰卡）的4000颗红宝石和400颗暗红色蓝宝石，波斯湾的1万多粒黑白珍珠，阿富汗或缅甸的1吨青金石原料，尚不确定来源的树脂香料、水晶原料、玻璃原料和砖瓦建材等。

五代末或宋初的越窑瓷是"井里汶"号的大宗货物，占船货的75%。其中有些是高质量的越窑青釉瓷，其釉色与秘色瓷接近。例如较为罕见的有内底划莲花纹、内沿划卷草纹的青釉碗，内底划波涛纹、内沿划卷云纹、外壁划灵芝图案的五曲花口青釉碗，周身外雕莲瓣内底划三爪龙纹的青釉瓷碗等。其中一件莲瓣浮雕青釉瓷碗足底刻有"戊辰徐记烧"字样，揭示了烧造年代——968年及烧造商号。

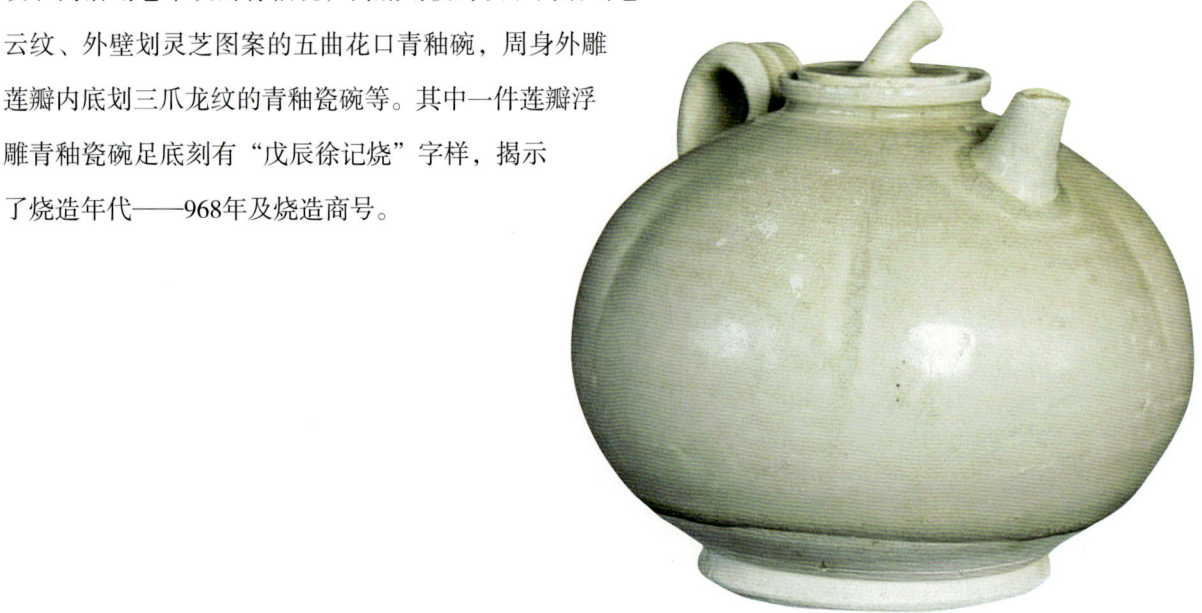

图1-31 定窑白釉瓜棱莲柄盖·五代

"井里汶"号上还发现4000多件可能来自邢窑或定窑的白瓷,器形包括碗、罐、盒、长颈盘口瓶。这些白瓷大多没有纹饰,有些白瓷唇口碗质量很高,具有比较典型的定窑特征;罐的器形都比较小,大部分有瓜棱;有些盖盒的盖子带有果柄状的钮,非常生动;几件高挑雅致的长颈盘口白瓷瓶很可能出自定窑,在外销瓷中并不罕见,在埃及福斯塔特遗址也有类似的发现。

特别值得一提的是"井里汶"号上的**越窑秘色瓷**,某些器形和纹饰的艺术特征与唐代金银器一脉相承,有些则表现出了划花、镂空透雕、浅浮雕等装饰技法的运用。"井里汶"号出水的越窑秘色瓷中发现了在内底划有精美龙纹、莲花纹、波涛纹、对蝶纹、对蝉纹的碗盘;划有对雁纹的盒盖;在八个面上分别划有八仙人物的八角执壶;刻有缠枝花纹的壶;镂空雕透的牙盘;在盘、碗、罐外壁周身应用浅浮雕技法雕刻的莲花瓣等。这些造型端庄雅致、刻划细腻流畅、图饰丰富精美的越窑青瓷无疑具有很高的艺术审美价值。

"井里汶"号沉船的打捞出水,不仅描绘了一幅10世纪初海上丝绸之路的壮阔景象,更为后人认识中国瓷器走向世界提供了可靠的实物证据。

图1-32 越窑青釉凤首残件·五代

图1-33 越窑青釉划花纹执壶·五代

图1-34 越窑青釉划花八仙纹八棱执壶·五代

宋元时期：
中国瓷器外销的黄金期

宋元以来的中国对外贸易中，陶瓷器成为主要商品之一，同时，国内制瓷手工业技术"百花齐放"，出现了空前的发展和繁荣。尤其是在南宋、元代，海外贸易政策的支持态度掀起了中国陶瓷外销的新高潮，以名窑和仿烧名窑产品为主的各类瓷器，源源不断地运往东亚、东南亚、南亚、西亚、非洲等地。在当时的文献中如北宋朱彧的《萍洲可谈》、南宋赵汝适的《诸蕃志》、元代汪大渊的《岛夷志略》等都有中国瓷器对外贸易的具体记载。如《诸蕃志》中列举了当时与中国有经济往来的涉及瓷器贸易的国家有15个之多，到了元代《岛夷志略》中记载的瓷器外销国家达到44个之多。此时的瓷器外销方式主要分两种：一种为通过陆上交通路线远销海外；另一种是经海上丝绸之路到达海外各国集散中心——港口城市后，经陆路销往内陆地区。

这一时期，海外发现的中国瓷器不仅范围扩大，遍及东亚的日本、朝鲜半岛，东南亚各地区，南亚、西亚、非洲东海岸各地，而且数量众多，品种丰富，规模远远超过了唐、五代时期。

图1-35

大英博物馆藏。残高7.4厘米,残长5.6厘米。大卫·怀特豪斯在伊朗尸罗夫港遗址发现。虽然尸罗夫港因为地震开始衰败,但是在当地也发现了少量的宋代瓷器,说明宋代尸罗夫港依然承载了一定量的港口功能。

图1-36

大英博物馆藏。高5厘米,口径19.8厘米。这个白釉碗发现于伊朗东北部的内沙布尔。碗为菱花口,浅弧腹,圈足。碗内外壁施白釉,釉色白里泛青。这个碗应是从中国出口到伊朗,然后流散到内沙布尔的,是中国外销瓷中的精品。

考古发现宋元时期瓷器的陆上遗址主要集中在亚洲和非洲。亚洲重要的遗址有伊朗的尸罗夫以及周围的遗址,基什岛上的哈里尔遗址、达姆巴古和卡拉特·加姆西德遗址、马什哈德遗址、内沙布尔伊斯兰遗址,德黑兰附近的赖伊,设拉子附近的加斯里·阿布·纳斯尔遗址、菲鲁兹阿巴德遗址,埃兰的古都苏萨遗址;阿塞拜疆的卡巴拉遗址、阿兰·卡拉遗址、古格养希城遗址;阿富汗巴米扬地区的夏里·格尔格拉遗址;阿拉伯半岛南岸也门亚丁港的阿布扬遗址;黎巴嫩中部的巴勒贝克城市遗址;叙利亚的哈马遗址;伊拉克的萨马拉遗址、瓦几特遗址、忒息丰遗址、阿比鲁塔遗址。南亚地区的遗址主要有巴基斯坦卡拉奇班波尔遗址、布拉明那巴德遗址、布拉夫米那巴德遗址、阿里卡美遗址;斯里兰卡贾夫纳半岛的阿拉比提遗址、波隆纳鲁瓦遗址、锡格里亚遗址、雅巴哈瓦遗址、达地加马遗址、攀多尼瓦遗址及首都科伦坡机场周围的一些遗址;印度的昌德拉瓦利遗址、阿里卡美都遗址、可里麦都遗址。

图1-35 湖田窑青白瓷残片·宋

图1-36 白釉花口碗·宋

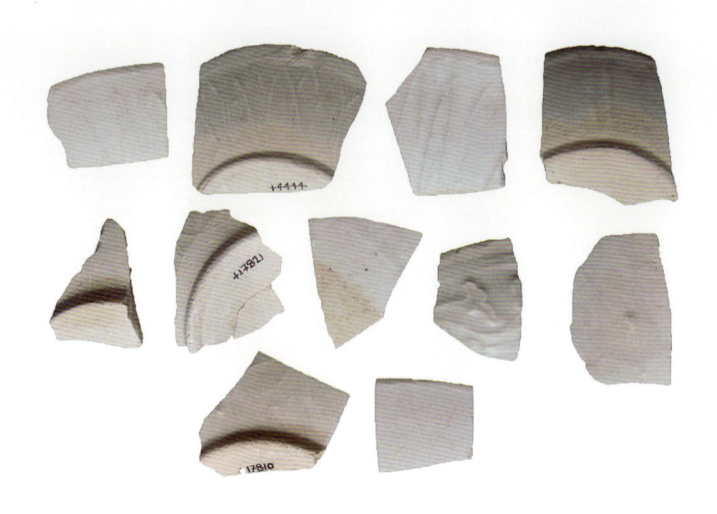

图1-37 米纳布地区出土的德化白瓷残片

图1-38 福斯塔特遗址出土的刻花瓷片

非洲出土中国宋元时期瓷器的主要地点有埃及**福斯塔特遗址**、提勒盖特埃勒马拉遗址、亚历山大里亚遗址、努比亚遗址、阿斯旺和阿伊扎布遗址；埃塞俄比亚的阿木德遗址、阿巴萨遗址、高给萨遗址及内陆地区的哈拉尔和达加·布尔遗址、埃以克遗址；索马里的撒丁岛、泽拉、阿姆德、阿巴萨、戈吉萨、哈萨丁尔、达米拉哈德、库尔加布、阿罗加拉布、比约达德拉、德尔比加阿达德、穆萨哈桑、卡巴布、埃尔乌莫、埃克等地的清真寺、石头房屋等考古遗址，南部的摩加迪沙、阿拜达哈姆、梅尔卡、拉西尼、库拉、布尔高、布恩达尼、汉挐萨、基斯基其尼、奥加鲁因岛、科伊阿马群岛等地的城墙、房屋、墓葬、清真寺等遗址；苏丹境内的爱丹皮废址；坦桑尼亚的坦噶地区。

在非洲中部东海岸的滨海区和岛屿区也发现了中国宋元时期瓷器，如坦桑尼亚的达累斯萨拉姆遗址，奔巴岛姆库姆布的清真寺和房屋遗址，桑给巴尔的克金卡墓遗址，马菲亚岛的克基马尼遗址，基尔瓦岛的大清真寺遗址、大房子遗址、马库丹尼遗址等；肯尼亚的蒙巴萨地区、拉穆群岛区、马林迪海岸区和塔纳河区，曼达岛上的早期伊斯兰遗址；马达加斯加的武黑马尔附近及南非的马篷古布韦遗址等。

水下考古发现的大量沉船也从侧面证明了这一时期瓷器对外贸易的繁荣。除了国内东南沿海发现的福建莆田"北土龟礁一号"沉船、连江定海湾"白礁一号"沉船、平潭大练岛西南屿宋代沉船、大练岛元代沉船、西沙**"华光礁一号"沉船**、漳州龙海"半洋礁一号"沉船等遗址之外，还有东南亚海域发现的菲律宾碎浪礁沉船，调查员沉船，马来西亚丹戎新邦沉船、"玉龙"号沉船，印度尼西亚哲帕拉沉船、鳄鱼岛沉船、爪哇海沉船等，朝鲜半岛海域的新安沉船，南非的开普敦和好望角一带的沉船，其中都有大量中国瓷器的发现和出水。

图1-37

这些瓷片是在伊朗南部的米纳布地区发掘出土的，到了宋元时期，德化窑登上了历史舞台，其生产的青白瓷器远销波斯湾地区以及非洲东海岸。

图1-39

2007年西沙"华光礁一号"沉船遗址考古发掘出水。束沿盘口，直颈，圆肩，鼓腹，圈足。长曲流，宽带曲柄。瓷胎细致洁白，釉色青白素净，有开片。颈部近肩处可见一圈弦纹装饰，器表胶结珊瑚。"华光礁一号"沉船于1996年被发现，距离华光礁附近的海面约3米，并于2007年被中国国家博物馆的考古学家挖掘出来。从沉船中发现了大约1万余件文物和511块海板。

图1-39 青白釉弦纹执壶·南宋

基什岛上发现的宋元瓷器

基什岛是波斯湾内一个面积95平方千米的岛屿，位于伊朗南部，属于霍尔木兹甘省的一部分。在中世纪的时候，基什岛成为一个重要的贸易中心，尤其是基什岛的哈里尔港口，更是从东亚到中东的货物集散地。1976年，英国考古学家大卫·怀特豪斯对哈里尔港进行了考古发掘，发现了大量的进口瓷器遗存，这些瓷器中就包括来自中国的青瓷、白瓷等。

哈里尔兴起的时间是12世纪至14世纪早期，由于10世纪末大地震的影响，原本的贸易中心尸罗夫逐渐衰落，不少的尸罗夫商人便转移到了哈里尔，从此直到14世纪初，哈里尔一直是波斯湾贸易路线上的重要港口。**哈里尔遗址**位于基什岛北面中央，海岸附近有港湾设施和居民区。从海湾略微进入内陆的地方是城市的中心，清真寺和集市都集中在这里，这里到处都是还没有发掘的瓦砾废墟，瓦砾中有许多中国瓷器的残片。

图1-40

哈里尔遗址出土的瓷器残片，除龙泉窑之外，其余青瓷、白瓷残片多为福建窑口的产品，而青白瓷残片是景德镇的产品。

图1-40　哈里尔遗址出土的瓷器残片

根据已经发掘的遗址出土物可知，这里出土数量最多的是13世纪到14世纪前期的龙泉窑青瓷，尤其是14世纪前期的瓷片远多于13世纪。此外这里也发掘出了不少福建窑口生产的白瓷和青瓷。白瓷的底部和外壁可见模印痕迹，外壁印花图案清晰，类似于德化窑和安溪窑的产品；青瓷内底部有环形剥釉，外底无釉，应是泉州东门窑和莆田庄边窑的产品。这里也发现了南宋时期景德镇窑的青白瓷残片，数量不多。元代青花瓷片也有发现，与东南亚发现的元青花碗、钵类似。根据这些发现可知，在宋元时期，中国和中东地区的贸易往来异常繁荣，而瓷器就是这一时期最重要的商品。

图1-41·哈里尔遗址

坦桑尼亚发现的宋元瓷器

位于非洲东部的坦桑尼亚，作为古人类的发源地之一，和中国的交往历史悠久，而这一切都要从在坦桑尼亚发现的中国瓷器说起。在坦桑尼亚的重要城市达累斯萨拉姆的坦桑尼亚国家博物馆的二楼，陈列和收藏着从坦桑尼亚海岸遗址群出土的中国陶瓷器。这些陶瓷器以青花瓷和青瓷为主，时间在14世纪至16世纪，其中以英国考古学家内维尔·基蒂克在基尔瓦遗址出土的资料为最多。此外在**奔巴岛**、马菲亚岛、桑给巴尔岛以及坦噶地区、巴加莫约均有中国瓷器出土。

图1-42　坦桑尼亚发现的宋元瓷器碎片

图1-42

维多利亚与阿尔伯特博物馆藏。这些瓷片基本上是在坦桑尼亚发现的，从瓷片的釉色可以分辨出其中有龙泉窑青瓷、景德镇窑青白瓷以及南方窑口的酱釉瓷器，里面的青花瓷瓶应是明清时代的产物，其余瓷片均是宋元时期的。这些瓷片的出土说明当时中国瓷器已经大量出口到了东非地区。

图1-43

大英博物馆藏。高4.5厘米，口径10.7厘米。青花瓷碗是明代的产物，说明从宋代开始一直到明清时期，坦桑尼亚与中国的贸易往来持续不断。

中国瓷器的出土地最著名的就是基尔瓦·基西瓦尼遗址群。20世纪60年代，基蒂克对基西瓦尼进行了调查发掘，根据他的报告，这里的中国陶瓷器、伊斯兰陶器和当地陶器存在共存关系，大致可分为三个时期。第一期为从800年到1150年的西拉基王朝时期，第二期是从1150年到1300年的基尔瓦第一王朝时期，第三期是1300年之后的基尔瓦第二王朝时期。其中第一期发现的只有白瓷碗，具体情况不详；第二期出土的瓷器包括13世纪下半叶有纪年的龙泉窑系青瓷莲瓣纹碗；第三期出土的瓷器最多，资料也很丰富，其中包括青瓷和青花瓷。

图1-43 奔巴岛发现的青花瓷碗

除了基尔瓦·基西瓦尼遗址群，桑给巴尔岛遗址群也是重要的中国瓷器出土地。桑给巴尔岛岛内遗址众多，以作为苏丹王室住宅而建的马尔福比宫殿遗址为首，有阿拉伯人城邑的克金卡基遗址、西拉基清真寺、属岛琼巴都岛上的西拉基遗址等。中国陶瓷器主要出土于有伊斯兰陶器和古币共存的克金卡基遗址，这里曾发现13世纪后半叶的青瓷碗和16世纪的青花碗、盘以及宋代铜钱。

在桑给巴尔岛北边，靠近肯尼亚国境的奔巴岛位于坦噶和桑给巴尔岛之间的航路上，船只来往频繁。这个岛上也出土了一些中国陶瓷器，但只限于靠近港湾和交通要冲的聚落。于克温哥尼、布基尼、京巴尼等地，均采集到同伊斯兰陶器在一起的14世纪到16世纪的青花碗、盘。同时，在该岛也发现了宋代景德镇窑生产的枢府瓷残片、青白瓷残片。另外，在穆可阿尼附近有一个经营水田的半农半渔聚落也散布着许多青花瓷和伊斯兰陶器的破片。

综合来看，坦桑尼亚出土的这些瓷器，时代最早的是基尔瓦出土的10世纪的镶边的白瓷碗，此后的考古发掘，白瓷、青瓷屡有发现，其中青瓷的代表是莲瓣纹青瓷碗，时间是13世纪后半叶到14世纪前半叶。自15世纪中叶之后，青瓷多以素面为主。此地发现数量最多的则是16世纪之后的青花瓷盘、碗等。

图1-44
巴基斯坦阿迦汗大学穆斯林文明研究所藏。这个瓷碗于2002年在肯尼亚格迪古城遗址发现，为14世纪龙泉窑的产品。

图1-45
从这一堆残片可以看出，到了元代，出口到肯尼亚的中国瓷器以龙泉窑为最多，并且龙泉窑的釉色相当精美，瓷器做工也很细致，说明当时龙泉窑青瓷的出口十分重视出口产品的质量。

肯尼亚发现的宋元瓷器

肯尼亚地处非洲东部,濒临印度洋,自古以来就是环印度洋贸易圈的重要组成部分。中国古代文献中对这里的记载可以上溯到9世纪。"地理大发现"以后,东非地区是西方列强东进的重要基地,在环球贸易体系中也占有重要地位,这里作为东方瓷器参与环球贸易的一个中转地点和目的地,见证了中国古代瓷器贸易的风风雨雨。

2010年至2013年间,北京大学考古文博学院秦大树先生带领的调研小组对肯尼亚出土中国瓷器的相关遗址和出土瓷器进行了调研整理。在三年时间里,这些专家在肯尼亚调研了37处出土中国瓷器的古代遗址,其中包括斯瓦希里、蒙巴萨耶稣堡、马林迪市**格迪古城**、拉穆岛拉穆镇、帕泰岛帕泰、曼达岛曼达和穆纳瑞尼、马林迪老城、蒙巴萨老城、拉穆岛希拉等遗址。与此同时,调研小组还对蒙巴萨耶稣堡博物馆、拉穆博物馆和格迪古城遗址博物馆收藏的出土地不明的中国瓷器进行了整理。整个调研整理过程中发现中国输出东非的中国瓷器共9552件(片),另有日本、欧洲瓷器55件(片)。另外,北京大学考古队对曼布鲁伊等遗址考古发掘出土的1060件中国瓷片也进行了整理。

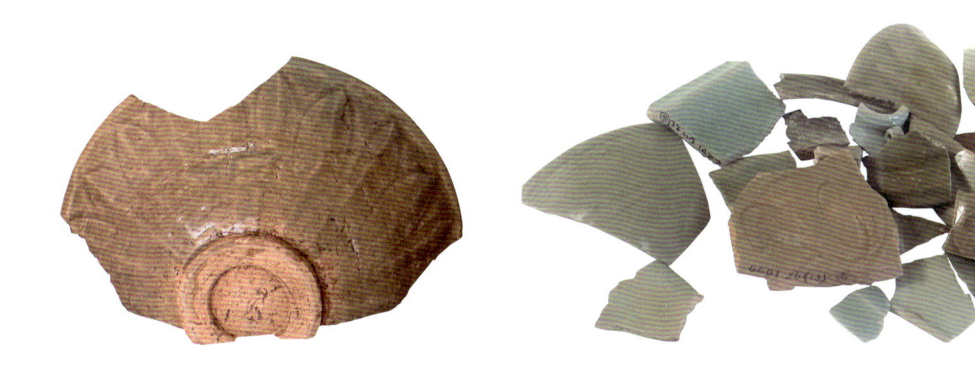

图1-44 格迪古城遗址发现的龙泉窑青瓷莲瓣纹碗残片

图1-45 格迪古城遗址出土的中国瓷器残片

图1-46 格迪古城遗址

图1-47

这几块瓷片均在拉穆群岛发现，是中国的外销瓷器。瓷片的产地从上到下依次为繁昌窑、越窑和龙泉窑，时间跨度从唐朝末年直到元代。

图1-47　拉穆群岛出土的不同窑口的中国瓷器

　　肯尼亚发现的早期的中国瓷器主要时间段是晚唐五代到北宋初年，这些外销瓷主要发现于**拉穆群岛**地区，尤其以拉穆群岛上的上加遗址最具代表性。上加遗址位于拉穆群岛的帕泰岛上，是一处存在于8世纪中叶到15世纪初的斯瓦希里聚落遗址。上加遗址共出土中国瓷器360片以上，瓷器类型包括碗、盘、瓶、罐、执壶、盏和洗等；品种可分为青瓷、白瓷、青白瓷和青花瓷等。产地包括长沙窑、定窑、越窑、繁昌窑、景德镇窑、福建窑和广州地区的窑口。从年代和窑口来看，公元9世纪到10世纪的长沙窑瓷片共计19片，其中17片为晚唐时期的产物，只有2片是五代时期的产物；遗址中出土的越窑瓷器共计36件，其中属于9—10世纪的19件，其余都是10世纪后的产品。结合其他地区的发掘资料可以看出，9世纪最主要的出口瓷器是长沙窑瓷器，而到了10世纪长沙窑则已走向衰落，基本上退出了外销瓷的行列，被盛烧的越窑所取代。肯尼亚出土的中国瓷器从数量上已经表明，从晚唐到北宋初期，中国瓷器通过海路的外销从创始阶段迅速达到第一个高峰。中国出口到肯尼亚的瓷器自9世纪开始基本上未曾断绝。2010年，北京大学和肯尼亚国立博物馆联合科考队在对马林迪市的**曼布鲁伊村**遗址进行考古发掘的时候，清理了11世纪以后的文化层，此次发掘共发现中国瓷器229片。根据相关研究资料可知，从北宋后期到南宋早期，虽然中国和印度洋地区的贸易始终存在着，但明显处于低潮。

图1-48　曼布鲁伊村出土的龙泉窑青瓷残片

从南宋后期开始，东非发现的中国瓷器再度呈现大规模增长趋势，尤其以元代的出口量最大。这一时期主要的瓷器品种是龙泉窑青瓷，另外还有景德镇窑生产的青白瓷和福建窑口生产的青瓷及青白瓷，发现的元代瓷器中有较为精美的青花瓷和釉里红瓷器。

元代到明代早期输往东非地区的瓷器与东南亚地区的考古发现不同，那里大量发现的是福建地区产品，这在东南亚地区相对少见；但是龙泉窑瓷器的数量很多，既有较粗糙的产品，也有一些质量很好的器物，包括明代初年的官用龙泉瓷。这似乎与郑和船队的到达有关。

许多西方学者和肯尼亚学者都认为，中国人真正到达肯尼亚是在郑和第五次航海时。而我们现在看到，在元代到明初时期，东非的中国瓷器贸易是一种广泛而大量的输入，据此很难相信当时没有直接的贸易。事实上，元代著名的旅行家汪大渊就曾经亲身到达过东非地区。

图1-48

维多利亚与阿尔伯特博物馆藏。长7.6厘米，宽3.8厘米。瓷片是龙泉窑青釉盘的残余部分，下承圈足，盘心平坦，通体施青釉，釉质明润，釉面有细微开裂纹。此盘应是龙泉窑生产的外销瓷中的精品。

图1-49

韩国国立中央博物馆藏。这些铜钱大量是运往日本的货物。从唐朝的"开元通宝"到元朝的"至大通宝"，不同年代的均有发现。从不分大小、种类放置的情况看，这些铜钱在日本可能是作为等价货币使用或被用作铸造的原料。

举世瞩目的新安沉船

韩国**新安沉船**打捞出水于韩国全罗南道新安郡海域，在《宣和奉使高丽图经》所绘航路的群山列岛处。沉船发现于1975年5月，一位渔民在工作的时候在水里打捞到了6件瓷器，这6件被他打捞上来的瓷器其实都是生产于中国的元朝时期，产自中国浙江省的龙泉窑。自1976年10月开始至1984年9月，韩国文化财产管理局（韩国文化财厅前身）先后共进行了10次大规模的发掘，历时9年，出水了沉船遗骸及大量文物。

新安沉船出水的遗物，主要有铜钱、陶瓷器、金属器、石材、墨书木简、紫檀木、香料、药材和果核等。其中，数量最多的为铜钱，重达28吨，皆为中国铸造，朝代包括唐、北宋、南宋、辽、金、西夏、元，最晚为元代"至大通宝"。出水的20691件陶瓷器，除7件高丽青瓷和2件日本濑户窑釉陶，其余皆为中国陶瓷器，以龙泉窑青瓷器居多，约占60%，达12377件，器形有盘、碗、香炉、瓶、罐、执壶、高足杯、匜、盆、盏托等，皆为元代流行造型；景德镇窑白瓷和青白瓷共5311件，约占26%；黑褐釉瓷器共509件，约占2.4%。这些陶瓷器的产地几乎涵盖了当时中国各地代表性窑口，包括浙江、江西、福建、江苏、广东、河北等地窑口，尤以南方窑口居多。出水金属遗物729件，有瓶、香炉、灯盏等配套的宗教文物和锁、铜镜、炊具等日常生活用品。新安沉船还出水了墨书木简364支，应为沉船的货物标签，其中一件木简墨书"至治三年"（1323）字样，为判别沉船年代提供了重要依据。墨书木简上还有"东福寺""钓寂庵""答琦宫"等日本寺社名，"东已三郎""七今二郎""卫门次郎""本七今二""协冲二郎""又三郎"等日本人名，还有"纲司"等字样。

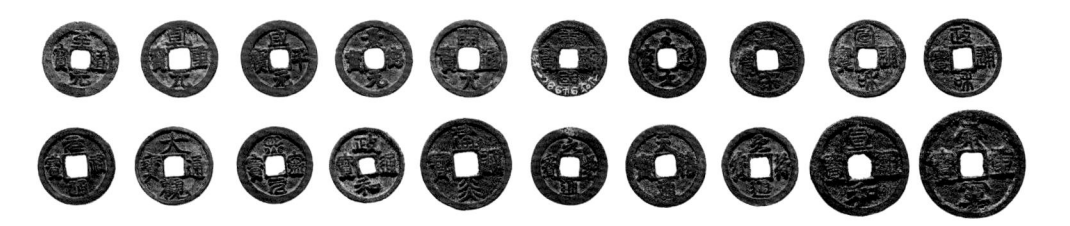

图1-49 新安沉船出水铜钱

根据出水文物的特征和墨书文字，并结合文献，初步推断新安沉船应该是元至治三年前后从庆元（宁波港）出发，前往日本博多港进行贸易的商船，途中由于台风等原因，最终沉没在高丽的新安外方海域。

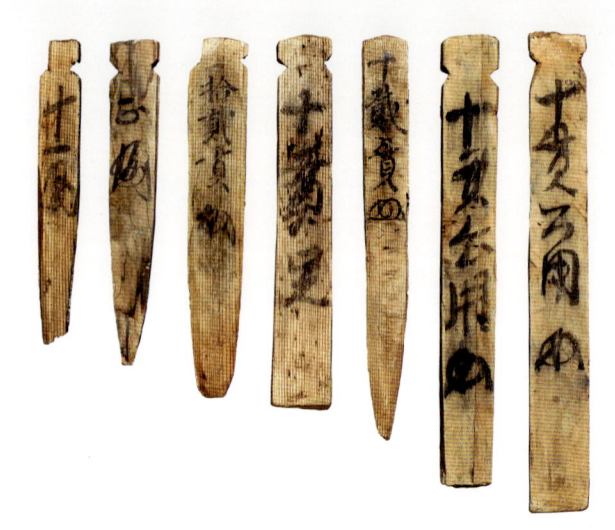

图1-50　新安沉船出水木简

图1-51　龙泉窑青釉凤纹圆盒·元

一

图1-50

韩国国立中央博物馆藏。新安沉船中出水了多种形状的木牌，这些木牌捆在装着陶瓷等器物的箱子或包着铜钱的包上，因此通常认为它们是系在货物上的行李票或付扎。木牌上有墨迹，有助于了解新安沉船的具体真相。

图1-51

韩国国立中央博物馆藏。新安沉船出水。高4.8厘米，口径10.4厘米，足径4.2厘米。这是一款扁圆形的盒子，盒口与盖相触的地方形成子母口。盒体内部以三个小碗的形状区分，中间雕着树叶状的花纹。盒盖中间印凤凰纹，边缘上印菊花、莲花和唐草纹。

图1-52

韩国国立中央博物馆藏。新安沉船出水。高19.7厘米。这是一件中空的仕女持荷叶灯塑像，仕女的左肩上扛着莲叶灯。塑像的脸、脖子、手等部位没有施釉，表面光滑，有皮肤的质感。底部无釉，中间有小孔。头部和身体为前后合模，双臂、莲叶灯盏和部分头饰都是先做好后再附加到塑像上的。釉层较厚，釉质莹润。

图1-52　龙泉窑青釉仕女烛台·元

图1-54 龙泉窑青釉八卦纹炉·元

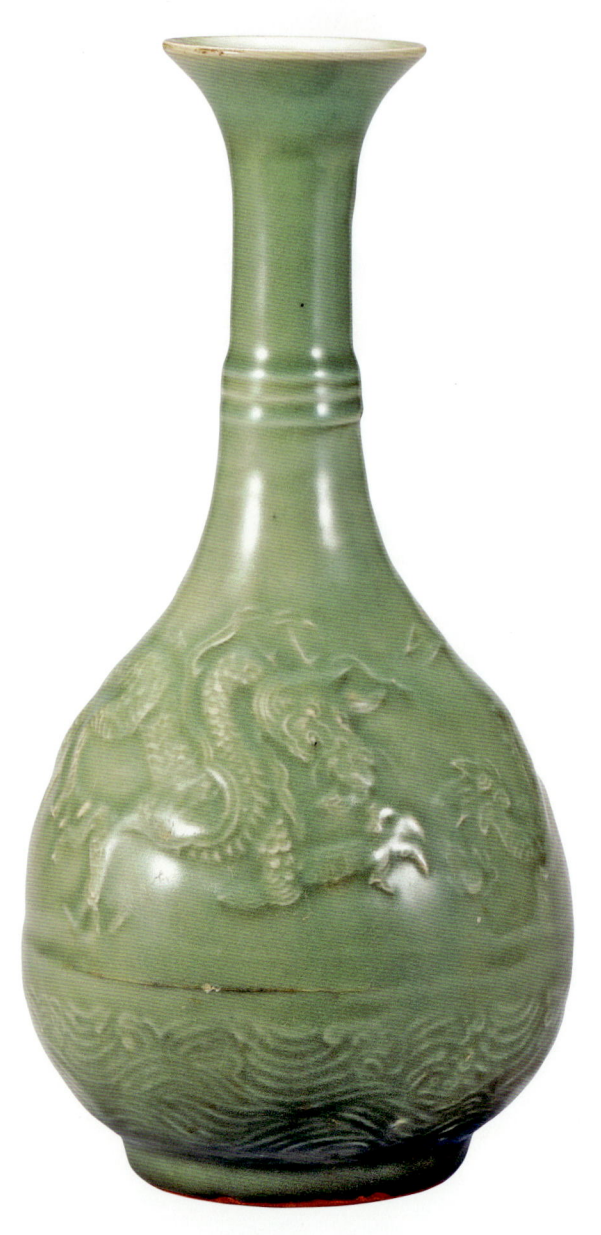

图1-53 龙泉窑青釉云龙玉壶春瓶·元

图1-53

韩国国立中央博物馆藏。新安沉船出水。高29.2厘米，口径7厘米，足径8.6厘米。喇叭形口，颈部细长，圆腹，腹部饰龙纹，下面有波涛纹。

图1-54

韩国国立中央博物馆藏。新安沉船出水。高14厘米，口径21厘米，足径7.1厘米。

元朝实行了比南宋更加积极开放的对外贸易政策。虽然忽必烈两征日本均以失败而告终，中日官方的往来近乎绝迹，然而民间贸易却异常繁荣。元世祖至元十四年（1277）取得江南之后，即于泉州、庆元（宁波）、上海、澉浦设市舶司，管理海外贸易，又先后于温州、杭州、广州设市舶司，总数达7处。大德以后，集中到庆元、泉州、广州。元朝统治者不但允许外国人"往来互市，各取所欲"，还要求各市舶司"每岁招集舶商，于蕃邦博易珠翠、香货等物；及次年回帆依例抽解，然后听其货卖"。其中，庆元港作为元朝三大对外贸易港口之一，几乎包揽了对日本、朝鲜半岛的贸易，成为最重要的贸易口岸，其主要航线为明州道。大运河将国内各种货物源源不断运往庆元，在此装船，沿海上丝绸之路运往朝鲜半岛、日本，乃至东南亚等地，同时也把国外货物运回贩卖。新安沉船中发现了两件"使司帅府公用"铭文盘和一件"庆元"铭青铜权，权身两面分刻"庆元""庚申年"，为证实新安沉船的始发港在庆元提供了依据。新安沉船出水墨书木简记载有包括"东福寺""钓寂庵""答琦宫"等日本寺社名，应为货主。东福寺建于1236年，是京都最大的临济宗禅寺；钓寂庵建于1242年，为博多承天寺的塔头，而承天寺又为东福寺的末寺；答琦宫建于921年，是福冈市东区箱崎的八幡神社，可见博多是新安船的目的地之一。新安沉船出水的1000多根紫檀木，其产地在东南亚或印度尼西亚，这在一定程度上反映了海上丝绸之路东海航线与南海航线的联系。

新安沉船出水文物品类繁多，精彩纷呈，以考古实物的形式展示了元代东北亚海上贸易的真实面貌，对研究宋元时期东北亚地区的海上丝绸之路具有十分重要的意义。

图1-55

韩国国立中央博物馆藏。新安沉船出水。高16厘米，口径13厘米，足径10.3厘米。这种形状的罐始于宋代的龙泉窑。在四川省遂宁县金鱼村的南宋时期的瓷窑中也发现过类似形状的瓷罐。

图1-55 龙泉窑青釉荷叶盖罐·元

明清时期：
古代中国瓷器外销最后的辉煌

明清时期，海外贸易发生较大变化，这一阶段瓷器的外销是伴随着贸易政策的变化而兴衰的。

从严格海禁到开放海禁

==有明一代，中国陶瓷器的输出主要是在朝贡体系的背景下进行的，明朝廷往往将陶瓷等作为赏赐品、礼品以及交换其他物资的重要手段。==明初洪武年间，明政府开始实行严格的海禁，禁止沿海居民私通海外，并在历代严格执行。如文献中记载的"仍禁濒海民不得私出海""片板不许下海"等。同时，明政府又积极发展朝贡贸易，鼓励海外诸国入明朝贡，并对朝贡国赏赐甚厚，以丝绸、瓷器等为主，耗资巨大。如洪武七年（1374），琉球中山王弟泰期再次来贡，"命刑部侍郎李浩赏赐文绮、陶铁器，且以陶器七万、铁器千就其国市马"。九年，"（李）浩言其国不贵纨绮，惟贵磁器、铁釜，自是赏赉多用诸物"。洪武十六年，明太祖分别赐占城、真腊、暹罗等国瓷器。洪武十九年九月又"遣行人刘敏、唐敬偕中官赍磁器往赐"真腊国。至永乐时期郑和下西洋，官方的朝贡贸易达到鼎盛时期，瓷器成为郑和船队对海外各国交易的物品之一。对这一时期的瓷器外销，文献中也多有记载，如马欢《瀛涯胜览》记载换易或买卖交易使用"中国青磁盘碗""中国青花磁器""青磁盘碗""磁器"等；费信《星槎胜览》所记货用"青白花磁器""青花白磁器""青白磁器""磁器"等；巩珍《西洋番国志》则记有"中国青磁盘碗""青花磁器""磁器"。

其后因沿海局势不稳，除开展官方朝贡贸易之外，对外贸易基本处于闭关状态，明隆庆元年（1567），明政府开放海禁，荷兰东印度公司的欧洲商船频繁来华贸易，使得明末清初成为这一阶段海外贸易最为繁荣活跃的时期，这一时期江西景德镇民窑、福建漳州窑和德化窑、广东石湾窑、江苏宜兴窑等诸多窑场的陶瓷器继续行销海外地区，并在亚洲、非洲的基础上，远销至欧洲、美洲和大洋洲。==清代中期以后，与欧美、日本等地的海外贸易仍较为发达。==

图1-56　釉里红牡丹纹军持·明洪武

图1-57　青花阿拉伯文器座·明永乐

图1-56
维多利亚与阿尔伯特博物馆藏。高13.3厘米，腹径16厘米。军持为一种饮水或净手器皿，在东南亚十分流行。洪武时期的军持作为外销品，在东南亚地区特别受欢迎，是为当地人生活需求而专门烧制的瓷器产品。

图1-57
大英博物馆藏。高17.4厘米，宽18.4厘米。此器造型奇特，系仿西亚阿拉伯铜器制作。大英博物馆这件藏品是约瑟夫·阿修辛基博士在叙利亚大马士革的苏克购买的，应该是永乐时期制作出口到叙利亚的瓷器。

中国瓷器的全球之旅

这一时期海外发现中国瓷器的区域进一步扩大,除了传统的东亚的日本、琉球、朝鲜半岛,东南亚的越南、泰国、菲律宾、印度尼西亚、马来西亚、新加坡、文莱等,南亚的印度、马尔代夫,阿拉伯半岛的阿曼、伊拉克、伊朗等,非洲的埃及、苏丹、肯尼亚、坦桑尼亚、马达加斯加等地之外,最为显著的变化是随着新航路的开辟,葡萄牙人、西班牙人、荷兰人、英国人等相继东来,他们从事的转口贸易大大促进了中国瓷器在各地的影响和广泛使用,最重要的是他们开始将中国瓷器大量运输并销往非洲南部、西非、欧洲、美洲、大洋洲等地,瓷器几乎遍布世界各大洲,这从东印度公司大量的文献档案记录中可见一斑。

明清时期中国瓷器的考古发现

中国台湾学者卢泰康曾统计了海外遗址出土的14世纪中晚期到15世纪前半期即洪武至天顺几朝的瓷器,发现东亚的日本、琉球,东南亚的菲律宾、印度尼西亚、马来半岛、婆罗洲西北部(沙捞越)及北部地区、泰国等地都是出土明代前期中国瓷器的重要地点。印度洋地区的印度、马尔代夫,阿拉伯半岛的阿曼、巴林,非洲的埃及、苏丹、肯尼亚、坦桑尼亚、马达加斯加以及美洲、大洋洲等地也有发现。发现的品种有龙泉青瓷、明前期官窑青花瓷及民窑青花瓷,还有少量的酱褐釉瓷、白瓷及釉里红瓷等。

图1-58

加州大学赫斯特人类学博物馆藏。高6.3厘米,口径15.5厘米。根据博物馆的记录信息,这个碗于菲律宾八打雁省加拉塔岸出土,是中国销往海外的青花瓷器。

图1-58 青花缠枝菊纹碗·明

图1-59 德化窑白釉荷兰人物雕像摆件·清

图1-60 青花麒麟纹碗残片·明

图1-59

维多利亚与阿尔伯特博物馆藏。高14.3厘米，长15.55厘米。摆件是一组家庭人物雕像，其衣着是典型的荷兰服饰，其造型是荷兰绘画中的典型场景。17世纪中叶，荷兰东印度公司的贸易商大量订制德化窑白瓷，并且有了一个特别的名称："中国白"。这组雕像就是荷兰商人订制的德化窑产品之一。

图1-60

加州大学赫斯特人类学博物馆藏。长12厘米。据传这个青花碗的瓷片是从1595年被击沉在雷克斯湾的葡萄牙"圣奥古斯丁"号帆船上打捞出水的。这艘帆船上装载着大量的来自亚洲的货物，其中就包括来自中国的瓷器，碗内青花绘制麒麟纹，外壁青花纹饰间隔书写"福""寿"字样。

  龙泉青瓷是海外发现的明代前期陶瓷中最多、最普遍的一种瓷器，特别是日本列岛和琉球群岛发现最多。据日本学者的研究，出土14世纪末以后明代陶瓷的遗址遍及冲绳岛，而且数量极多。青瓷的出土量多到无法估计，白瓷要少得多，还有少许褐釉瓷，青花瓷在冲绳则很少。日本本岛也出土了较多的青瓷器，器形以碗、盘为主。

  琉球作为当时中国龙泉青瓷贸易的重要中转地，遗址中发现的青瓷器占绝大多数。特别是琉球古堡文化层里大量发现的14世纪后半期到15世纪的中国陶瓷，正是琉球国与中国朝贡贸易的遗留物。据研究，14世纪前，琉球出土中国陶瓷的数量与种类并不丰富，但一直有福建窑口的产品。14世纪中叶后，福建等地生产的白瓷、褐釉瓷持续输入琉球，而青瓷数量大增，同时，14世纪下半期开始出现越南与泰国陶瓷，其出土量与种类在15世纪中期以前比较丰富，这些现象都和东南亚沉船中发现的陶瓷器组合一致，可能代表了当时东南亚陶瓷贸易的基本情况。在14世纪后半期到15世纪前半期琉球古城堡的巅峰时期，每个城堡都有中国陶瓷，显示了当时琉球以中国陶瓷为主要媒介从事海外贸易的盛况。这些青瓷器以碗盘为主，宽或窄莲瓣纹碗、外壁口沿饰回纹带莲瓣纹碗、素面青瓷碗、花口碟以及折沿盘等都是代表器形。

图1-61 那霸首里城发现的中国瓷器

菲律宾群岛出土的青瓷主要是龙泉窑的花式折沿大盘，盘心与内壁饰有折枝花草纹，与明初官窑青花风格类似。它们或为明代龙泉的处州官窑器。此外，菲律宾还发现了器身装饰开光"福""寿"印花纹饰的花口环耳瓶。印度尼西亚出土的明初青瓷数量不多，有盘心刻折枝花卉的花口折沿盘和"清香美酒"铭青花大罐。沙捞越1967年以后的15个新的考古遗址中发现了很多的中国青瓷及其他相关品种，包括青花瓷器、磁州窑以及泰国宋加洛窑及安南陶瓷。它们巨大的数量足以反映13—19世纪沙捞越地区持续进行的陶瓷海洋贸易。沙捞越博物馆也收藏有一些青瓷大盘和少数瓶、炉类器物。15—16世纪东南亚贸易活跃的文莱地区也发现了大量的明代瓷器，这是明代前期朝贡贸易体系的确立，以及中国和文莱贸易发展到新高度的证据。泰国发现有回纹带莲瓣纹碗、外壁刻变形莲瓣纹碗等明初龙泉器物。阿拉伯半岛

图1-61
日本那霸市历史博物馆藏。这几件瓷器是从首里城遗址发掘出土的，应是中国明代出口到琉球国的瓷器，反映了当时琉球和中国从文化到经济上的频繁交流。

图1-62
美国纽约大都会艺术博物馆藏。口径41.6厘米。在明代初期，龙泉窑最鼎盛的时候同时存在200多座窑炉，是当时中国最繁荣的陶瓷产地。龙泉窑生产的陶瓷主要出口东南亚和西亚，莲纹花口盘就是当时的典型产品。

的巴林岛上曾发现大量龙泉青瓷，日本学者三上次男认为它们多数是14世纪后半期到15世纪初的**龙泉青瓷**。埃及的福斯塔特、坦桑尼亚等地也都有明初青瓷出土，这些青瓷器大部分辗转来自琉球进贡船。

除了龙泉青瓷，福建、广东窑口的仿龙泉窑产品也进入了这一时期的海外贸易。窑址资料表明，明代前期至明代晚期崇祯年间，广东等地曾生产仿龙泉窑青瓷，这种产品在日本列岛和琉球群岛的遗址中都曾发现。

图1-62 龙泉窑青釉莲纹花口盘·明

图1-63　龙泉窑青釉碗·明

图1-64　福建窑青釉碗·清

图1-65　青花兔纹碗心·明

图1-63
美国国家亚洲艺术博物馆藏。高5.2厘米，口径9.5厘米。这个碗发现于泰国，从其造型和釉色上看，应是龙泉窑烧制的比较粗糙的产品，且泰国本地的仿烧龙泉窑瓷器也与之类似。

图1-64
维多利亚与阿尔伯特博物馆藏。高7.6厘米，口径19.4厘米。这个青釉碗发现于马来西亚的沙捞越，是福建窑口生产的外销瓷器之一。

图1-65
大英博物馆藏。埃及福斯塔特出土。这是一个青花瓷碗的碗心部分，青花绘制一只兔子待在岩石的前面，寥寥数笔却形象生动。

明初官窑青花瓷在海外的出土地点比较零散，数量也不是很多，根据卢泰康的统计，主要见于印度尼西亚、菲律宾、印度南部、肯尼亚、坦桑尼亚以及埃及的福斯塔特遗址中。大量的明初官窑器则见于土耳其托普卡比宫和伊朗阿德比尔清真寺的收藏。关于明代前期景德镇民窑青花瓷输出的材料也不多，相对于明代中晚期青花瓷器大量涌向海外的情况，明代前期的输出非常有限，而且研究者又往往将国外遗址中混入年代较晚的遗物作为明代前期瓷器大量外销的依据，使得长久以来对这一问题的认识都比较模糊。具有前述"空白期"风格的器物见于日本、琉球、菲律宾、印度尼西亚地区的苏拉威西岛、爪哇东部、苏门答腊岛南部、马来西亚、埃及的福斯塔特、肯尼亚、坦桑尼亚、马达加斯加等地。

伴随官窑青花瓷输出的还有釉里红、白瓷、红釉、蓝釉描金等官窑器物，日本列岛、琉球群岛、爪哇岛、印度东南岸等地出土了极少的瓷片。另外民窑的酱釉器在海外遗址中也有一些发现，有的是福建窑口生产，有的产地不明。日本博多等地的明代前期地层中还发现较多的福建闽清窑以及邵武四都窑的白瓷、青瓷产品。相同的产品在归仁城、胜连城等琉球古城堡遗址的14世纪后半期至15世纪前半期的地层中也大量发现。这些闽江流域的产品也应该是通过朝贡贸易或者走私进入琉球的。

图1-66

印度尼西亚国家博物馆藏。口径44厘米。这个青花瓷盘应是明永乐年间的产品，发现于印度尼西亚苏门答腊的占碑，是中国明代早期外销瓷中最完美的标本之一。

图1-67

大英博物馆藏。高3.4厘米，口径12.7厘米。哈彻沉船打捞出水。

图1-66 青花葡萄纹花口盘·明永乐

图1-67 福建窑口青瓷菊瓣盘·明

马达加斯加出土的明清瓷器

马达加斯加岛位于印度洋西南部，距离非洲海岸约400千米。尽管它靠近非洲大陆，但岛上的人类活动的初始时间目前尚难确定。根据马达加斯加岛上的语言、遗存和考古证据来判断，马达加斯加人的祖先来自环印度洋的不同地区，包括东南亚、南亚和中东。这些证据充分表明，马达加斯加是印度洋上一个重要的交通枢纽，它不仅是一个多地区人类流动的节点，更是印度洋上贸易的中转站，而这其中就包括了与中国相关的瓷器贸易。这一切都要从马达加斯加北部的武海马尔墓地遗址说起。

1899年，法国考古学家纪尧姆·格兰迪耶首次对武海马尔的墓地进行考察，但是未发现多少东西。1906年，考古学家莫林对这里进行了较为成功的发掘，所发掘出来的物品捐赠给了法国尼姆文化历史博物馆。而武海马尔墓地的大规模发掘是从1941年开始的，当时就发掘了261座墓葬，出土了大量的文物。此后的考古发掘持续不断，出土文物更加丰富，其中最值得注意的是瓷器。

在武海马尔出土的瓷器大多数都来自中国，并且种类繁多、来源清晰，未见到未知来源的瓷器。武海马尔出土的瓷器主要是不同大小和形状的碗、盘、罐等。包括单色釉瓷器、青瓷、青花瓷等种类。这里发现的瓷器的时代最早可以追溯到唐代，其下限则在清代。此地出土的明清瓷器主要为青瓷和青花瓷。青瓷以龙泉窑为主，青花瓷器上所装饰的图案多为花、鸟、龙、狮子以及中国神话人物等。

图1-68

法国尼姆文化历史博物馆藏。马达加斯加武海马尔墓地出土。

图1-69

法国尼姆文化历史博物馆藏。马达加斯加武海马尔墓地出土。高7厘米，口径14厘米，足径8.5厘米。

图1-70

法国尼姆文化历史博物馆藏。马达加斯加武海马尔墓地出土。高3.2厘米，口径14.5厘米，足径7.2厘米。这个青花盘虽有残缺，却是外销青花中较为精细的产品。

图1-71

法国尼姆文化历史博物馆藏。马达加斯加武海马尔墓地出土。高5.8厘米，口径15厘米，足径5.7厘米。碗整体图案绘制粗犷豪放，是景德镇民窑外销瓷中的精品。

图1-72

法国尼姆文化历史博物馆藏。马达加斯加武海马尔墓地出土。高6.1厘米，口径32.7厘米，足径16.8厘米。盘为菱花口，折沿，弧腹，圈足。通体施青釉，盘壁印菊瓣纹，盘心印折枝牡丹纹。底足因支饼缘故而露胎。此类菱花口盘在中东、东非出土甚多，应是龙泉窑瓷器外销中的常见品。

图1-68　龙泉窑青釉碗·明

图1-69　漳州窑白釉碗·明

图1-70　青花花卉纹盘·明

图1-71　景德镇窑青花缠枝莲纹碗·明

图1-72　龙泉窑青釉印花菱花口菊瓣盘·明

　　武海马尔的龙泉窑瓷器早期以宋元时期为主，后期以明代早期为主，器形多为花口盘、唇口盘和碗，釉色清淡，器体肥硕，具有典型的明代早期特征，与肯尼亚上加遗址、格迪城堡遗址等地出土的相类似。武海马尔出土的青花瓷多为有"大明年制"底款的产品，青花碗、盘的形状及纹饰多有明代早期风格，后来出土的青花瓷器上最具代表性的是一件"大明嘉靖年制"款青花碗。

　　武海马尔出土的瓷器中，龙泉青瓷和青花瓷器的埋藏相互重叠，这些龙泉瓷器大多是16世纪欧洲人到达马达加斯加之前就已经开始被使用。这也说明，在明代中国瓷器在马达加斯加具有广泛的市场。也可以说，在大航海之前，中国和东非的交往已经频繁，瓷器作为陪葬品出现在墓葬之中，则说明了当地人对于中国瓷器的喜爱。

明清瓷器来到北美洲

当大航海的序幕逐渐拉开之后，世界格局俨然发生了翻天覆地的变化。在这一变化的过程中，中国的海外贸易随着时代潮流，已经不局限于传统的欧洲、中东和非洲，中国的瓷器随着欧洲的贸易船只开始进入新大陆。随着新大陆上英国殖民地的建立，中国的瓷器也在美洲扎下了根。英国作为一个欧洲强国，建立起了繁荣的全球贸易网，而诸如中国瓷器之类的奢侈品也随着英国的贸易网进入了新大陆，并且成为殖民地贵族和富商喜爱的东西。在新大陆的早期殖民定居点发掘出土了不少中国瓷器，出土地点包括旧金山德雷克湾、弗吉尼亚州詹姆斯河流域、南卡罗来纳州和纽约州哈德逊河附近。其中最具代表性的是旧金山的德雷克湾遗址、弗吉尼亚州的詹姆斯敦和威廉斯堡。

德雷克湾位于旧金山雷斯岬国家海岸公园的北部，距离旧金山市48千米。这个海湾得名于英国探险家弗朗西斯·德雷克，据说这里是德雷克1579年在北美西海岸登陆的地方。在德雷克湾的遗址中共出土了1000多件瓷片，这些瓷片至少来自235件瓷器，同时也出土了许多大航海时代的遗物。德雷克湾出土的瓷片基本上是晚明时期的青花瓷，包括景德镇的**克拉克瓷器**和福建漳州窑的产品，其中有些瓷片的图案风格与1600年沉没的"圣迭戈"号沉船出水的瓷器很接近。这些瓷片的发现不仅证明了德雷克登陆北美西海岸的可能，更是中国瓷器到达北美西海岸最有力的证据。

图1-73

美国国家公园管理局博物馆藏。长2.9厘米，宽1.3厘米。这个饰品是中国青花瓷器残片打磨的，出土于加利福尼亚中部海岸的米沃克湾。这些瓷片来自西班牙"圣奥古斯丁"号商船。

图1-74

这件克拉克瓷的残片应该是"圣奥古斯丁"号商船的遗物，根据其绘制的图案以及青花发色，研究人员认为瓷片是福建窑口的产品。

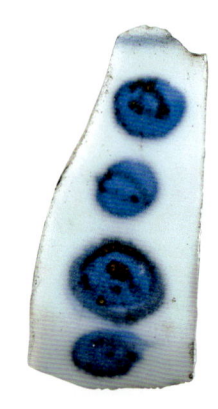

图1-73　青花瓷片饰品·明

图1-74　青花克拉克瓷残片·明

图1-75　青花蕉叶纹杯·明万历　　　　　图1-76　蓝地白花二龙戏珠纹碗·明

图1-75

詹姆斯敦再发现基金会藏。这是詹姆斯敦发掘出土的最具代表性的瓷杯。作为詹姆斯敦历史的象征，这个瓷杯已经在詹姆斯敦被成功仿制，并且作为旅游商品销售给游客。

图1-76

詹姆斯敦再发现基金会藏。在詹姆斯敦共出土了两个龙戏珠纹碗，这是其中之一。这个碗没有任何使用和磨损的痕迹，应该是早期詹姆斯敦殖民者家庭中作为身份象征的瓷器。

位于弗吉尼亚州的**詹姆斯敦**始建于1607年。在詹姆斯敦的考古发掘中，目前已经发掘出土了574片中国瓷器碎片，其中167片可以明确断代为1607年至1624年的产物，50片属于1624年之后。在这些陶瓷碎片中，有一件已经打碎经过复原不完整的青花瓷杯，其烧制年代为万历年间（1573—1620），此杯的发现足以说明万历年间中国瓷器已经抵达北美洲。除这个青花杯之外，在詹姆斯敦发现的中国瓷器最具代表性的是**蓝地白花龙纹碗**，碗底有青花书"玉堂佳器"款，"玉堂佳器"为明代万历年间出现的民窑瓷器款，多出现在此外销瓷器上。詹姆斯敦出土的瓷器还包括了大量景德镇窑的青花瓷以及漳州窑生产的克拉克瓷器。这些都是中国的外销瓷器远销美洲的重要证据。

而美国另一个历史悠久的殖民地城市威廉斯堡则是中国瓷器的又一出土地。威廉斯堡位于约克河和詹姆士河之间，始建于1632年。1789年詹姆斯敦的弗吉尼亚州议会大厦被大火摧毁之后，威廉斯堡成了弗吉尼亚州的首府，并承担了美国独立前英国殖民地首府的作用。在威廉斯堡的考古发掘中，出土的瓷器以青花、五彩、粉彩、素三彩以及德化白瓷、广彩等瓷器为主，而且分布地域广泛，种类之多、品质之佳，在美国发掘出土的瓷器中首屈一指。

图1-77　威廉斯堡出土的青花矾红彩花卉纹杯残片

图1-78　青花梵文杯·清乾隆

图1-79　粉彩描金邓莫尔家族纹章图盘·清

在**威廉斯堡**的诸多遗址中，出土瓷器最具代表性的地点有总督堡遗址、格洛斯特公爵街上的诸多遗址点。这些遗址出土的瓷器在类型上以杯、盘为多，甚至有完整器物。在装饰上包括了青花、粉彩、五彩、仿伊万里烧等瓷器，既有景德镇生产的，也有南方窑口生产的。总督堡遗址出土的瓷器中最具代表性的是清乾隆年间生产的**青花梵文杯**和**粉彩描金邓莫尔家族纹章图盘**。青花梵文杯可能是亚历山大·斯波茨伍德中尉所拥有，他曾在1710年至1722年于弗吉尼亚任职，也是第一个住在总督府的人。这种青花梵文杯除了在此地有出土外，在詹姆斯敦和萨里的培根城堡也发现了相同的器物，这可能是当时作为东方文化的象征而进入北美殖民地的。邓莫尔家族纹章图盘则是有明确的主人的瓷器，应是弗吉尼亚皇家总督邓莫尔伯爵约翰·莫里订制的瓷器，他从苏格兰到殖民地上任的时候，将该瓷器带到了威廉斯堡。而邓莫尔伯爵和他的家人于1775年逃离威廉斯堡的时候，他所使用的中国瓷器被抛弃，考古证据已经表明，邓莫尔伯爵家的中国瓷器散布在整个镇上。此外，在总督府遗址还出土了一件矾红描金山水图盘，此类盘基本上都是景德镇窑的出口瓷器，在当时的英国深受欢迎，而此风潮也从英国流传到了北美殖民地，这个盘子就是很好的证据。

在威廉斯堡的格洛斯特公爵街上，有多个点出土过中国瓷器，其中的亨利·韦瑟本酒馆遗址点就出土过一件完整的<u>克拉克瓷盘</u>，而这个瓷盘可能是格洛斯特公爵街上第一个记录的居住者理查德·布兰德的遗物，布兰德是威廉斯堡市民议院的成员，在当时具有很突出的政治地位，他能拥有当时流行于欧洲的克拉克瓷器就不足为奇了。从18世纪中叶开始，西方开始流行所谓的"中国形象"的瓷器，瓷器纹饰包括中国的建筑、山水和人物形象。美国第一任总统华盛顿就曾经从英国为他的弗农山庄订购此类茶具，而相同的茶具也在威廉斯堡的约翰·库斯蒂斯遗址出土。

图1-77
威廉斯堡殖民地艺术博物馆藏。高3.8厘米，口径6.5厘米。2012年在威廉斯堡发掘出土，是典型的中国清代外销瓷器。

图1-78
威廉斯堡殖民地艺术博物馆藏。高3.6厘米，口径8.6厘米。类似的碗也曾在南卡罗来纳州帕里斯岛的圣埃琳娜出土，另外在弗吉尼亚州萨里的培根城堡也发现了同样的瓷器。

图1-79
威廉斯堡殖民地艺术博物馆藏。高3厘米，口径21.6厘米。

图1-80
威廉斯堡殖民地艺术博物馆藏。高2.5厘米，口径12.7厘米。盘为莲瓣式，外施白釉，内壁莲瓣内绘青花图案，盘心绘花蝶图。这个瓷盘是典型的克拉克瓷器。

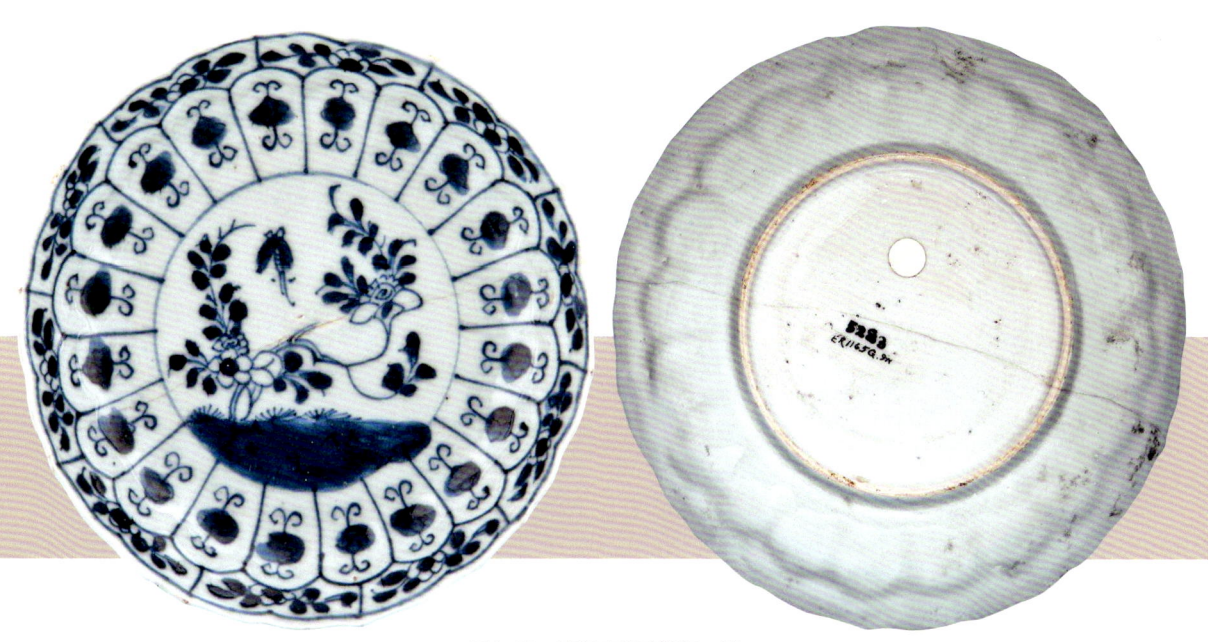

图1-80　青花克拉克瓷盘·清

这些瓷器的出土,说明自从新大陆发现之后,中国瓷器随着欧洲的殖民船只也迅速进入了新大陆,并且在新大陆留下了鲜明的痕迹。

图1-81

威廉斯堡殖民地艺术博物馆藏。口径39.4厘米。粉彩绘制牡丹、折枝花卉和双蟹图案,绘图精细,色彩鲜艳,是中国外销瓷中的精品。这个瓷盘并不是考古发掘的产物,而是博物馆从当地搜集而来的。

图1-81 粉彩花卉双蟹图盘·清

沉船上
发现的明清外销瓷

"地理大发现"之后,全球化的进程加速,欧洲的商船在各大洋来往穿梭,沉船事故日渐增多,这些沉船中有很多是满载中国瓷器的商船。近半个世纪以来,随着中国及亚洲其他各国水下考古工作的深入开展,数量较多的装载中国明清瓷器的沉船陆续被发现,间接地见证了明清时期瓷器对外贸易的繁荣。

明清时期沉船除中国沿海发现的有浙江象山"小白礁一号"清代沉船、福建平潭老牛礁明代中期沉船、**"碗礁一号"**清代沉船,广东汕头"南澳一号"明代晚期沉船,西沙群岛"北礁三号"沉船等。海外发现的沉船有马来西亚海域杜里安沉船、"万历"号沉船、"皇家南海"号沉船;菲律宾发现的巴拉望海域的"皇家舰长"号、"皇家舰长"暗沙二号沉船,利纳浅滩沉船,潘达南岛沉船,吕宋岛"圣安东尼奥"号沉船、"维达"号沉船,好运岛海域西班牙大帆船"圣·迭戈"号沉船,苏禄海**"格里芬"号沉船**;印度尼西亚海域发现的马拉内沉船、巴拉那堪沉船、**"中国帆船"号(哈彻)明末沉船**、荷兰东印度公司"哥德马尔森"号商船、"迪沙如"号沉船、"泰兴"号沉船;泰国湾的荣坚沉船、宋岛沉船、科拉姆沉船和罗勇府沉船、帕提亚沉船,西昌岛一号、二号、三号沉船;越南海域发现的富国岛沉船、**平顺沉船**、头顿沉船、金瓯沉船等。这些沉船上都有中国瓷器的发现。此外,大西洋海域发现有瑞典东印度公司"哥德堡"号沉船,法国东印度公司"康迪王子"号沉船,荷兰东印度公司"毛里求斯"号沉船、**"白狮"号沉船**、"乌斯特兰"号沉船、"奈伦约"号沉船等;非洲东海岸发现有肯尼亚蒙巴萨耶稣堡外的葡萄牙"圣安东尼奥·唐纳"号沉船等。这些沉船都装载有中国瓷器。

图1-82 "碗礁一号"沉船出水的青花瓷盘

图1-83 青花鹭鸶捕鱼纹盘·清乾隆

图1-82

福建平潭"碗礁一号"沉船遗址是2005年一项重要的考古发现，并且由于出水了大批清代康熙时期景德镇生产的外销瓷器而引起了广泛的关注。发掘表明，沉船承载物以瓷器为主，瓷器为清代康熙中期景德镇民窑产品，累计出水17000余件。

图1-83

丹佛艺术博物馆藏。高2.3厘米，口径11.7厘米。这个瓷盘是从菲律宾沿海的"格里芬"号沉船打捞出水的，"格里芬"号沉船是一条东印度公司的船只，于1761年沉没。后来打捞共发现7500余件瓷器，这些瓷器大多数是景德镇生产的青花瓷。

图1-84

大英博物馆藏。高29.5厘米。哈彻沉船打捞出水。罐为平顶盖，盖上青花留白装饰莲纹。罐为直径，溜肩，鼓腹，矮圈足。肩部青花装饰几何纹饰，腹部前后两面有大型开光，一面绘波涛间双鲤鱼腾跃图案，一面绘苍龙腾跃图案，前后组合成鱼龙变化。这个青花瓷罐绘图精细，纹饰精美，应是崇祯时期的官窑器皿，作为外销瓷器出口海外。

图1-84　青花鱼龙变化纹盖罐·明崇祯

图1-85 平顺沉船出水的59件青花凤纹盘

图1-86 青花象形军持·明万历

图1-85

平顺沉船于2001年在越南平顺省距离海岸65千米处被发现，船上共计发现了1.7万件瓷器，主要是漳州窑生产的外销瓷。

图1-86

荷兰国立博物馆藏。高17厘米，宽12.8厘米。荷兰东印度公司商船"白狮"号沉船打捞出水。此类军持在万历时期外销瓷中所见甚多，应是当时生产的常销商品。

杜里安沉船上的明代瓷器

杜里安沉船是在南海发现的一艘中国船,上面载有中国、越南和泰国等多国货物,可能是在前往婆罗洲或者苏拉威西岛的路途中沉没的。杜里安沉船的位置在马来西亚半岛以东100多海里处,其沉没原因可能是遭受了暴风袭击。该船共出水瓷器6475件,其中广东窑口单色碗500件,广东窑口绿釉盘700件,广东窑口褐色釉罐、瓶共计40件,广东其他釉色器物800件,龙泉窑青瓷200件,合计2240件。剩余瓷器为越南和泰国生产的,其中**泰国瓷器**数量最多,达到了3735件,越南瓷器仅有500件。

杜里安沉船上的中国陶瓷主要是明朝初期的产品,除了青瓷来自浙江龙泉窑外,其余90%的瓷器来自广东。

按类型来说可以分为五大类。第一类是单色碗。碗的高度在6—7厘米,口径在15—17厘米,有些有黑釉的痕迹,其他看起来没有釉;从釉色看和越南产瓷器容易混淆,但是从乳白色的胎质和内切的圈足看可知是中国产品。第二类是**绿釉盘**。盘的直径约12—13厘米,胎质呈白色,外罩绿釉,颜色从浅蓝绿色到灰绿色、深绿色不等;圈足雕琢精细,深凹而足径较小,一些圈足内有支饼痕或者支烧痕。第三类是褐釉罐和瓶。这些罐或瓶的高度在22—29厘米,胎质呈乳白色,外施褐釉,唇口,短颈,肩部有四个系。第四类是褐色釉的杯、碗、盆、圆盒和双系小罐。杯的平均直径为9厘米,胎体轻薄,釉面无光;褐釉盆共有两件,高度在8.5—10.5厘米,口径在20—23厘米,外壁露胎,内壁施釉;圆盒共计52件,均为子母口带盖,外施黑褐色釉,其釉色、胎质、圈足与杯、碗非常相似,应是来自同一地区;双系小罐共计8件,均外施深褐色釉,高度为5—6.5厘米。第五类是青瓷。杜里安沉船最让人印象深刻的是盖罐,盖为荷叶形,罐身刻缠枝莲纹和莲瓣纹。其中一个盖罐盖内施釉,有"长命富贵金玉满堂"八字铭文,罐的高度为28厘米;也有较小的罐子,其高度在14—15厘米,特点是罐盖大于罐体。杜里安沉船以龙泉窑青瓷盘为多,其中占比最大的是口径在26—28厘米之间的盘子,这些盘子大多是釉下印花装饰。

图1-87 泰国生产的酱釉杯

图1-88 绿釉盘·明

图1-88
维多利亚与阿尔伯特博物馆藏。高3厘米，口径12.2厘米。杜里安沉船出水。

图1-89
维多利亚与阿尔伯特博物馆藏。高3.8厘米，口径6.5厘米。杜里安沉船出水。

图1-90
维多利亚与阿尔伯特博物馆藏。高6.2厘米，腹径8.5厘米。杜里安沉船出水。

图1-91
维多利亚与阿尔伯特博物馆藏。杜里安沉船出水。

图1-92
维多利亚与阿尔伯特博物馆藏。杜里安沉船出水。

图1-89 黑褐色釉圆盒·明

图1-90 褐釉双系小罐·明

图1-91 酱釉四系瓶·明

图1-92 酱釉杯·明

图1-93　龙泉窑青釉菊瓣盘·明

杜里安沉船的特殊之处在于除了中国瓷器之外，还装载了大量的泰国、越南瓷器，这个情况说明，这艘船的出发时间不会晚于洪武四年（1371）禁海令发布之前，但是由于当时政策的变化，这艘船并没有装载景德镇瓷器，而是以东南沿海瓷器为主。之所以装载了大量的泰国、越南瓷器，有可能是因为当时中国的瓷窑因元末战争导致产量下降，已经不能完全满足外销的需求。这也就是有关专家所称的杜里安沉船是14世纪海外陶瓷贸易最后的辉煌的原因。

图1-93

维多利亚与阿尔伯特博物馆藏。高5厘米，口径26厘米。杜里安沉船出水。杜里安沉船上的龙泉窑瓷器，可以说是龙泉窑青瓷最后辉煌的体现，在此之后，龙泉窑青瓷逐渐被青花瓷所取代，丧失了外销瓷市场上的特殊地位。

图1-94

广东省博物馆藏。高20.5厘米。"万历"号沉船打捞出水。在万历时期出口的瓷器中，军持是一种比较特殊的产品，其特殊之处在于造型变化多端，符合西方人的审美需求。

图1-95

"万历"号沉船打捞出水。口径12厘米。碗为侈口，弧腹，圈足。青花装饰，外口沿下绘花卉纹一周，碗壁绘四只蝴蝶，足胫部绘弦纹两周。碗内施白釉，无纹饰。碗底青花双圈内书"大明成化年制"伪托款。此碗应是万历时期内销产品，其纹饰应源于御窑厂生产的同类瓷器。

图1-94 青花象形军持·明万历

图1-95 青花蝴蝶纹碗·明万历

满载克拉克瓷器的"万历"号沉船

"万历"号沉船因船上有大量万历风格的瓷器而得名。"万历"号的残骸是在马来西亚东岸的丹绒加拉离岸60海里处发现的。船体残骸周围的海床上散布着大量碎裂的瓷器。在随后的打捞中,打捞者发现大部分的瓷器在沉船之前都已经破碎,后面的船体调查证实了大量的瓷片被压在船身板底下,说明该船曾发生爆炸,大量瓷器和压舱物因此先掉落至海底,而后船身沉入海底并压在瓷片器物之上。根据船板材料可知它使用的是菲律宾或印度生长的一种木材,而其船型则是欧洲式样。结合船上发现的一件残缺的象牙耶稣像和一件绘有葡萄牙贵族阿尔瓦罗·维纳士·保雅士纹章的瓷方瓶可以判断,这艘船为葡萄牙人所有,并从澳门开出,有可能遭到荷兰人的攻击而沉没。

"万历"号上共打捞出水完整和接近完整的瓷器7543件,另有9.5吨的瓷片,据推测船上原本有瓷器37300件。这些瓷器大部分都是来自景德镇的青花瓷器,是迄今为止发现明代景德镇产品最集中的沉船之一,另外船上还有少量德化窑白瓷、漳州窑青花瓷、宜兴紫砂和其他窑口的陶瓷。

"万历"号沉船上出水的瓷器以景德镇青花瓷为主,种类包括粗瓷和精瓷,多为日用品,包括碗、碟、盖罐、盖盒、军持等,碗及克拉克瓷盘数量最多,最大盘口径为51.5厘米,在粗瓷中以绘双鹿纹的为最多,达2474件。

图1-96　青花八仙祝寿纹碗·明万历　　　　　　图1-97　青花团花纹碗·明万历

图1-96

南海海洋考古公司藏。"万历"号沉船打捞出水，口径22厘米。碗为侈口，弧腹，圈足。通体青花装饰，外口沿是冰梅纹一周，腹壁百寿字围绕，四个开光绘八仙人物，近足处绘花卉纹一周，圈足有弦纹一道。碗内口沿绘流水落花纹一周，碗心绘制寿星像。足底青花双圈内书写"大明成化年制"伪托款。

图1-97

南海海洋考古公司藏。"万历"号沉船打捞出水，口径22厘米。碗为侈口、弧腹、圈足。青花装饰，碗外口沿下青花栏内绘缠枝花卉纹一周，外壁主题图案为团花纹，四个团花以折枝莲纹间隔，足外壁绘弦纹一周。内口沿青花栏内绘山水纹一周，碗心双圈内绘团花纹。足底青花双圈内书"大明成化年制"伪托款。

图1-98

维多利亚与阿尔伯特博物馆藏。高3.7厘米，口径20厘米。"万历"号沉船打捞出水。盘为敞口，弧腹，圈足。青花装饰，盘口沿绘锦纹一周，盘心绘云鹤纹，在祥云缭绕之中，四只仙鹤翩跹起舞。足底书"福"字款。云鹤图案在明代中晚期非常流行，此盘应是万历青花内销瓷中的精品。

出水的瓷器纹样多样，部分瓷器绘开光图记纹，常见于晚明出口欧洲的克拉克瓷，纹样包括八吉祥纹、虫鱼纹、蚱蜢纹、松鹿纹、山石纹和龙凤纹等。底款样式繁多，纪年款有双圈"大明成化年制""大明嘉靖年制"及单圈"大明宣德年制""成化年制"；赞颂款有"莲亿""兼亿""丹桂""玉器""清雅""玉"等；吉语款有"福""寿""善""雅"等；兔纹款仅见两个，出现在军持的底部。全部瓷器有底款的达2187件，其中以"成化年制""大明成化年制"款为最多，达1991件。

"万历"号上的青花瓷还可以分为内销瓷和外销瓷两种，顾名思义，内销瓷是专门为国内市场生产销售的瓷器，这类瓷器包括青花、青花釉里红以及颜色釉三个品种。在青花类中以碗为最多，形制有大有小，纹饰题材有仙人乘鹤、八仙、满池娇、狮子戏球、羲之爱鹅、高士吹箫、渔樵耕读、蝶恋花、芙蓉锦鸡、山水人物、青云直上、婴戏、吉语、龙凤、团花等。造型大致相同，多为侈口、敞口、敛口等，弧腹，有的外壁偏直，足端或直或外撇或内收，圈足。足墙有双线，足内多有双圈"大明成化年制"款，或为玉璧底，足心不书款。碗内心多双线勾圈，内有纹饰或款识。杯、盘数量不多，两者总数不超过50件。青花釉里红所见均为小碗，纹饰多为鱼藻、花卉等，其产地在景德镇观音阁窑址。颜色釉瓷为白釉盘，可辨识器物有49件，分为侈口、花口两种，以侈口盘为最多。

图1-98　青花云鹤纹盘·明万历

图1-99 青花釉里红碗四件·明万历

  外销瓷可分为青花和颜色釉两种，其中青花克拉克瓷占大多数，包括盘、碗、瓶、军持、壶、盒、罐、杯等不同类型。其中以克拉克瓷盘为最多，按口径大小可分为六类：口径48—51.5厘米、口径37厘米、口径32厘米、口径29厘米、口径21厘米和口径11—14厘米。克拉克瓷盘有圆口和花口两种式样，盘壁有开光装饰，开光数量6—10不等，开光中多绘制花卉、吉祥图案，盘心为主题图案，内容多样，绘制精细。"万历"号上的克拉克瓷瓶可分为胆瓶、方瓶、葫芦瓶和直颈瓶，最具代表性的是一件特殊的方瓶，瓶肩部有Vilas-Boas纹章，应是欧洲人在景德镇订制的纹章瓷，这个瓷瓶也是判断"万历"号年代的重要标志。"万历"号出水的军持能够明确器形的有20件，以长颈瓜棱形军持为最多，占比高达75%，而军持中特殊造型的还有象形军持、蟾蜍形军持、水牛形军持和扁腹形军持。沉船上出水的青花盖盒仅有两件完整，其余都是后来组装的，盒型可分为长方形、委角长方形和椭圆形等，盖面纹饰有海马纹、花卉纹和蕉叶纹等。沉船上出水的青花罐不多，按器形可分为将军罐、平顶罐和尖顶罐，其中一件将军罐是被当地一名渔夫发现的，是"万历"号沉船打捞的第一条线索，盖为宝珠顶，盖面开光，内绘花卉图案，四周绘锦地纹。器身呈筒形，方形大开光，周围装饰小开光，以双线勾绘，开光内绘花卉湖石。"万历"号出水青花杯造型基本一致，均为铃铛杯，共计93件。而出水的碗则有大海碗、盖碗、菱口碗和八角碗4种，多数为残片，可复原的仅有70件。

可以说,"万历"号的发现给研究明代瓷器的外销提供了丰富的资料,尤其是自隆庆开禁之后,瓷器迅速成为中国外销商品的大宗,而"万历"号上的器物为后人研究晚明时期的外销瓷器的种类、器形以及销售商、运销路线等都提供了重要信息,展现了一部生动立体的瓷器外销史。

图1-99

南海海洋考古公司藏。这四个小碗均为青花釉里红装饰,上面两件为鱼藻纹,下面两件为花卉纹,釉里红发色淡雅,是万历时期釉里红瓷器中的精品。

图1-100

维多利亚与阿尔伯特博物馆藏。高3.7厘米,口径21厘米。"万历"号沉船出水。双鹿图案是"万历"号沉船中出水的克拉克瓷器的常见图案,也是远销西方的克拉克瓷器的常见图案。

图1-100 青花双鹿纹克拉克瓷盘·明万历

图1-102 青花花卉纹军持·明万历

图1-101 青花Vilas-Boas纹章方瓶·明万历

图1-101

大英博物馆藏。高31.4厘米。Vilas-Boas纹章方瓶目前传世的共六件，此为其一，另外四件分别收藏在葡萄牙、德国、荷兰以及私人手中，"万历"号沉船打捞出水的方瓶造型、纹饰和大英博物馆所藏的完全一致。

图1-102

南海海洋考古公司藏。尺寸不详。军持为蒜头口，直径渐收，溜肩，扁圆腹，圈足，一侧鼓起成短流。青花装饰，口沿青花弦纹一周，沿下饰如意云纹一周，颈部青花绘制松竹梅纹。以弦纹与肩部相间隔，颈部锦地开光饰折枝花卉，腹部大开光内绘四季花卉图案，足胫部有弦纹两周；流上小开光饰锦纹和花朵纹。此军持应是"万历"号出水军持中的扁圆腹军持。

金瓯沉船上的雍正朝瓷器

1998年夏，越南渔民在金瓯角南端海域捕鱼作业时意外打捞到一些瓷器碎片，继而发现部分完好的瓷器。消息不胫而走，渔民纷纷打捞。此事经当地报纸曝光后，引起越南政府的重视。当年8月，一支由越南国家历史博物馆、胡志明市越南历史博物馆、平顺省博物馆、金瓯省博物馆的考古人员组成的考察组进入沉船海域，进行探察与打捞，在水深36米处把沉船打捞出来，并命名其为"**金瓯沉船**"。

该沉船处在越南南端金瓯角南面。根据船只和货品有很多火烧痕迹，以及物品中木箱、铜锁有被损坏的迹象分析，船沉没可能是遭到海盗攻击所致。多件瓷器底部印有"雍正年制"或"大清雍正年制"楷书字样，其中28件瓷器带有"雍正年制"底款，6件带有"大清雍正年制"底款，以及南海佛山石湾"祖唐居"等陶家落款，可以确定其是一艘在雍正年间（1723—1735）从中国广州开出的商船。当时广东与东南亚之间有频繁的商业往来，广州商船经常运载货物到越南南部市场（包括金瓯地区），其余商货继续运往荷兰东印度公司的巴达维亚（今雅加达），所以有学者认为，金瓯沉船是开往巴达维亚的，在航行到金瓯角南面海域时遇难沉没。由于商船沉没的年代正处在郭氏河仙政权（"港口国"）统治金瓯半岛时期，因而金瓯沉船的发现对探索18世纪30年代广州与河仙贸易及南中国海海上交往都有参考价值。

图1-103

维多利亚与阿尔伯特博物馆藏。口径7厘米。金瓯沉船出水。杯为侈口，弧腹，圈足。杯内口沿绘锦地开光花卉纹一周，外壁绘吕布戏貂蝉故事图。人物虽然潦草但动感十足，这类刀马人物故事图案自康熙时期开始，在外销瓷上就很流行。

图1-103　青花凤仪亭故事图杯及杯托·清雍正

图1-104　与珊瑚贝壳黏结在一起的瓷器残片　　图1-105　和珊瑚黏结在一起的茶杯

　　金瓯沉船出水器物以中国瓷器数量为多，虽然这艘船是雍正年间的商船，但所载瓷器中有不少带有典型的康熙朝风格。金瓯沉船出水瓷器种类繁多，有青花瓷、**外酱釉内青花**、青花红彩、**青花釉下三彩**、素三彩、紫红、绿釉刻划填彩、白釉彩绘、酱釉白花、素胎白花、单色釉等。器形有中式和欧式之分，包括盛用器、饮用器、文房用品、塑像玩具、陈设瓷等。器物样式丰富多彩，如小茶碟就有199种样式，小茶杯有181种样式，盘有73种样式，小茶壶、塑像也有25种样式之多，净手壶（军持）也有3种样式。有些器物造型、纹样不同，形成组合，搭配成套，如成套的六角形、菱形或圆形的碗碟、茶杯、壶、盆、盒子、塑像、大瓷瓶等。

图1-108
维多利亚与阿尔伯特博物馆藏。
口径11厘米。

图1-106
青花釉下三彩山水纹盘
清雍正

图1-107
外酱釉内青花山水图杯托
清雍正

图1-108
青花缠枝莲托福字碗残片
清雍正

图1-109　青花草虫图碗·清雍正

　　金瓯沉船出水的瓷器以江西景德镇窑瓷为多且最精良，其次为广东石湾窑、福建德化窑的产品，集中了清前期主要外销瓷产地的精品，体现了清初民窑生产的先进水平以及制作工艺的精湛。装饰纹样丰富多彩，是金瓯沉船出水瓷器的一大亮点。主体纹样多为中国传统题材，有山水人物、戏曲故事、传统典故、劳作场面、吉祥图、花鸟图，包括莲、菊、牡丹、松、梅、竹、梧桐、鹿、龙凤、狮子等图案，构成访贤图、渔樵问答图、踏雪寻梅图、撒网捕鱼图、扬帆远航图、牡丹凤凰图、凤穿牡丹图、沙汀芦雁图、石榴佛手寿桃多子多福多寿图等。

　　金瓯沉船发现"裴溪若深珍藏""若深珍藏"题字青花瓷碗，为清康熙以后的景德镇著名民窑所产。"若深瓷"瓷器铭款多见于青花图案的杯、碗、盘底部。金瓯沉船出水的绿釉刻划花填彩折枝牡丹纹盘、紫红釉刻划花填彩盘等均为清初"祖唐居"的产品，为国内考古发现或博物馆藏品所罕见，十分难得。同时，也说明至迟到清前期，该陶家仍然生产外销瓷。结合金瓯沉船发现的"潘廷采"印章，证明金瓯沉船是从广州装载了包括"祖唐居"瓷器在内的中国商货，再起航前往东南亚的。金瓯沉船尚有不少瓷器因前所未见，难以辨识产地，如落款"梁齐号"者，其风格与"祖唐居"产品颇为类似。

图1-109

维多利亚与阿尔伯特博物馆藏。口径7厘米。金瓯沉船打捞出水。碗为侈口，斜腹，圈足。外壁青花绘制山石、花卉、蚱蜢图案。圈足内青花书"若深珍藏"四字楷书款。

图1-110

大英博物馆藏。高20.5厘米，宽8厘米，深11.3厘米。这件瓷器是金瓯沉船打捞出水瓷器中最具特色的一个，壶把手已经残缺，但是不影响其作为一件工艺品的魅力。

有一些瓷器与福建德化窑、江西景德镇窑瓷器风格完全不同，属于广东瓷器。如不同尺寸的茶杯、碟、带盖的盆、罐、花觚等。出水器物中有一种壶的造型为<u>坐猴式</u>，十分独特：猴的双手持壶流，壶流旁附有桃叶和桃子，壶盖为猴的头顶；猴脸涩胎，栩栩如生。壶嘴为白釉，余部施微有窑变的酱釉。

金瓯沉船出水大批来自江西、广东、福建的瓷器，证明清朝开海以后东南沿海的外销瓷从生产、运输到销售，都形成了比较完备的沟通国内与海外的网络体系与经济链条。由于清乾隆以后推行"一口通商"，景德镇与广州之间建立起异乎寻常的"前店后厂"式的外销瓷加工销售体系，中国外销瓷新秀"广彩"就应运而生了，并且广泛进入世界市场。

图1-110 石湾窑坐猴形壶·清雍正

惨遭劫掠的"泰兴"号沉船

1822年,一艘长50多米、宽15米、重1000多吨的中国巨型帆船"泰兴"号从厦门港出发,朝着爪哇驶去,为了躲避海盗的抢掠,突然改变原来的航行线路,绕道西沙。不幸的是,当船驶到苏门答腊和爪哇岛之间的海面上,船体触礁,船身入水,并迅速沉没。

1999年5月,英国海难打捞专家迈克·哈彻率领打捞队伍和"不平静"号打捞船,在印度尼西亚海域的贝尔威得暗礁附近的海域勘探一条16世纪沉没的中国货船时,无意中发现了"泰兴"号。沉船所在的海域深达30多米,迈克·哈彻所在的打捞队设备和人手不足,遂寻找印度尼西亚的一些打捞公司,向他们租借了设备和人手,联合打捞"泰兴"号遗物。当时参与水下打捞的工作人员来自各个国家,其中也包括子朋水下文化服务公司工作人员在内的一大批印度尼西亚、新加坡等地的华人。"泰兴"号沉船打捞出水后,很快就轰动了全世界。

图1-111

"泰兴"号打捞出水后的拍卖品。口径15.2厘米。盘为敞口,弧腹,圈足。三件瓷盘纹饰基本相同,盘心为旋涡纹,由旋涡纹引出曲线形成开光,开光内绘莲纹和灵芝纹。

图1-112

"泰兴"号打捞出水拍卖品。高8厘米,口径17厘米。碗为敞口,深腹,圈足,足跟露胎。碗中心绘一简笔青花花朵,花朵外及口沿青花弦纹装饰,外壁绘牡丹纹和玉兰纹,腹下部及足部绘有两道青花弦纹,碗底书款无法辨识。

图1-111 青花花卉纹盘三件·清道光

图1-112　青花玉兰牡丹纹碗·清道光

　　迈克·哈彻从沉船上打捞到了多达近100万件的中国瓷器。这批瓷器都出自闽南的窑口，其中大约有80%来自德化，另外还有少部分来自晋江、漳州等地。为了更好地炒作，获得更多的商业利益，哈彻等人将其余被打捞上来的65万件品相一般的古瓷敲碎，扔进海里。导致全世界只能见到仅存约35.6万件"泰兴"号中国瓷器。

　　"泰兴"号沉船古瓷中典型的德化青花瓷有灵芝纹青花盘碗碟，"晨兴半茗香"青花盘，梅雀图青花盖碗，兰、竹、菊青花盘，青花小汤匙，菊花纹青花盘，寿字纹印青花碗，圈点纹青花小碗等。以兰花、菊花等花卉图案为例，笔法流畅，布局疏朗，雅致而清爽。而青花料则大部分运用了石子青等国产青料，发色晕散，相对柔和。特别是兰、竹、菊青花盘具有典型的蚯蚓走泥纹，体现了德化民窑的典型风格特点。此类产品在德化的桐岭、岭兜、后井、东头、石排格、后所、宏祠、布伏山、垵园、窑垅、石僻子、竹林子、苏田等窑址里都有出土，其造型纹饰与"泰兴"号沉船古瓷完全相同，由此可以看出，该沉船上的大部分青花瓷器产自福建德化地区的民窑。

可以说，"泰兴"号沉船是中国外销瓷器最后的一点光芒。鸦片战争爆发之后，中国的瓷器外销日益衰弱，中国瓷器逐渐被挤出了世界市场，甚至还出现了洋瓷销往中国的现象。但是从世界范围内的考古和沉船打捞来看，中国瓷器对于世界瓷器业的发展所产生的影响是无法估量的，即便是鸦片战争之后在中国销售的洋瓷，其身上也有中国瓷器的影响存在。现有的考古证据足以证明，==中国瓷器自诞生之后，作为一种商品从中国走向世界，其对世界所产生的影响是深远的，中国瓷器不仅改变了世界瓷器发展的进程，更深深改变了世界各国人民的生活方式。==

图1-113　青花灵芝纹碗·清道光

图1-114　青花圈点纹碗及勺·清道光

图1-113

大英博物馆藏。口径16.2厘米。"泰兴"号沉船打捞出水。碗为敞口，微弧腹，矮圈足，足跟露胎。碗中心青花绘螺旋纹，内外青花绘制灵芝纹。

图1-114

"泰兴"号沉船打捞出水。碗口径10.5厘米，勺长10.5厘米。碗为敞口，弧腹，矮圈足，口沿及外壁青花绘圈点纹。碗内施白釉。勺施白釉，无纹饰。

图1-115

大英博物馆藏。高4.7厘米，口径8.1厘米。"泰兴"号打捞出水。盒呈扁圆形，子母口结合，盒盖青花绘制菊花纹，绘图写意豪放，是民窑瓷器中的精品。

图1-116

大英博物馆藏。高4.5厘米，口径8.3厘米。"泰兴"号沉船打捞出水。盒盖青花绘兰花纹，旁边有草书题字。青花发色较浑，并且有铁锈点。

图1-115 青花菊花纹圆盒·清道光

图1-116 青花兰花纹圆盒·清道光

龙泉窑青釉莲瓣碗·南宋

釉里红缠枝牡丹纹碗・明洪武

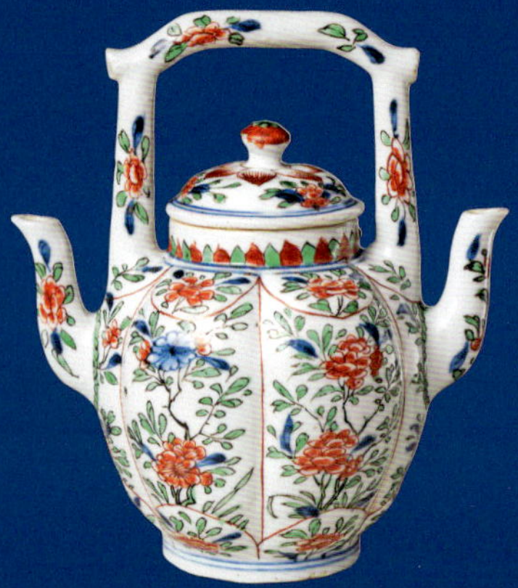

中国瓷器的**发展历史**，是一部文化交流和贸易活动相互交织的历史。当2000多年前丝绸之路将东方和西方**联系**在一起的时候，当中国和罗马帝国之间**首次**建立起联系的时候，**东方和西方**就开始了贸易往来。虽然没有充分的证据表明这是一条完全的**瓷器贸易之路**，但是从8世纪开始，在这条古老的**丝绸之路**沿线上如波斯、伊拉克直至埃及，都发现了中国瓷器的踪影。各种**考古资料**已经证明，8世纪之后，中国瓷器**走向世界**时不仅仅跨越了茫茫戈壁、悠悠草原，更是漂洋过海，走出了一条海路。**中国瓷器**在世界范围内留下了一条条光辉璀璨、异彩纷呈的**"瓷器之路"**。

贰·瓷路

中国瓷器走向世界的路线图

8 世纪以前：文明交流与外销萌芽
  东西洋路线的开辟／113
  8 世纪以前的中国瓷器外销／113

8—10 世纪：中国瓷器与亚非贸易圈的建立
  "安史之乱"与海运初兴／116
  瓷器外销第一次高峰的来临／126
  以瓷器为证的亚非贸易圈的建立／134

11—15 世纪：跌宕起伏的瓷器外销之路
  宋瓷外销的波峰波谷／138
  盛况空前的元代外销瓷器／141
  郑和下西洋与朝贡贸易／148
  明代的瓷器外销"空白期"／152

16—18 世纪：中国瓷器与早期全球化
  逐步开启的海禁和瓷路／153
  全球化进程中的瓷器之路／156
  西班牙的马尼拉大帆船贸易／159
  中国瓷器的中转站宿务／160
  全球化进程中的中国瓷器热潮／162

图2-1　加泰罗尼亚地图集

8—10世纪：
中国瓷器与亚非贸易圈的建立

　　唐朝建立之后，西到中亚，东到朝鲜半岛、日本，南到东南亚诸国以及印度的贸易路线早已十分成熟。尤其是中国与中东诸国之间的贸易往来更是频繁。在唐朝时期，阿拔斯王朝的哈里发就曾进口过数百万种的中国瓷器，其中就包括北方的白瓷和南方的青瓷。虽然这些瓷器而今已不复存在，但幸运的是，考古发掘为我们提供了自8世纪开始早期全球贸易中瓷器外销的路线证据，从8世纪到10世纪，中国瓷器走上了一条对外贸易的康庄大道。

"安史之乱"与海运初兴

8世纪上半叶的中国处于开放包容的盛唐时期,疆域远及中亚。这个时期对外的政治、经济和文化交流十分兴盛,从考古出土的墓葬壁画如章怀太子墓中的《客使图》以及西安何家村窖藏的金银器等中可见一斑。

另据《新唐书》记载:"天宝中,玄宗问诸蕃国远近,鸿胪卿王忠嗣以《西域图》对,才十数国。其后贞元宰相贾耽考方域道里之数最详,从边州入四夷,通译于鸿胪者,莫不毕纪。"这表明,盛唐时期源于西汉时期的陆上丝绸之路,是此时连接中国和西方的主要贸易路线;而8世纪末,对外交流的路线则变得丰富起来。

图2-4 章怀太子墓壁画《客使图》

8世纪前后,海路上的几大主要和稳定的政治力量,如位于马来半岛的室利佛逝、位于印度次大陆的帕拉瓦王朝、横跨亚非的阿拔斯王朝、欧洲的拜占庭帝国以及9世纪兴起的重要商业中心——威尼斯共和国等都积极投入国际贸易中,并共同编织起一张横跨亚洲和欧洲东部的贸易网。与此同时,8世纪中叶的"安史之乱",对当时乃至中晚唐的政治和经济局势产生了极大的影响,使得通往西域的道路受阻,同时大批士人和工匠等南迁,造成经济重心南移。对外的交流和贸易也因此主要依靠海路进行,中国瓷器从此开始大规模行销海外。

据秦大树先生考证,贾耽在其著作《皇华四达记》中记述了当时由唐朝境内四出的七条道路,其中营州入安东道、夏州塞外通大同云中道、中受降城入回鹘道、安西入西域道、安南通天竺道等五条道路是唐朝连接外界的陆路通道,登州海行入高丽渤海道与广州通海夷道则反映了当时唐朝海上交通的主要路径。

从以上和其他古代文献可知,当时与唐王朝联系较密切的国家,东亚有高丽、日本;东南亚最多,仅《新唐书·南蛮传》中专为立传的南海国就有林邑、婆利、罗刹、婆罗等30国;南亚的有印度、斯里兰卡;中东地区的伊朗、阿曼、巴林乃至伊拉克等;非洲地区则是当时交通和贸易的终点,据学者们研究见于记载的有北非的突尼斯、撒哈拉乃至利比亚或毛里塔尼亚,东部沿海的埃塞俄比亚、苏丹、索马里、肯尼亚到坦桑尼亚。

遗憾的是,尽管陶瓷器是海上贸易的重要货品之一,但文献上却极少有关于陶瓷器出口的记载,少量有关唐代的记载来自国外的文献资料。如《中国印度见闻录》一书记载了商人苏莱曼对精美的中国瓷器的赞誉:"中国人持有白色黏土制作的碗,它像玻璃一样美丽,可以看见里面所盛的液体。"伊本·胡尔达兹比赫在《道里邦国志》的《入中国道里续志》一节中,也列举了中国输往阿拉伯的商品名目,计有白绸、彩缯、金花锦、瓷器、麻醉药物、麝香、沉香木、马鞍、貂皮、肉桂、姜。巴士拉学者扎希兹在其编纂的《商务的观察》中列出了从世界各地输入巴格达的货品,其中从中国输入的货物有丝绸、瓷器、纸、墨、鞍、剑、香料、麝香、肉桂、孔雀等。

图2-5 彩绘胡人牵驼陶俑·唐

图2-5

陕西昭陵博物馆藏。骆驼俑高42厘米,胡人俑高17厘米。郑仁泰墓出土。骆驼背上铺椭圆形花毯,上搭木鞍架,架上驮着一条装满东西的长圆形花袋,袋上两旁各置丝、绸两卷,在丝的下边一旁吊有扁壶、马勺、野鸡、兔子等,另一旁吊有刀鞘、箭囊等,另有一只猴子蹲在袋上。胡人俑头戴幞头,深目高鼻,满腮髭须,面朝上看,似乎在招呼骆驼。身穿窄袖红色长袍,下着虎纹长裤,足蹬靴。这是典型的丝绸之路的胡商形象,正是他们的存在,才让东西方的贸易往来变得十分繁荣。

图2-6

大英博物馆藏。高5厘米，宽6厘米。伊拉克萨马拉出土。这个碗是唐三彩中的绿彩装饰，碗的内壁为绿色斑点，外壁为绿色斑块，并且有淌釉痕。这个碗的发现，说明唐朝和当地的贸易往来十分频繁，而且唐三彩的装饰工艺也影响了当地的陶器生产。

图2-6　白釉点绿彩碗残片·唐

所幸考古和沉船发现，为我们了解这一时期的瓷器贸易状况和规模提供了较有力的证据，如扬州城的考古发现。扬州城因其处于长江与大运河的交汇点，又通过长江连接东海，是史籍记载的唐代最重要的商业和手工业中心。自1987年至今的扬州城考古中，除发现了有关唐代罗城与子城的布局与遗迹外，还出土了大量同时期的陶瓷器。其中，既有来自中西亚地区的釉陶，也有中国长沙窑、巩县窑、定窑、邢窑、越窑、洪州窑、寿州窑、宜兴窑等生产的瓷器。

图2-7　扬州唐城遗址

这些瓷器中的不少品种就在沉船和海外遗址中屡有出现，如印度尼西亚勿里洞海域的"黑石"号沉船出水瓷器6.7万件，是唐代瓷器在海外最大的一次发现，资料也最齐备完整。根据出水的纪年瓷器可知，船货的年代应为唐宝历二年（826）前后。除有少量茴香、金银器、包含"江心镜"在内的铜镜、铅锭、玻璃罐、石砚、骰子以外，出水的器物最重要的是湖南长沙窑的瓷器，另外还有200余件浙江越窑器物、北方地区的白瓷（包括白釉绿彩器）和广东地区的产品，以及3件引人注目的以钴蓝绘制图案的白釉盘。

图2-8

扬州博物馆藏。高29.8厘米，口径16.3厘米，足径19.5厘米。1974年扬州市唐城遗址出土。罐直口，卷唇，高颈，鼓腹，平底。肩部置对称扁环形双系，系上饰云纹和"王"字。胎为米黄色，通体施青黄色釉，器身布满纹饰，以褐、绿两色相间的大小斑点组成联珠状卷云图案，每组之间绘莲叶和莲花纹。其形体之大、纹饰之精、釉色之美，是长沙窑罕见的珍品。

图2-9

扬州博物馆藏。高4.3厘米，口径14.6厘米，足径6.9厘米。1983年于扬州市三元路出土。是河南巩县窑烧制的不可多得的艺术精品。

图2-10

扬州博物馆藏。高4.8厘米，口径25.6厘米，底径12.4厘米。1991年扬州市区文昌阁东南侧唐代文化层出土。从胎质釉色来看，与扬州唐代遗址出土的一批唐代白釉绿彩瓷一致，为河南巩县窑烧制。

图2-8　青釉褐绿点彩云纹双耳罐·唐

图2-9 绿釉模印堆塑龙纹盏·唐

图2-10 白釉点绿彩盘·唐

图2-11 "新州"号沉船上出水的越窑、长沙窑瓷器碎片

处于大约同一时期的沉船，还发现有沉没于越南新州附近海域的"新州"号和泰国湾附近的"法诺·素林"号。"新州"号上的瓷器货物以越窑青瓷和长沙窑瓷器为主，另有少量中国北方白瓷和三彩陶器，以及伊斯兰风格的釉陶罐。其中一件青瓷上以印地语书有"Ambarak"字样，被认为指今伊拉克的港口城市安巴拉。而"法诺·素林"号除出水瓷器货品的结构与"黑石"号类似外，船体也具备同样特征，但其建造木料被认为是产于东南亚地区的木材。值得注意的是，在距"法诺·素林"号出水地不远的泰国湾西岸的兰卧佛寺海滩，发现有不少以长沙窑为主的中国瓷器，表明这一时期的中国瓷器有不少也可能经泰国湾，再通过陆路运输穿越马来半岛进入安达曼海以进一步远销。

总体上看，这一时期是中国瓷器外销的初始阶段，也是中国瓷器在海外的价值认识期，各窑均以质量较好、带装饰的产品输出。其中，长沙窑的产品出自湖南长沙铜官镇瓦渣坪窑址，产地和范围都十分清楚。其产品主要是青瓷器，器类以注壶和碗类日用品为多，特别流行彩绘和贴塑装饰，纹样丰富多彩，主要用于外销，国内发现较少，外运的路线主要是通过长江水道从扬州港出口。另一方面，除长沙窑外，在中国尚未出现专门的生产外销瓷的窑场，对于哪种瓷器和哪个地区出口最合适，尚处于商人自发选择的阶段。

图2-12　青花花卉纹盘·唐

图2-13　白釉绿彩贴塑鱼纹吸杯·唐

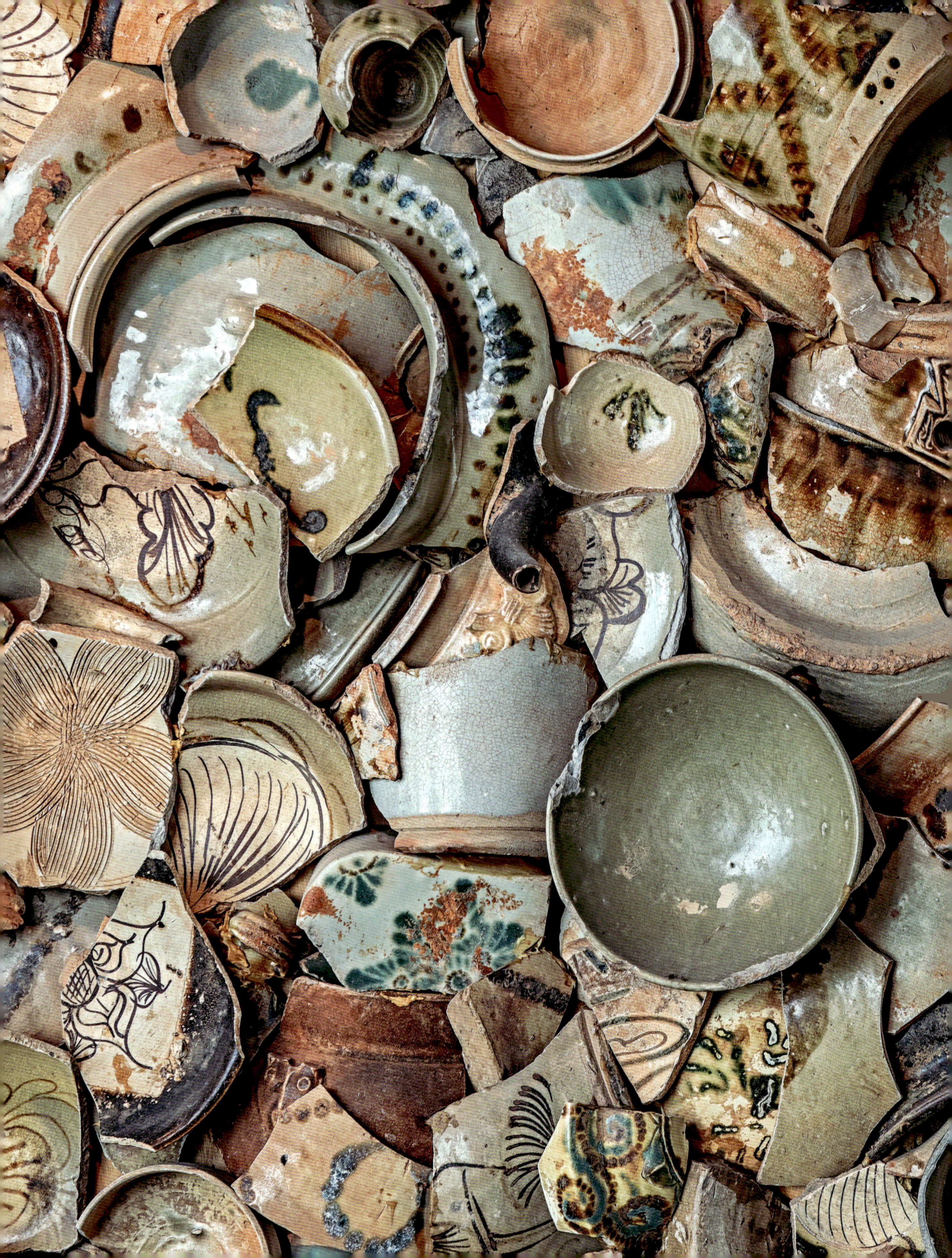

图2-14　长沙窑遗址出土的瓷片

瓷器外销第一次高峰的来临

唐末的黄巢起义席卷了大半个唐王朝的疆域，特别是其对扬州城的围困和之后对广州城的攻陷，以及再次北上后对长沙窑地区的攻陷，对唐代外销瓷器的生产和外销影响都是巨大的。

唐灭亡后的五代十国，一方面形成了地方割据，另一方面各地大力发展手工业和对外贸易以增加财政收入。从考古资料来看，这一时期反而是中国陶瓷业发展的繁荣期和外销高峰期。但对传统的主要外销窑口——长沙窑而言，其通往海港城市的道路却因此被阻断。唐代的重要外贸港口扬州城也在9世纪末经历战乱后，于957年又被南唐军队攻占和焚毁。而越窑则凭借其优越的临海位置和相对安宁的政治和军事环境一跃成为外销瓷器的主要生产窑口。此外，邢窑、定窑的产品也迅速减少，取而代之的是安徽繁昌窑和河南新密西关窑的白瓷产品。明州（今宁波）也成为这一时期的主要外销港口之一。

20世纪90年代对明州唐宋古城的考古工作取得了丰硕的成果。从和义路码头遗址、市舶司（务）遗址、东渡路古城遗址、唐宋子城遗址等处出土的陶瓷产品窑口来看，唐代时期，基本只见越窑与长沙窑产品，又以越窑为主，占比80%~92%；五代与北宋时期，长沙窑产品已经不见，越窑虽然占比最高，为50%~95%，但龙泉窑已经开始崛起，在外销为主的市舶司（务）遗址中竟然占到41%。此外，还伴出有少量青白瓷和其他窑口产品。越窑青瓷产于浙东地区，窑址密布，产量巨大，是早期中国瓷器生产中最重要的窑口。就明州唐城和扬州唐城出土陶瓷器的结构区别来看，其一方面与越窑和明州距离较近有关，另一方面也和不同港口的贸易对象差异有关，比如明州和东亚地区如朝鲜半岛和日本联系更加密切。值得一提的是，朝鲜正是9世纪从越窑获取了龙窑技术开始烧造青瓷，有直接证据表明10世纪时越窑工匠参与了全罗道的官窑窑炉制造和生产，而对中国北方窑业的吸取只是装饰方面的。

图2-15

扬州博物馆藏。高28.5厘米，口径12.5厘米，足径11厘米。扬州旧城仓巷唐代文化遗址出土。整个器物，在装饰手法上，采用了唐代瓷器堆贴花的方法，其形体、造型、釉色之美，尚不多见。

图2-15 黄釉绿彩龙首壶·唐

图2-16　越窑青釉荷叶托茶盏·唐

五代时期，越窑产品开始在外销瓷中占主体，从10世纪的沉船资料中也能充分看到这一商品结构上的变化。如位于福建省平潭县海域的分流尾屿沉船，从采集的器物风格来看，应为越窑产品，其年代通过与已出土的纪年器物相比较来推断应为10世纪中叶的五代中期，这也是目前中国近海海域内发现时代最早的沉船遗址。而发现于爪哇海域的则有"印坦"号和"井里汶"号，"印坦"号的瓷器货物除广东产的一种青黄釉小罐外，越窑占20%～30%，另有青白瓷、白瓷、东南亚细陶和西亚陶器少量；"井里汶"号在出水的49万多件器物中，中国瓷器占了75%。其中除了少量产于安徽和河南的白瓷外，绝大部分是越窑青瓷器，数量应在20万件左右。

图2-18

东京国立博物馆藏。高6厘米，长12厘米，宽10厘米。枕为长方形，面微凹，面上三彩装饰对立鸳鸯图案，四周以三彩斑点装饰。鸳鸯纹枕除东京国立博物馆收藏之外，九州国立博物馆也有收藏。更重要的是在福冈的鸿胪馆遗址也出现了相同的器物，说明三彩印花鸳鸯纹枕曾经大量销往日本。

除沉船外，海外发现的8—10世纪的中国瓷器也有不少：

据统计，日本出土唐五代陶瓷的遗址有188处，出土各类陶瓷片2159片。分布在南至冲绳县，北达秋田县的广大地区，包括都城、官衙、墓葬、聚落、寺院、集市、作坊、祭祀地等各种不同性质的遗址。以福冈市鸿胪馆遗址为例，鸿胪馆是日本模仿唐朝"鸿胪寺"而成立的外交机构，为太宰府所辖，主要是为了送迎遣唐使团和迎接唐、新罗使节及归化人而设。鸿胪馆大约存在于7—11世纪。从1987年开始发掘，出土了大量的中国瓷器，其中以9世纪后期的青瓷最多。

图2-17 "井里汶"号沉船瓷器堆积

图2-18 三彩印花鸳鸯纹枕·唐

图2-19　鸿胪馆遗址出土的各种陶瓷残片

　　西亚地区的瓷器出土相对分散，伊拉克的萨马拉遗址比较重要。萨马拉遗址位于底格里斯河东岸，距巴格达125千米。由于哈里发与巴格达民众的冲突，阿拔斯王朝于836—892年迁都到此地，有8位哈里发以此为都城，为西亚地区最重要的城市遗址。1911年至1913年德国考古学家弗里德里克·扎勒、恩斯特·赫茨菲尔德在此进行了发掘。遗址也出土了相当数量的唐代瓷器。主要有北方地区的白瓷器、唐三彩器物、越窑青瓷器和少量的长沙窑瓷器。

　　北非地区，以埃及的福斯塔特遗址最具代表性。该遗址位于今开罗市的南部，是旧开罗遗址，始建于642年。1167年，第二次十字军东征打到此城附近时，法蒂玛王朝的统治者自己将此城烧毁。大体可以确定这里9—10世纪的中国瓷器以浙江越窑的产品为多，另外还有相当数量的广东地区窑口的产品，这两样产品占了大宗，此外，还发现了极少量的长沙窑瓷片和唐三彩陶片。

图2-20
维多利亚与阿尔伯特博物馆藏，萨马拉遗址出土。

图2-21
大英博物馆藏，萨马拉遗址出土。

图2-22
美国国家亚洲艺术博物馆藏，福斯塔特遗址出土。

图2-20 越窑青瓷残片·唐-五代

图2-21 白釉玉璧底碗残片·唐

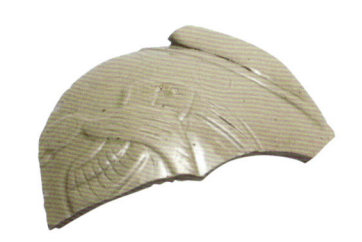

图2-22 越窑青釉刻花瓷片·唐-五代

图2-23 长沙窑青釉绿彩瓷残片·唐

东非地区肯尼亚的拉穆群岛最具代表性。肯尼亚的拉穆群岛应该是唐代文献提及的最远的地区，这里分布着许多斯瓦希里文化的遗址，许多遗址都经过了正式的考古发掘。如帕泰岛上的上加遗址，1980年至1988年，英国人迈克·霍尔顿先后对上加遗址进行六次考古发掘。2006年，中国考古工作组对这个遗址出土的中国瓷器进行了调查，发现了部分9—10世纪的瓷器，主要的种类有长沙窑、越窑、北方白瓷和广东地区产品等几类瓷器，表明这里从唐代后期就与中国有了直接或间接的关系。早期的中国外销瓷器主要集中在拉穆群岛地区，在拉穆群岛帕泰岛上的上加遗址和曼达岛上曼达遗址中都发现了9世纪的长沙窑瓷片。北京大学调研发现的9—10世纪的长沙窑瓷片共计19片，其中17片为晚唐时期的产品（9世纪），只有2片为五代时期的产品（10世纪前半叶）。不过在早期阶段，中国瓷器的输入大体上是通过转口贸易输入的。与此后的各阶段相比，在肯尼亚发现的9—10世纪中国瓷器从发现的地点和数量看都还比较少。晚唐五代时期，输出的品种有越窑、长沙窑、广东产青瓷器和少量白瓷产品，输入规模并不大，即学界通常所说的"四组合"，发现的地点主要集中在拉穆群岛。

从以上和综合资料来看，可从以下几个方面来讨论9—10世纪中国瓷器外销的特点：

（1）外销瓷器的范围。根据现有的资料，几乎唐代文献中提到的重要地点都发现了中国晚唐到北宋初时期的瓷器。这包括了《皇华四达记》中提到的"登州海行入高丽渤海道"所记述的高丽、日本等国；"广州通海夷道"所记的从南中国海沿岸国家到东南亚诸国，过马六甲海峡以后的南亚、中东诸国；《酉阳杂俎》中记载的非洲诸国。

（2）外销瓷器的规模。唐代的造船技术在前代发展的基础上有了重大进步，尤其是商船的规模已十分巨大，据唐人李肇在其著作《国史补》中称："江湖云'水不载万'，言大船不过八九千石。然则大历、贞元间，有俞大娘航船最大，居者养生、送死、嫁娶悉在其间；开巷为圃，操驾之工数百，南至江西，北至淮南，岁一往来，其利甚博。此则不啻'载万'也。"《中国印度见闻录》还提到，唐朝海船因为体积太大，只能在尸罗夫停泊，无法到达巴士拉和马斯喀特。从"井里汶"号沉船出水的庞大瓷器数量上，我们对此时的瓷器外销规模也可窥豹一斑。

（3）外销陶瓷的产地和品种特点。9—10世纪时期，陶瓷器的外销从少量输出，使目的地的人们了解其价值的初创阶段，迅速发展到规模较大的输出阶段。这时期输出产品的窑口很广泛，包括了南北方许多重要的陶瓷生产地点。大体如某些学者所归纳的所谓"四组合"，即长沙窑瓷器、越窑青瓷、邢窑白瓷和广东地区的青瓷。

图2-24
伊朗尸罗夫遗址是一个古老的港口遗址，它的繁盛时期恰恰就是在9世纪到11世纪。在尸罗夫遗址出土的大量的瓷器残片证明，这里是中国瓷器外销的一个重要的中转站。

图2-25
大英博物馆藏。高7.5厘米，宽6.7厘米。伊朗尸罗夫遗址出土。碗胎质呈灰白色，通体施白釉，釉色灰白，不透明，应是北方窑口生产的外销白瓷。

图2-24　伊朗尸罗夫遗址

图2-25 白釉碗残片·唐—五代

以瓷器为证的亚非贸易圈的建立

9—10世纪期间，许多沿海地区的港口从事海上贸易，最主要的外销港口是扬州、明州、福州和广州。出口的产品主要是丝绸、陶瓷和金属原料（如铅、锡、银和铜钱）。从11世纪后半叶开始，北方地区的瓷器就较少在海外发现，到12世纪时，在南海诸国到中东和东非地区，就基本不再出现了。而专门生产外销瓷器的窑场开始在东南沿海地区出现。从地域上分，高丽、日本地区一般不出土广东地区的产品，南海诸国到中东、非洲地区则各类产品都有出土。相比较而言，西亚、中东地区发现的器物的质量普遍比较精美，这些器物即使在中国也属质量最好的一档，其中又以精美的越窑瓷器为多；东南亚地区发现的器物质量相对较差，以长沙窑产品为大宗。

这种现象似乎说明，在瓷器外销的初始阶段，就对外销瓷器的质量和相应的销售目的地有所选择，运往最远地点的器物往往是质量最好的，以便获得最高的价值，最大可能地换回中国所需要的类似香料、象牙一类在中国具有高价值的物品。

图2-26

美国国家亚洲艺术博物馆藏。高3.8厘米，口径10.8厘米。碗为侈口，斜腹，圈足。通体施青釉，釉色发灰。此碗是美国收藏家莱斯利·莱文捐赠给博物馆的。

图2-26 越窑青瓷碗·唐五代

图2-27

克利夫兰艺术博物馆藏。高42.1厘米。这是一件中西合璧的青釉瓷器，壶的造型来自西亚或者中亚的金属器皿。壶口为一只鹰的造型，细颈，溜肩，椭圆形腹，高足。壶口和肩之间贴塑鸟羽状鋬。颈部弦纹装饰，肩部贴塑覆莲纹一周，上腹部圆形开光中贴花卉纹，腹部主题纹饰为大圆形开光中贴花卉凤凰纹，开光之间贴番莲纹间隔，下腹部贴塑仰莲纹两周。主题纹饰极具西亚器物风格。

图2-27 青釉贴花鹰嘴壶·唐

从海外发现的9—10世纪的外销瓷器的使用功能来看，这一时期主要是日用瓷器，尤以碗盘类器物为大宗，说明在瓷器输出的早期阶段，瓷器还主要是供当地人，尤其是当地的上层人士日常使用。12世纪以后，随着专门的外销瓷器窑场的出现，瓷器的输出规模逐步扩大，器物的种类开始向某些特别用品扩展，如东南亚地区成组出土的专用明器等，可见瓷器在当地人们的生活中日益用途广泛并占有重要的地位。

从前引贾耽的记载，并结合相关阿拉伯文献，秦大树先生曾指出：9—10世纪乃至更晚，在印度洋上有三个贸易圈，即中国到东南亚（主要是苏门答腊和爪哇）的贸易圈；东南亚到阿拉伯、波斯地区的贸易圈和阿拉伯地区到东非的贸易圈。这三个贸易圈的两个最重要的联结点应该就是室利佛逝和以巴士拉为中心的地区。在当时的中外文献中也都可以看到，当时的海上贸易很少有单一地点的产品，如《宋史·三佛齐传》记载，在960—1008年三佛齐（宋以前称室利佛逝）使者14次入贡宋朝，入贡的物品有：象牙、犀角、真珠、白金、龙脑、婆律熏陆香、乳香、蔷薇水、水晶、水晶指环、水晶佛、梵夹经、金字表、锦布、火油、琉璃瓶、珊瑚树、万年枣、褊桃、白砂糖和昆仑奴等。

由于当时的远洋航行主要是靠信风，从中国到巴格达一个往返大约需要两年的时间，这对于单个商人来说时间太长。因此，当时大部分商船实际上并不是航行全程的。换言之，阿拉伯的商船并不一定直航中国，而中国的商船也少有到达波斯湾的。东西两洋的货物贸易，应该主要是在室利佛逝进行的。也就是说，当时的海上贸易模式是一种以中心港为中心的接力式的贸易或曰转口贸易。从中国直航巴格达乃至东非的贸易是没有或很少发生的。中国所进行的贸易主要以室利佛逝为端点。

从前文所述沉船资料，我们还可以了解：除了中国瓷器以外，货物是多元的，船只也是如此——船体的建造在设计上是阿拉伯式样的，船木可能是东南亚的，船员则来自中国、东南亚、南亚、中东等地区。从文献和考古，我们也得知，重要港口城市外来人员的占比很高。这样一幅景象表明，在9—10世纪时，从东亚横跨太平洋和印度洋，连接东南亚、印度次大陆，至中东以及非洲东部的广大区域，已经建立起了分工协作、高度发达的世界贸易网和为数不少的世界中心城市。

11—15世纪：
跌宕起伏的瓷器外销之路

经历了唐、五代时期中国瓷器外销的第一个高峰，作为商品的中国瓷器在10世纪之后开始走向了另一个高潮。国内瓷器产地众多，窑口林立，从南到北，中国瓷器进入了快速发展的时期；虽然这一时期陆上丝绸之路因为战乱而阻隔，但是海上贸易却独具特色，即便在外销瓷方面有起有伏，然而并不妨碍宁波、泉州、广州成为对外贸易的重要口岸。到了元代，中国瓷器再次踏上了行销全球的光辉历程，创造了全新的走向世界的航线。

宋瓷外销的波峰波谷

宋朝在中国历史上是一个军事和外交上相对软弱的政权，在对北方游牧民族的战争中屡战屡败。但宋代在文化经济方面取得的成就是辉煌的。它是一个文学和艺术兴盛的时期，这从宋人的诗词和焚香、挂画、点茶、插花四般雅事中可见一斑。如日本南禅寺藏传南宋马公显《药山李翱问答图》，这是宋人笔下的唐人故事，药山禅师手示上下，曰："云在天，水在瓶。"一支画笔却绘出宋人钟爱的胆瓶，胆瓶里又是宋人钟爱的"一朵红梅"。此外，在宣化辽墓M10前室东壁《备茶图》中也可见宋人品茗的细致程序和讲究工具。宋代同时又是商品经济繁荣的时代，如张择端的《清明上河图》中描绘的东京的繁盛市景，反映了宋代城市布局为适应经济发展的需要从里坊制向街巷制的转变。又如宋代发行的纸币交子，就是在宋钱大量铸造但仍不能满足经济活动需要的时代背景下产生的。

图2-28

美国国家亚洲艺术博物馆藏。尺寸不详。埃及开罗福斯塔特遗址出土。从釉色判断，这个瓷片应是浙江窑口烧制的，胎质呈灰白色，通体施青釉，碗心刻莲瓣纹，碗底为圈足，可见明显的支烧痕。

图2-28 青瓷刻莲瓣纹碗残片·北宋

图2-29 德化窑青釉刻莲瓣纹碗·北宋—南宋

然而，通过海外发现的中国陶瓷可以看到，北宋中后期到南宋中期（11—13世纪初）是海上贸易的低潮时期，特别是马六甲海峡以西的地区，尽管从南中国海到印度洋地区的贸易始终在持续进行，也有少量的考古发现，但规模上却较小，这些零星的资料不能支持大规模海上贸易的水平。

在埃及的福斯塔特，从1978年到1985年，日本早稻田大学考古队在此进行了发掘。总体上看，福斯塔特遗址发现的年代最早的中国陶瓷是9世纪的长沙窑产品。由于这个遗址的巨大和其在整个环印度洋贸易圈中的重要地位以及得到了充分发掘，在这个遗址中出土了一些其他遗址较少见到的遗物，比如北宋前期（10世纪中期至11世纪中期）精美的越窑、定窑、耀州窑器物，但数量并不多，特别是北宋后期到南宋中期的器物较少见。此外，通过对肯尼亚沿海地区出土中国瓷器的调查也可以看到，北宋中期到南宋中期（11—12世纪）为中国瓷器输往印度洋地区的低潮时期。同时，12世纪的日本冲绳出土白瓷（福建闽清义窑）、青瓷（福建莆田窑）、龙泉窑青瓷，数量也不多。这些大体都符合前述的11世纪、12世纪中国瓷器外销低潮时期的特点。

图2-30
"华光礁一号"打捞出水的
德化窑青白釉长颈瓶

图2-31 青花莲纹碗残片·元

图2-32 龙泉窑青釉双鱼纹碗残片·元

而从东南亚发现的11—12世纪的沉船资料来看：北宋晚期（1060—1100）以广东窑口产品为主，景德镇窑、耀州窑以及福建窑口产品为辅；北宋晚期到南宋早期（1100—1140）时，广东窑口产品下降，福建、广西、龙泉窑产品增多；而南宋早中期（1140—1180）则以景德镇窑、龙泉窑、福建窑为组合。

海上贸易再度兴起于13世纪中叶以后，并得到快速发展。如发现于广东省台山市阳江海域的"南海一号"和西沙群岛的"华光礁一号"，都是南宋中后期的沉船。这时的船体采用了中国特有的水密舱结构，另从"南海一号"货舱的出水情况来看，重约84吨的铁锅和铁钉被放置于瓷器上方，既表明这些铁器和原料是当时东南亚甚至更远地区需要的物资，同时也对瓷器在海运中的装舱方式给出了值得思考的新线索。两艘沉船出水的瓷器货物均以福建窑口的青白瓷为主，景德镇瓷器则属于较高档的产品，数量也相对较少。另从东南亚地区发现的沉船来看，南宋晚期至元早期（1180—1310）的瓷器产品以福建窑口与龙泉窑为主，同时装有少量景德镇瓷器。

盛况空前的元代外销瓷器

蒙古人于13世纪起建立的元政权以及窝阔台汗国、察合台汗国、伊利汗国、钦察汗国在内的四大汗国，横跨欧亚大陆，幅员广阔，极大地促进了东西方的交流和贸易。有关中国瓷器的海上贸易也于14世纪前半叶达到了高峰。

13—14世纪时期的福斯塔特出土的中国瓷器开始增加，陶瓷品种组合是龙泉青瓷、景德镇生产的青白瓷、卵白釉瓷和青花瓷及被称为"吕宋壶"的褐釉四系包装罐等。

福斯塔特城在第二次十字军东征时，于1167年被法蒂玛王朝自毁，战后建立的阿尤布王朝曾试图重建此城，但再也没能恢复到战前的繁荣水平，直到14世纪中叶放弃此城，在今天的开罗重建都城。所以，13—14世纪是福斯塔特作为贸易都市和政治中心的衰退时期。而此时中国瓷器却大量发现，数量远远超过了10—12世纪，这恰恰表明13—14世纪的瓷器贸易规模进入了一个新的高峰时期。尽管福斯塔特的贸易地位有所下降，但兴盛的贸易大环境使这里依然大量出土了以龙泉窑为主的中国瓷器。

图2-33
新加坡亚洲文明博物馆藏。口径13.5厘米。盘为敞口，斜腹，平底，施青釉，印莲花纹装饰。此盘为元代南方窑口的产品，应是外销瓷器。

图2-33 青釉印莲花纹盘·元

图2-34　龙泉窑青釉莲瓣碗·元

东非肯尼亚沿海地区经过11—12世纪的中国瓷器输入低潮期后，从南宋后期开始，再次进入了大规模的增长时期，尤其以元代的输入量最大，器物的品种主要是龙泉窑青瓷，还有少量的景德镇产青白瓷、元青花和釉里红，以及福建地区的青瓷器和青白瓷产品。从肯尼亚马林迪市附近著名的格迪古城遗址出土的中国瓷器来看：其出土瓷器的时代为南宋后期到明天启年间，而元代到明初的输出品主要是龙泉窑瓷器，这与东南亚地区大量发现的福建地区产品不同。

14世纪，新加坡取代南岸的旧港成为控扼马六甲海峡的重要港口，成为中国陶瓷输向环印度洋地区的中转站。考古发现表明，至迟到13世纪末至14世纪初，这里已经产生了丰富的交易活动。新加坡考古发掘出土的14世纪陶瓷数量惊人，约4吨，其中将近半数是中国陶瓷。目前经过发掘及资料整理的13世纪末到14世纪前半叶的遗址主要有以下4个：福康宁遗址、国会大厦遗址、皇后坊大厦遗址和圣安德鲁教堂遗址。在这四处遗址中，福康宁遗址发掘工作最多，材料也最为丰富。这里出土的中国陶瓷从器形来看，大部分是碗、盘、杯、罐等日用饮食器具；还发现过元代青花带指南针纹饰碗、景德镇青白瓷剧场形瓷枕等高级品；主要有浙江龙泉窑，江西景德镇窑，福建的德化窑、莆田窑和闽清义窑等的产品。各品类中，青瓷数量最多，据新加坡国立大学东南亚研究系教授、考古学家约翰·米克西奇教授1989年的统计数据，福康宁遗址出土了8756件中国瓷片，其中有5862件为龙泉青瓷，约占67%；景德镇窑产的青白瓷和白瓷数量居其次；还有少量的青花瓷。14世纪大量涌入新加坡的中国陶瓷，无疑是这一时期中国—东南亚海上贸易活动繁盛的见证。

图2-35

九州国立博物馆藏。高3.7厘米，口径7厘米。13世纪销往日本的此类圆盒主要为寺庙使用，到了日本室町时期，此类圆盒被足利幕府作为榻榻米的装饰品使用。

此外，位于印度尼西亚东爪哇岛的德罗乌兰是满者伯夷国的首都，又是该国在14世纪最重要的贸易口岸。满者伯夷王国持续的时间大约在13—16世纪，14—15世纪前期是满者伯夷王国的强盛时期。德罗乌兰出土的14世纪中国瓷片占全部出土瓷片的81%，泰国、越南等东南亚陶瓷仅占约17%，其中中国陶瓷的品种组合与新加坡的情况相似，均大量出土龙泉青瓷，还有景德镇生产的青白瓷及青花瓷，福建窑口、磁州窑系的产品，以及部分低温绿釉器。

图2-35 青釉缠枝牡丹纹圆盒·南宋

图2-36

韩国国立中央博物馆藏。高11.4厘米，口径4.2厘米，足径6.9厘米。新安沉船打捞出水。五管瓶大多出现在南宋时期，元代甚为少见，仅在四川省遂宁县的地窖中出土过。

图2-37

韩国国立中央博物馆藏。高2.8厘米，口径16.8厘米，足径5.5厘米。新安沉船打捞出水。盘为敛口，折沿，圈足。通体施青釉，足底露胎。盘口沿及内外壁有铁锈斑，盘心露胎贴塑梅花纹。新安沉船出水铁锈斑瓷器较多，而同时用铁锈斑和露胎贴塑手法装饰的瓷器仅此一例。

图2-36　龙泉窑青釉五管瓶·元

13—14世纪，日本九州发现的中国陶瓷在使用的广泛程度上十分突出。不仅在著名的贸易集散地——博多遗址群和大宰府遗址中仍有发现，还遍布九州地区大小数百处遗迹点。近年日本学者新里亮人对九州和琉球出土11—14世纪陶瓷的遗址点制作了详细的登记表。据他搜集的资料，九州发现的13世纪初至14世纪初中国陶瓷的种类以龙泉青瓷占绝对的优势。13世纪中叶至14世纪初龙泉青瓷常与景德镇窑生产的青白瓷在同一地层单位中共出。值得注意的是，14世纪前半叶这一时段内出土中国陶瓷的遗址数量比博多作为贸易中心最活跃的11—12世纪变得少了。而冲绳出土的13—14世纪中国陶瓷中，一个重要现象是福建闽江流域各窑口的粗质青瓷、青白瓷被集中发现，而同类产品在同时期的博多并不多见，由此现象可以推测，冲绳在此时已与中国建立起了直接的海上贸易联系。如今的归仁城是1429年中山尚巴志王建立统一的琉球王国之前北山国的中心，自20世纪80年代至今，今归仁城进行过多次发掘。主要的出土瓷器是被日本学者称为"今归仁类型白瓷",但实际上是福建连江县浦口窑的产品;另一类侈粗质青白瓷则被称为"ビロースク类型白瓷",为闽清义窑、青窑及闽侯县鸿尾窑等闽江下游窑址的产品。这些器物在冲绳诸岛及附近的奄美诸岛、八重山诸岛上都有发现。14世纪中叶前后,输往冲绳的中国陶瓷的品种明显出现了变化,从较为单一的福建地区产品,变为与环印度洋和东南亚的其他地区较为相似的品种组合,两地瓷器贸易到达了高峰时期。

图2-37 龙泉窑青釉铁锈斑贴梅花纹盘·元

这一时期的沉船以在朝鲜半岛西南海域发现的新安沉船最具代表性。新安船的载重量在200吨左右，其最主要的货物是中国陶瓷，有青釉、白釉、青白釉、黑釉及乳浊釉、白地黑花等品种。新安沉船打捞出水的22040件遗物中，20691件是陶瓷器，其中20661件是中国陶瓷，约占整体打捞遗物总量的94%。在中国瓷器中，青瓷器共计12377件，约占出水中国陶瓷的60%；白瓷和青白瓷5303件，约占26%，黑釉瓷与乳浊釉瓷694件，约占3%，余下应该是釉陶质、陶质包装罐。青瓷多产自龙泉窑；白瓷和青白瓷中绝大部分是景德镇窑的产品，还有部分为闽清义窑等闽江流域窑场烧造的产品。黑釉瓷大部分产自建窑、晋江磁灶窑、南平茶洋窑、福州洪塘窑、德化窑等福建地区的窑场，乳浊釉瓷来自浙江金衢盆地的铁店窑。此外，磁州窑的黑釉器、白地黑花器，吉州窑的黑釉器、白地黑花器及赣州七里镇窑的黑釉露胎柳斗罐也有发现。从上述统计看，新安沉船中以龙泉窑瓷器为大宗，与东亚、东南亚遗址中出土的中国瓷器中龙泉窑所占的比例大体相同，略低于环印度洋地区的古代遗址出土的龙泉窑瓷器。这表明新安沉船与元代后期海上贸易船货的总体特征相符。新安沉船出水瓷器的构成，特别是香器、花器与茶器，与日本镰仓时代（1192—1333）文化的特征有较大的相关性。

图2-38　黑釉露胎柳斗罐·元

图2-38

韩国国立中央博物馆藏。高8厘米，口径8厘米，足径3.6厘米。根据相关出土资料对比研究，可知此罐是江西赣州七里镇窑的产品。

图2-39

韩国国立中央博物馆藏。高45.2厘米，口径19.9厘米，足径11.6厘米。瓶为喇叭口，束颈，溜肩，鼓腹，下腹渐收，圈足。瓶内外均施青釉，足底露胎。颈部饰弦纹，腹部饰缠枝牡丹纹，足胫部饰仰莲纹。此瓶与大维德基金会所藏"泰定四年"牡丹纹瓶类似，据此可知此瓶的烧造年代。

同样，从东南亚地区发现的沉船来看：元中晚期（1310—1360）为龙泉窑鼎盛时期，福建窑产品下降；而元代晚期（1335—1360）时，景德镇窑则明显复兴。

从以上遗址出土和沉船出水的中国瓷器资料，我们可了解到元代，特别是14世纪前半叶的海上贸易和瓷器外销是10世纪之后的又一个高峰时期，在东亚、东南亚以及南中国海到环印度洋地区的众多遗址中都发现了大量元代后期的中国贸易瓷器，即使在大航海时代的葡萄牙人控制海上贸易的时期也无法与之相比拟，这个高峰时期一直平稳发展到明初。此后，随着中国明政府实行的海禁政策，东亚地区各国之间的贸易就走向了衰落。大航海时期以后，中、日和朝鲜半岛地区成为整个环球贸易体系中具有共性的贸易端点。

图2-39 龙泉窑青釉刻牡丹纹瓶·元

郑和下西洋与朝贡贸易

洪武时期开始，明政府实行海禁和朝贡政策。为了管理往来朝贡人员，明代设立了市舶司：宁波通日本，泉州通琉球，广州通占城、暹罗、西洋诸国。朝贡有文书、有贡者可互市，不仅在港口，在京师会同馆亦可。朝廷对入贡者予以优厚赏赐并以优价购买其私货。据文献资料记载，洪武时期对东南亚派出的使节就达61批次，其中，从明代洪武后期至成化初年（约15世纪上半叶），琉球更是以首要朝贡国的身份，扮演了重要的转口贸易者的角色。如1994—1995年，冲绳那霸县首里城内西南部的建筑遗址中发现了一批陶瓷器，年代在14世纪中叶至15世纪中叶，共计518件，以中国陶瓷为主，兼出日本、泰国、越南等地的陶瓷。据初步统计，中国陶瓷共计386件，约占总共件数的74%，品种组合是龙泉青瓷、景德镇产青白瓷及青花瓷和少量的福建产品。其中约75%是龙泉青瓷，计289件，器形有碗、盘、碟、注子、凤首壶、香炉、花盆等；青白瓷33件，约占8%，可见碗、杯、碟、注子、壶、瓶等器形。见诸报道的还有2件元青花，分别是高足杯和盖罐。

至明永乐到宣德前期，郑和被委以七下西洋的重任。这时的对外贸易仍主要出于政治上的需要，如明成祖朱棣在回复属下官员提出的对朝贡贸易者进行课税的建议时有言："商税者，国家以抑逐末之民，岂以为利。今夷人慕义远来，乃欲侵其利，所得几何，而亏辱大体万万矣！"与郑和下西洋有关的碑文在海内外有一定的发现，如永乐七年（1409）的布施锡兰山佛寺碑。而这一时期的海外瓷器则发现更多，如北京大学和故宫博物院的考古工作者分别在肯尼亚曼布鲁伊与阿联酋拉斯海姆发现的永乐青花瓷与龙泉窑青瓷，在肯尼亚伴随出土的还有永乐通宝。其中，肯尼亚格迪古城出土的明初龙泉窑瓷器占了绝对的数量优势，包括明代初年的官用龙泉瓷。这一点可能与郑和船队的到达有关。这些发现既表明环印度洋地区的市场更认同龙泉窑，也表明商人们会把较精美、优质的器物运往远端市场。

图2-40

中国台北故宫博物院藏。纵44厘米，横74.3厘米。这是明太祖朱元璋的御笔手稿，用朱墨行书书写。这页手稿反映了明代初年明朝和占巴国的外交关系，是明太祖亲自处理外交朝贡事宜的重要文献资料。

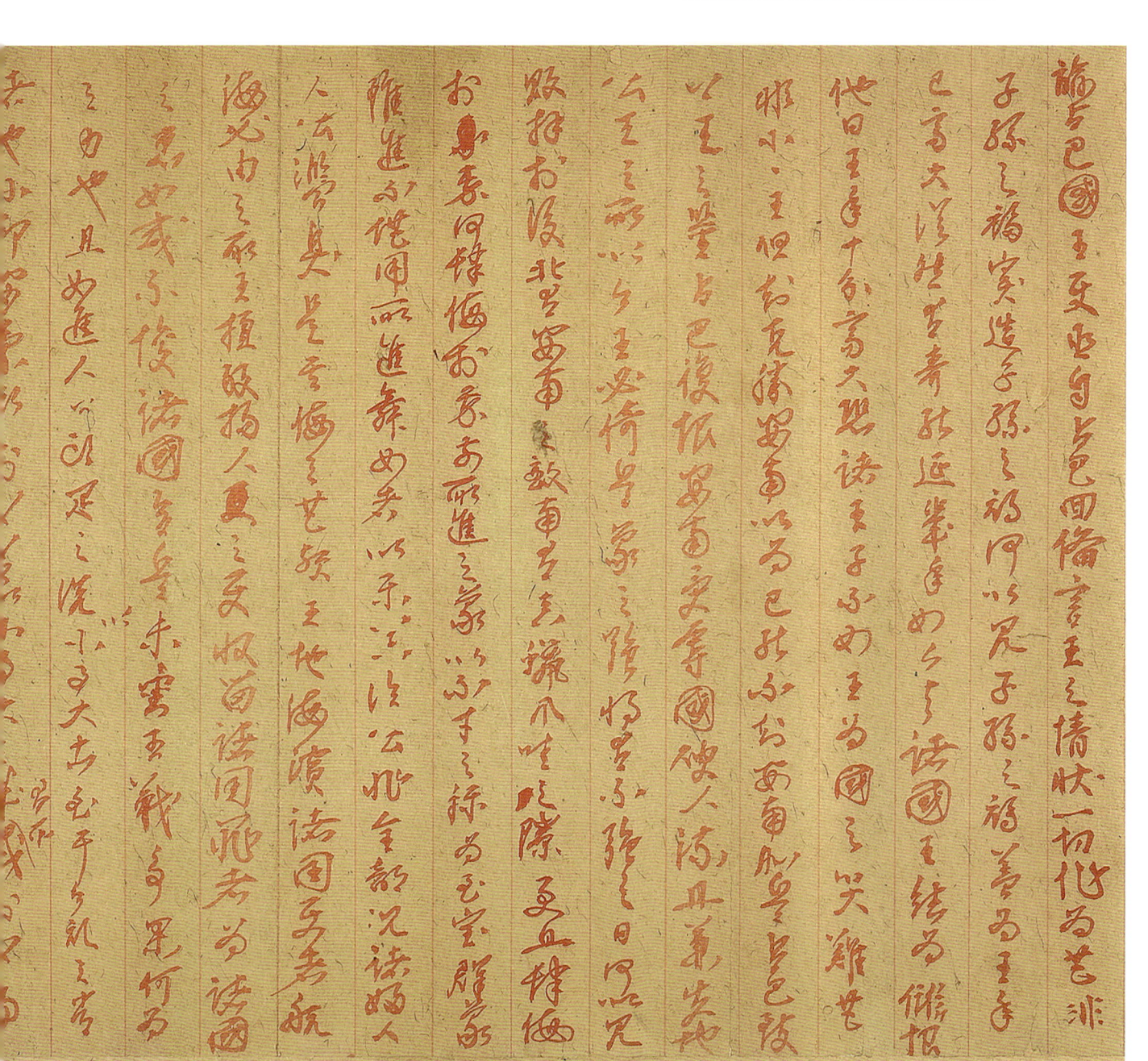

图2-40 明太祖御笔《谕占巴国王》

此外，土耳其托普卡比皇宫博物馆中收藏有1350件龙泉青瓷，最早的可到元代中期（13世纪末到14世纪初），但大多是元代后期到明代初年的产品，明代初年的产品中又有相当数量的官窑瓷器。现藏于美国华盛顿赛克勒美术馆的**永乐青花扁壶**与发现于今摩苏尔的13世纪的金属器在造型上具有极大相似性，是前者对后者的订制模仿，而前者在构图上却又保留着许多传统的中国文化特征。

图2-41　青花缠枝花卉纹扁壶·明永乐

图2-41

美国赛克勒美术馆藏。高46.9厘米，宽41.8厘米。扁壶应是仿制伊斯兰铜壶制作，纹饰上既有中国传统图案，也有伊斯兰图案，是中西合璧的产物。

明代的瓷器外销"空白期"

美国陶瓷研究专家罗克珊娜·布朗根据对东南亚地区的20余艘沉船上所发现的瓷器货物进行分类和统计后的资料，得出结论：明初（1368—1430），中国青瓷和其他单色釉瓷器占东南亚沉船所见瓷器的50%，不见中国青花瓷，也可以说不见景德镇瓷器。而之后直至成化末期，整个中国出口瓷器只占1%~5%，其余皆为越南与泰国的外销瓷产品；弘治时期，景德镇产品则占到该时期沉船所见瓷器的75%。据此，在元末至成化之间，似乎有一段景德镇瓷器外销上的空白期。此外，从北京大学考古队在非洲肯尼亚格迪古城所做的工作与统计数据来看，明初洪武至宣德时期，除极少量官窑产品外，该遗址也不见景德镇瓷器，这样的现象同样在弘治时期才得以改变。需要指出的是，明初龙泉窑的青瓷产品在格迪古城依然有大量出土，而之后则基本销声匿迹，这和景德镇的产品外销形成强烈反差。两项研究结果的共同之处还在于：正统—成化时期的中国瓷器在这一时期稀少或基本不见。

16—18世纪：
中国瓷器与早期全球化

在中国外销瓷进入惨淡的"空白期"之后，中国一切的海外贸易似乎都陷入了停滞状态，逐渐远离了世界。而此时的欧洲因为"地理大发现"的缘故，开始踏上了进军全球的旅程。沉寂了好久的中国逐渐被唤醒，开始进入了全球化的行列，自隆庆开禁，中国的海外贸易迅速繁荣起来，古代中国的瓷器外销也迎来了最后的辉煌时期。

逐步开启的海禁和瓷路

沉没于15世纪中叶的"皇家南海"号沉船，21000件瓷器船货中仅有6件产自景德镇的中国青花瓷，其他绝大部分为泰国青瓷。但以利纳沉船的发现等为代表，可以确知，自15世纪末明代弘治时期开始，以景德镇瓷器为主的中国陶瓷外销又逐渐开始兴盛。步入16世纪，特别是在隆庆元年（1567）取消海禁后，景德镇陶瓷外销进入了一个全面兴盛的时期。

图2-42 利纳沉船上的明代青花瓷

16—18世纪外销瓷的发现目前比较丰富。有国内纪年墓出土瓷器，如江西广昌万历元年墓；有窑址出土瓷器，如景德镇观音阁和景德镇落马桥窑址等；有贸易集散地出土瓷器，如澳门附近的上川岛等；有海上沉船出水的，如圣海伦娜岛的"白狮"号、广东汕头的"南澳一号"、福建平潭的牛屎礁、西沙群岛的"北礁三号"等；也有国外的出土和收藏，如埃及福斯塔特遗存、维多利亚与阿尔伯特博物馆的收藏、美国密歇根大学的顾塔的收藏、意大利美第奇家族的收藏、巴林卡拉特遗址的出土物等。

图2-43　青花鱼藻纹碗·明

图2-44　青花芦雁图克拉克瓷盘·明晚期

图2-45　青花佩肖托家族纹章执壶·明嘉靖

图2-46　青花五彩牡丹纹双流提梁壶·清康熙

图2-43

景德镇观音阁窑址出土。

图2-44

维多利亚与阿尔伯特博物馆藏。口径26.7厘米。盘为莲瓣式，弧腹，圈足。通体青花装饰，外壁绘树枝飞鸟图案，内壁口沿下十个莲瓣形开光内绘花卉、草虫图案，盘心绘莲塘、芦苇、松石和三只大雁。这个克拉克瓷盘是典型的明代晚期外销瓷。

图2-45

维多利亚与阿尔伯特博物馆藏。高33厘米。这是中国瓷器上绘制纹章图案年代最早的瓷器之一，执壶上的纹章来自葡萄牙佩肖托家族。

图2-46

纽约大都会艺术博物馆藏。高15.2厘米，宽14厘米。提梁壶造型独特，壶身为瓜棱形，两侧各有流，盖为宝珠钮。通体青花五彩绘制牡丹纹。从造型上看，这是康熙时期景德镇生产的外销瓷器。

依托文献和考古资料，根据贸易的兴盛状况，从时间段上可将16—18世纪的中国瓷器外销划分为七个时期。其中，1500—1521年的弘治晚期和正德时期为第一时期，处于明中期，景德镇瓷器外销开始复苏并成为瓷器商品中的主体；1522—1566年的嘉靖时期为第二时期，此时外销规模比前期增加，但海禁政策仍时断时续，如1522—1528年禁私舶，1529年出于军饷需要复又准商，1554年和1557年，葡萄牙人先后获得广州经商许可和在澳门经营贸易的许可，以后直至清初海禁时期亦允其居留；1567—1644年为第三时期，以隆庆元年"开关"为代表，这一时期外销规模急剧扩大，直至崇祯末年；1645—1682年为第四时期，即清代初期，由于战争和海禁因素，有学者估算此时期的中国瓷器外销规模不到之前的三分之一；1683—1716年为第五时期，康熙中期开放海禁，此一时期景德镇外销瓷最为兴盛；1717—1727年为第六时期，即康熙末期至雍正早期，此时海禁重启，贸易规模显著下降；1728—1799年为最后时期，即雍正中期至18世纪末，这一时期的外销瓷出口港口较为集中，同时欧洲掌握了硬质瓷的制造技术，其生产的瓷器开始逐步取代从中国进口的瓷器。

全球化进程中的瓷器之路

在16—18世纪时期，通过西班牙、葡萄牙、荷兰、英国等国的欧洲人以及以华人为主的亚洲贸易者等的参与，当时的外销瓷主要有以下几条路线：一条是以葡萄牙人为主导的，经澳门、马六甲海峡、印度果阿、非洲西岸的莫桑比克岛而后到达里斯本；另一条是西班牙人从墨西哥和南美向亚洲输出大量白银的返程中，携带中国（从漳州的月港先运输到马尼拉）和其他国家的货物穿越太平洋抵达墨西哥阿卡普尔科，大多数运往墨西哥城，少数经陆路运往韦拉克鲁斯，然后装船运往西班牙的塞维利亚；再一条就是17世纪初起，荷兰人和英国人等通过各自的东印度公司，以中国台湾和爪哇等为据点，经马六甲海峡、印度，前往中东与欧洲；还有就是从东南沿海的港口分别销往日本的长崎、九州和销往东南亚的巴达维亚、柬埔寨、东京（越南北部城市）等。

图2-49

维多利亚与阿尔伯特博物馆藏。盘高2.2厘米，中心盘直径16.2厘米，边盘长12.7厘米，宽12.1厘米。瓷盘造型独特，即可单独使用，又可拼成莲瓣式大盘，素三彩装饰纹章图案。此器属于曾任荷兰东印度公司巴达维亚总督的约翰内斯·坎普惠斯，是其在任职期间在景德镇订制的瓷器。

图2-47 青花松树纹杯·明嘉靖

图2-48 外红釉描金内青花碗·明嘉靖

图2-49 素三彩纹章图案莲瓣式拼盘·清康熙

图2-50　粉彩描金皇帝出游图盘·清乾隆

　　这一时期诞生的葡萄牙、荷兰、英国等国的东印度公司，是中国瓷器外销的主要推手。由于拥有较详细的档案记录，荷兰东印度公司从中国购买的瓷器数据被世人引用较多，如T.沃尔克早年对荷兰东印度公司档案的调查得出，1602—1682年间，从亚洲进口瓷器总数约为1200万件，其中中国瓷器为865万件，其余为190万件日本瓷器和145万件越南瓷器。葡萄牙是最早开辟与中国进行直接贸易的欧洲国家。明代正德（1506—1521）年间，广东市舶司以"缺少上贡香料及军门取给"为由，采取了抽分的办法允许外国私舶互市。1554年和1557年，葡萄牙人先后获得广州经商许可和在澳门经营贸易的许可（年付租银500两），以后直至清初海禁时期亦允其居留。

西班牙的马尼拉大帆船贸易

稍晚于葡萄牙人的西班牙人，则于16世纪60年代起开辟了跨太平洋的马尼拉大帆船贸易。除档案资料以外，在菲律宾和美洲发现的遗存为我们了解这一路线的贸易状况也提供了很好的实物证据。美国密歇根大学安娜堡分校的顾塔收藏，以该校人类学博物馆首任馆长顾塔而得名。该收藏主要是顾塔于20世纪20年代在菲律宾群岛进行发掘后获得的瓷器标本，其中既有景德镇窑口的瓷器，也有漳州等其他中国窑口瓷器。而位于旧金山湾区的雷斯角国家公园的沉船资料和加州大学伯克利分校收藏的瓷器资料，以及位于墨西哥下加利福尼亚州恩塞纳达市附近海域的一艘16世纪晚期沉船的出水瓷器资料则提供了早期大帆船贸易的重要信息。

从有关马尼拉大帆船贸易和晚明外销瓷的研究来看，16世纪后半叶有如下几个重要的时间节点。1565年是西班牙殖民者找到从菲律宾群岛返回墨西哥阿卡普尔科路线的里程碑年，是横跨太平洋的这一双向贸易的起始之年。隆庆元年（1567），因重新开放了海上贸易，被认为是中国商品再次大量出口的"开关"之年。而1571年是西班牙人占领马尼拉并建立据点的时间，1572年则被认为是中国商船与马尼拉之间开展大帆船贸易的元年；此外，有关1573年的大帆船官方记载因首次提及有22300件瓷器运抵墨西哥，中国瓷器销往美洲的时间便通常被认为不应早于1573年。

图2-51　青花锦地开光花果纹盘·明嘉靖

图2-51

密歇根大学人类学博物馆藏。盘为敞口，弧腹，圈足，盘内青花绘锦地，圆形开光内绘折枝花果图案。这是顾塔率领的考古队在菲律宾的薄荷岛发现的中国外销瓷器之一。

图2-52 青花螃蟹纹盘·明嘉靖　　　　　　　图2-53 青花花鸟纹碗·明中期

中国瓷器的中转站宿务

值得注意的是，我们不应忽视隆庆元年之前的中国瓷器的外销方式和规模，忽略菲律宾群岛南部的宿务在早期东南亚转口贸易中的重要性，以及西班牙人从该地获得中国瓷器的可能性。从景德镇明代民窑窑址出土器物情况来看：斗富弄窑址出土的嘉靖时期五彩瓷已经有较细密的开光纹饰，或具备所谓克拉克瓷原型的明显风格；而观音阁窑址出土的"天文年造"和"海不扬波"，则是明代早在嘉靖中期即已开始为外销定烧瓷器的明证。此外，根据北京大学对肯尼亚格迪古城的考古调查资料，其明代晚期出土的中国瓷器以景德镇瓷器为主，在345件（片）景德镇瓷器中，嘉靖时期标本97件，占该期景德镇窑产品总数的约28%，万历时期标本241件，占总数的约70%；天启时期标本7件，占总数的约2%。可见嘉靖时期的中国瓷器外销已经达到了相当的规模，虽不及万历时期的鼎盛，但也达到其四成左右。

此外，宿务在西班牙人到来之前已经是重要的国际贸易枢纽，如麦哲伦的船队在1521年抵达菲律宾群岛时，就感慨宿务是一个繁荣的商业中转港，拥有多种族组成的大量人口。从1565年始至1571年，西班牙人占领马尼拉之前，大帆船的主要东方贸易港口就是宿务，这一点从西班牙人的官方记录中可见一斑。例如1568年，两艘大帆船从阿卡普尔科抵达宿务，其中的"圣佩德罗"号在返航时消失于万山群岛附近。而根据对现藏于美国密歇根大学安娜堡分校，以菲律宾群岛出土陶瓷器为主的顾塔收藏的调查来看，宿务地区发现有南宋至清末的大量中国瓷器。其从元代开始较为兴盛，有品质较高的景德镇产卵白釉瓷和青花瓷，明代则从15世纪中叶开始见有景德镇瓷器，15世纪末开始兴盛，16世纪中叶至16世纪末达到鼎盛，且不少器物组合与恩塞纳达沉船出水瓷器可资比对。

事实上，瓷器并不是西班牙人最看重的贸易商品，他们最初来到菲律宾群岛主要是寻找香料，但令之失望的是：宿务只出产有限的肉桂，而盛产香料的马鲁古群岛则被牢牢地控制在葡萄牙人手中。此外，船只在海上航行时，常常需要一些压舱底的较重的货物，叠摞在一起的瓷器能够起到这样的作用。因而，在得不到最初期望的香料以及后来期望的中国丝绸的情况下，宿务转售的中国瓷器或成为返航大帆船的装货选择之一。

综合以上现象可见，16世纪中叶，在西班牙人的大帆船开始穿梭于太平洋之前，中国瓷器，特别是景德镇瓷器早已经成规模地行销于包括宿务在内的广大海外地区，以供应中国市场的同类产品为主，同时伴随有少量订制品。西班牙人完全有可能自1565年起就从宿务获得中国瓷器，并将其运往美洲销售或转运。

图2-54
美国国家亚洲艺术博物馆藏。高7.5厘米，腹径10厘米。据博物馆介绍，这个盖盒来自菲律宾。盒为八方倭角形，盒盖面青花绘玉兔图案，盖壁梯形开光内绘简化博古图案，盒下腹梯形开光内绘花卉图案。通过对胎体、釉料和绘图风格分析，此盒为福建漳州窑生产。

图2-54　青花兔纹博古八方圆盒·明晚期

全球化进程中的中国瓷器热潮

　　根据卷帙浩繁的《菲律宾群岛，1493—1803》的有关记载，1565年西班牙人征服菲律宾后的前30年左右，是允许自由贸易的，当局没有规定贸易的航行次数、船队规模、商品数量、贸易关税等。参与贸易者既有菲律宾群岛的西班牙移民，也有来自东亚、东南亚、葡萄牙以及美洲各殖民地的商人。如1588年菲律宾主教萨拉萨尔就抱怨新西班牙的总督将"圣马丁"号船只卖给墨西哥人用于对华贸易。直到1593年新的法规将与中国的贸易限定在菲律宾群岛居民范围内，禁止新西班牙以外的其他美洲殖民地与中国甚至菲律宾进行贸易，才真正对菲律宾的国际贸易主体和规模等产生了影响。即便如此，耐人寻味的是，直至1596年，时任菲律宾都督路易斯·贝雷兹·达斯马尼亚斯仍向西班牙国王告求一艘货船驶往秘鲁以便挣钱偿还他的私人债务。更特别的是，1599年时任都督弗朗西斯科·特洛在一方面向国王抱怨新西班牙总督通过向秘鲁人颁发贸易许可证违反上述法令的同时，另一方面却又请求允许宿务岛的居民偶尔与秘鲁进行贸易。

图2-55　油画《总督达斯马尼亚斯和主教萨拉萨尔》

图2-56
"圣克鲁斯"号沉船上堆叠整齐的碗和盘

可以推测的是，当时活跃在这一国际化的生产、贸易、消费以及转口贸易和再消费链条中的，既有中国人、菲律宾人、西班牙人、墨西哥人，还有葡萄牙人、荷兰人、英国人、美国人、瑞典人、法国人、秘鲁人、日本人以及其他东南亚国家的人。在中国瓷器的外销中，这些来自不同国家和文化的参与者在其中错综复杂地扮演了生产者、贸易者、竞争者和消费者的角色。从而当不同种类的瓷器在最初从中国运往菲律宾、巴达维亚等地的时候，其目标客户和最终消费者未必全在当地，也未必全在美洲或欧洲。令人饶有兴致和留待进一步研究的是：在大航海时代贸易中的中国瓷器是如何层层进行流转的？每一层级的卖方和买方是谁？每一层级的货品挑选又是基于何种需求和判断？简而言之，是"谁"为"谁"做的"怎样"的选择？

与以上贸易现象相对应的是：在17—18世纪，欧洲国家掀起了一股对中国瓷器喜爱和收藏的热潮，而随着饮茶文化的普及，这一风尚更是达到了前所未有的顶点。

17世纪起，日本等国也开始制造欧洲人喜爱的较精致的瓷器；与此同时，欧洲各国如荷兰、德国、英国等也在软质瓷的基础上对中国的图案进行了模仿和再创作。18世纪初，德国迈森工厂终于研制出了硬质瓷。此后，由于国际竞争，特别是来自机械化生产模式的竞争和自身技术与工艺的停滞不前，以及对当地市场需求理解的滞后，中国瓷器对欧洲的外销渐渐开始衰落。从17世纪80年代至18世纪20年代，美国从中国进口了大量的茶叶和与之相关的瓷器。美国国父、第一任总统华盛顿也从中国订购了其私人订制的瓷器。这将世界对中国瓷器的热衷期又延长了几十年。之后，由中国主宰的世界瓷器贸易时代结束了，但瓷器在世界上不同文化之间流转的故事却永未断续。

白釉四系罐·唐

长沙窑贴花执壶·唐

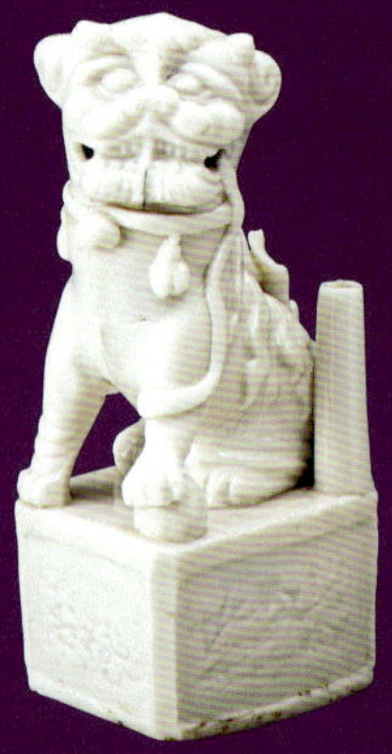

中国的**外销瓷器**离不开遍布国内的瓷器产地和窑口的支持。中国最古老的越窑，理所当然地成了最早的外销瓷产地。到了隋唐五代时期，上林湖的**越窑**、长沙的**铜官窑**以及北方的**邢窑**、**巩县窑**先后登上了外销瓷的舞台。而两宋时期随着中国瓷器步入**高速发展**的时代，外销瓷的产地遍布南北，此时的"**五大名窑**""**六大窑系**"纷纷步入外销瓷器的行列，尤其以南方的**景德镇窑**、**龙泉窑**、**建窑**和**德化窑**最具代表性。元代以来，景德镇作为**官窑**所在地，逐渐脱颖而出，成为外销瓷器的重要产地，而南方的**德化**、**漳州**、**广州**诸多窑口也纷纷加入外销瓷的行列，在中国的瓷器**外销史**上留下了浓墨重彩的一笔。

叁·瓷窑

熊熊燃烧的千年窑火

追溯早期外销瓷的产地

汉魏六朝外销瓷的产地寻踪 / 171

唐、五代外销瓷中的圣地——长沙铜官窑 / 174

夺得千峰翠色来——上林湖越窑遗址群 / 182

两宋时期外销瓷产地的变迁

两宋外销瓷的出口和窑口概述 / 189

生产外销瓷器的宋代名窑 / 192

鲜为人知的福建外销瓷窑场 / 195

元代外销瓷产地的变迁

一部浙江陶瓷史，半部在龙泉 / 201

元青花的故乡景德镇 / 203

大航海时代的中国外销瓷窑

明初朝贡贸易下的瓷器烧制 / 206

朝贡贸易背后的瓷器走私 / 210

福建窑口外销瓷的辉煌时代 / 212

观音阁窑址和明代景德镇外销瓷 / 216

清代外销瓷中的特殊产品——广彩瓷 / 219

追溯早期
外销瓷的产地

　　检索考古和历史文献资料可知，中国成规模的对外贸易始于两汉时期，当西域陆上交通的开辟和东南疆域海上丝绸之路兴起之后，除丝绸之外，瓷器也进入外销领域，逐渐发展起来。历经魏、晋、南北朝百余年的发展，至唐代早期国力强盛、对外商品贸易繁荣的背景下，陶瓷已成为对外交往的重要媒介和大宗产品。进入宋代以后，造船和航海业技术突飞猛进，陶瓷手工业技术在南、北方也取得了长足的进步，一些新的窑场在技术传播流动和市场的驱动下如雨后春笋，陶瓷对外输出更是以几何式倍增。两宋之交战乱不断，赵宋王朝尽失半壁江山，南渡之后而偏居临安一隅，和中东、西亚等地的商贸活动也因陆上交通的阻隔而一度中断。然随着政局的稳定，特别是中兴之后统治阶级着手发展海上贸易，南方窑场烧造的陶瓷产品，便经海路而销往海外市场。与此同时，北方政治集团为发展经济之需，也逐步恢复了因战争而废弛的窑业生产。

汉魏六朝外销瓷的产地寻踪

浙东地区的先民在烧造原始青瓷和印纹硬陶的过程中,于窑业技术方面逐步提升,在东汉时期成功烧制了现代意义上的瓷器。考古调查和研究资料显示:东汉时期的窑址主要分布于今浙江上虞、宁波、永嘉、余姚和江苏的宜兴等地,尤以上虞一地的窑场分布最为密集。

史料记载,东汉恰逢中国与东南亚诸多邦国交往、互动发展的重要阶段。这为瓷业的对外输出提供了良好契机,也为文化的交往提供了物质载体。《汉书·地理志》记载,西汉时期中国先民已从雷州半岛穿越南海,然后绕马来半岛,并经缅甸到达印度南部和斯里兰卡。至东汉时期,远洋航船取得了一定的发展,船舶不仅在种类和数量上均有所增多,在结构上也更为先进,特别擅长使用帆船并利用信风择季节在大海上航行。

图3-2

克利夫兰艺术博物馆藏。高45.7厘米,腹径39.4厘米。这是东汉时期瓷器烧制的杰作,就是这一层薄薄的、透明的釉,标志着中国陶瓷历史上一项影响深远的技术突破,从而为中国瓷器走向世界打下了坚实的基础。

图3-1　越窑青瓷双系罐·东汉

图3-2　青瓷凤鸟纹双系壶·东汉

谈及域外考古调查发现的东汉时期瓷器，被誉为"研究中国古外销瓷第一人"的韩槐准先生的研究成果是绕不开的话题。20世纪中叶，韩槐准在婆罗洲发现了汉代的明器，在马来半岛南端柔佛河流域的马坎门索尔顿调查过程中更是发现了东汉晚期的青瓷。结合文献记载和实物资料可以确定：浙江地区烧造的青瓷迟至东汉晚期就有已输入至马来半岛的诸多邦国。此后，韩槐准先生又进行多年调查，并于1960年出版了《南洋遗留的中国古外销陶瓷》一书，该书详细介绍自成熟瓷器产生以来中国销售至南洋各国的陶瓷器类，书中并对产品的制作工艺和窑口的归属作了初步的推断。

六朝时期，东南沿海的会稽、东冶、番禺等地的港市逐渐形成，从南海到印度洋，从黄海到韩国、日本的航线也愈加畅通。

图3-3　德清窑黑釉盖壶·东晋

同时，陶瓷手工业技术也不断传播发展，到六朝时期，江西、福建、广东、湖南、四川等地的窑场也开始烧造青釉、黑釉等瓷器。但是从以往的考古调查资料来看，该时浙江地区的窑业不仅在生产技术和产品的质量方面独占鳌头，而且分布的区域也极为广泛，有上虞、宁波、余姚、嵊州、萧山、金华、永嘉、余杭、德清、吴兴、临海、绍兴、丽水、奉化等窑场。从产品的釉色方面来看，这些窑场以烧造青瓷为主，同时也兼烧黑釉瓷器。而浙江以外的江苏宜兴、江西丰城、福建福州和晋江、湖南湘阴、四川成都和邛崃等地也烧造青釉瓷器。除此之外，在广东的一些南朝墓中也发现了大量六朝时期的青釉瓷器，学界普遍认为这些产品为当地窑址烧造。从海外及沉船遗址考古发掘资料来看，西沙北礁沉船遗址群出土六朝时期青瓷小碗和六系罐，被认为是广东窑的产品；日本爱媛、奈良等地分别发现了东晋、南朝的越窑青瓷四系壶，印度尼西亚爪哇、加里曼丹、马来西亚彭亨等地也发现了不少同一时期的青瓷，被认为是浙、闽、粤早期的产品。

图3-4　青瓷四系盘口壶·南北朝

由上可知，==六朝时期浙江、福建、江苏、江西和广东一带的窑址烧造的瓷器通过海路而广泛输出到东南亚地区。==

图3-3

浙江省博物馆藏。高23厘米，口径9.4厘米，足径9.5厘米。浙江作为最早的外销瓷产地之一，越窑青瓷、德清黑瓷的影响极为深远。

图3-4

大英博物馆藏。此壶出土于扬州，应是南朝时期越窑的产品。

图3-5

大英博物馆藏。高24厘米。壶为浅盘口，细颈，弧腹，平底。肩部前侧饰有一个昂头高唱的鸡首，后侧置曲柄，一端连于壶口，一端连于肩部。左右两侧各置一桥形耳。肩部饰弦纹。通体施青釉，壶口、柄上端、鸡冠、鸡睛和桥形耳的上端均用褐彩点缀，显得十分别致。点彩装饰手法出现在东晋时期，南北朝时期经常可以见到，这种点缀效果的施彩手法，改变了单色釉的单调性，使得器物更为别致，增强了美感。

图3-5　青瓷褐斑鸡首壶·南北朝

唐、五代外销瓷中的圣地——长沙铜官窑

唐代的海上交通进一步发展，造船业也显著进步，特别是航行技术有了根本性的提高，为瓷器等产品对外输出创造了条件。大约在8世纪中晚期，从广州至波斯地区的海上交通路线开通，加之明州、登州等航路，大量的瓷器沿着海运航线输送至波斯湾沿岸、东南亚沿岸诸岛、朝鲜半岛及日本等地。"黑石"号沉船、山东蓬莱小海港池的考古发掘，是唐代外销瓷器最好的证明，更关键的是，它们的发现为找寻唐代外销瓷的产地提供了可靠的依据。

从现有考古资料来看，唐、五代时期中国烧造外销瓷器的窑口在南、北方均有分布，不仅有长沙窑、越窑、邢窑、巩县窑、耀州窑这些著名的窑口，广东等地靠近海运港口的一些小窑口也参与到了外销瓷器生产的大军之中。各窑口瓷器在贸易城市集中并经海、陆通道销往海外，瓷器因其易碎的特殊性加之陆上运输的成本较高，故在这一阶段对外销售的途径以海运为主宗，陆上运输所占的比例较低，市场份额也小。就产地而言，长沙窑是唐五代时期外销瓷当之无愧的"销售冠军"。

图3-6　长沙窑青瓷褐彩花鸟纹执壶·唐

图3-7　长沙窑青瓷褐彩鹿纹注子·唐

图3-7

美国印第安纳波利斯艺术博物馆藏。高18.4厘米。

图3-8

湖南省博物馆藏。高16.4厘米，口径5.8厘米，底径9.9厘米。小口，鼓腹。两系及流下分别饰以三块模印贴花的人物图案，流下为一女子袒胸披纱，纹褶飘逸流动，站于蒲团之上，扭动身体，婆娑起舞，应是唐代风行于全国的胡腾舞，右边一人吹笛，左边一人执物站立。这些纹饰均与西亚、南亚文化有关，是中外文化交流的见证。

图3-8 长沙窑青釉模印贴花人物纹壶·唐

随着唐代社会经济和对外交往的发展，长沙窑在岳州窑的基础上迅猛崛起，和南方的越窑、北方的邢窑、定窑一样成为中国重要的窑业生产活动中心之一。随着邢窑的衰落、定窑的迅速崛起，逐渐形成了定窑、越窑、长沙窑"三足鼎立"外销瓷器的面貌。而从市场经济的角度来看，一切民窑烧造的瓷器产品均以满足消费市场的需求为最终目的，长沙窑瓷器产品除了满足国内市场需求外，还有着较为广阔的海外市场。正因如此，为适应外销的需要，长沙窑瓷器和大唐文化一样，在向外传播的过程中，广泛吸收域外多彩的文化元素，以丰富的产品内涵满足消费者的审美趣味。长沙窑在瓷器的装饰技法、纹样题材及艺术风格方面增加褐绿彩绘狮形纹、胡人舞乐图、彩绘椰林等图案，这些图案显然带有典型的西亚、波斯地区的风貌。同时，唐代是中国古代历史上国力、军事、经济、文化最为强盛、繁荣的朝代之一，强大的国家实力及其文化吸引了大量外国使臣及商贸人士来华。他们既是中国文化的爱好者，又是中国文化的传播者。而陶瓷作为中国特有的产品，成为中国对外文化交往及产品输出的重要载体之一。

海外关于长沙窑瓷器的最初认识，要追溯到1911年至1913年法国人沙烈发掘萨马拉遗址时，在该遗址中，沙烈发现了类似唐三彩的钵和盘以及绿釉壶、黄釉壶的残片，虽然他认定这是中国瓷器，但是并不了解具体产地，只能笼统地称之为中国瓷。而此后直至中华人民共和国成立前，大量的中国古董瓷器流失海外，其中就包括一部分长沙窑瓷器，因产地不明，一度被称为"华南窑"瓷器；又因来自湖南居多，则又被称为"湖南窑"瓷器；或因文献记载的唐代湖南岳州青瓷著名，将其归为岳州瓷器等。总之，在很长时间里长沙窑瓷器的产地是模糊不清的。中华人民共和国成立之后，随着文物考察工作的展开，长沙窑的考古调查也开始步入正轨。1957年和1959年，湖南省文管会、故宫博物院的冯先铭、李辉柄两位先生以及湖南省博物馆、长沙市文物普查组的相关人员先后到现在的长沙市望城区丁字镇石渚湖附近展开调研，发现了以铜官镇瓦渣坪为中心，总面积约50万平方米的遗址，其中包括龙窑遗址46处，采泥矿遗址19处，此处还有大量的器物标本，因此将这一窑口遗址命名为铜官窑。这次考古调研，确定了长沙铜官窑是中国瓷器釉下彩的发源地，更解决了困惑海内外学界多年的不明彩瓷产地的问题。20世纪70年代以来，考古工作者曾多次对铜官窑遗址进行考古调研，从多方面弄清楚了长沙窑的情况。

图3-9　长沙窑遗址出土的匣钵

图3-9

匣钵有圆筒形和漏斗形两种,均为夹砂耐火泥烧制而成,上面有气孔。一些匣钵上还刻有文字,如"好""陈""补""木""高"等。

图3-10

美国国家亚洲艺术博物馆藏。高15.2厘米,宽13.4厘米。

图3-11

湖南省博物馆藏。残高17.5厘米,底径12厘米。

图3-10
长沙窑青釉褐斑贴塑人物纹执壶·唐

多年的考古调研表明,长沙窑器物中,实用器物基本上以轮制为主,附件和零件大多是模制的,也有少数手制,俑和玩具主要是雕塑。瓷器胎质细腻,胎色多灰白,也有青灰色、灰中带黄、灰而微红等。胎外不少涂有一层粉白色衬釉。火候较高,瓷化程度较好。实用器物是长沙窑遗址出土器物中的主要部分,包括壶、碗、盘、罐、唾壶、碟、杯、洗、灯、炉、烛台、盅、瓶、盒、盏、盆、钵、匜、枕等生活用具,也有诸如镇纸、砚滴、笔洗、笔捺、砚等文房用具。俑和玩具种类颇多,造型各异。

图3-11
长沙窑青釉褐绿彩莲花纹壶·唐

图3-12
长沙窑青釉褐彩瓷狮·唐

图3-13
长沙窑青釉褐彩碗形瓷灯·唐

根据现有考古发掘的情况，长沙窑瓷器生产大约可分为三个时期：第一期的年代为唐初至元和时期（806—820）；第二期大致为元和时期至大中时期（847—860）；第三期大致为咸通时期（860—874）至五代。从胎质上看，第一期胎质较粗松中带青，黄的成分略重，釉与胚胎的结合度不佳，釉层有脱落现象。第二、三期青而微黄，青的成分增多，色调稳定且较为统一，也有白釉闪青和纯然一体的蓝或绿色釉，釉与胚胎结合严密，釉层未见剥落现象。从种类上看，第一期以碗、盘、壶、罐、盂为主，规格较一致。第二、三期除碗、盘、壶、罐、盂外，洗、枕、托盏、盒、文房用具、雕塑玩具等器类增多，形式规格多样。从纹饰上看，第一期的釉下彩主要是褐色斑点图案，或贴花，或二者结合，风格大方凝重，不少器物尚为素面。第二期的釉下彩主要是褐绿彩绘，也有蘸泼、流饰、浸漫、随笔以及题诗题字等，均褐色为主，也有绿色的，不少是同一画面出现了褐绿两色。绘画技法娴熟，构图简洁，形象生动。第三期的釉下彩，画面从物态写实转为写意，形象隐约，无线条勾勒，色彩以绿为主，风格淡雅。此外还有图案画，印花纹饰，以及无纹饰的通体浅色彩釉。

图3-14
长沙窑青釉褐绿彩花卉纹执壶·唐

图3-15
长沙窑青釉褐绿彩花鸟纹瓷烛台·唐

图3-16
长沙窑青釉红褐绿彩鸟纹瓷壶·唐

最值得注意的是，长沙窑瓷器上有很多题诗、题字，其内容大多数是五言、七言诗歌，也有谚语和俗语，少数为题记、款识。内容通俗易懂，民间习气浓厚，也有若干的儒家思想和道家思想在内。大多数题字以褐色随笔书写，多出于劳动人民的手笔。诗歌具有代表性的有："日日思前路，朝朝别主人。行行山水上，处处鸟啼新。""一别行千里，来时未有期。月中三十日，无夜不相思。""君生我未生，我生君已老。君恨我生迟，我恨君生早。"如将这些诗歌置入《全唐诗》中，其艺术性不下名家之作。谚语俗语则有"行满天下无口过""羊申跪乳之义""牛怀舐犊之恩""蓬生麻中，不扶则直"等。题字、款识则有"美春酒""泛花泛蚁""龙上""庞家""大中拾年拾日叁造鼓价""大中玖年正月廿八日书记"等。

图3-17

长沙博物馆藏。高17.6厘米,口径8.9厘米。

图3-18

长沙博物馆藏。高13.2厘米,直径9厘米。鼓架为圆筒形,腹部楷书写"大中拾年拾日叁造鼓价"字样。"大中"为唐宣宗李忱年号(847—860),"大中拾年"即856年。"鼓价"有学者指出当为鼓架。褐彩文字不仅将制造时间注明,还标明了此物的名称。

海外的考古资料也能和长沙铜官窑址相互印证,完全证明长沙铜官窑遗址就是唐代外销瓷器的重要产地。当然,唐五代时期中国瓷业外销的盛况中,长沙窑在域外的大量出土绝不是单一的窑口现象。在相同的地层中,其他窑口的瓷器往往和长沙窑相伴出土,其中以越窑青瓷、定窑白瓷等多见,通过考古界及史学界的研究考察及分期断代得知,这些青瓷、白瓷的形制多为典型的唐五代时期产品,并以晚唐时期居多。据此可知,长沙窑外销瓷器的繁荣阶段为晚唐五代时期。

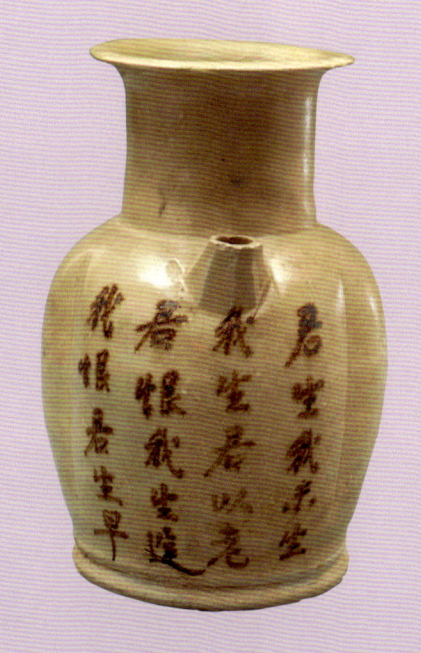

图3-17　长沙窑青釉褐彩"君生我未生"诗词壶·唐 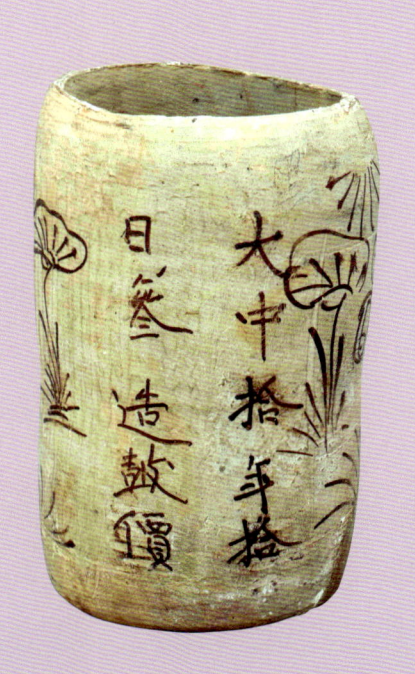　　图3-18　长沙窑"大中拾年"褐彩花草纹鼓架·唐

夺得千峰翠色来——上林湖越窑遗址群

唐代诗人陆龟蒙曾经写下了这样的诗句："九秋风露越窑开，夺得千峰翠色来。"这是诗歌中最早对越窑瓷器进行赞美的名篇，而越窑也随着"夺得千峰翠色来"而享誉中外。从汉魏时期开始，越窑就已经登上了中国瓷器历史的舞台，到了隋唐时期，越窑青瓷和长沙窑瓷器一样，成为中国外销瓷器的主要品种，海外遗址和沉船资料也已表明，除了部分青瓷属于广东窑口生产外，其余大多数青瓷均为越窑生产。

越窑窑址所在地的发现与陶瓷专家陈万里先生有莫大渊源。20世纪30年代，陈万里曾多次考察越窑窑址，最终发现浙江慈溪的上林湖就是越窑的主产地。陈万里曾在上林湖等地深入考察越窑，著有《越器图录》《瓷器与浙江》等书，对上林湖越窑青瓷作了详细介绍，引起时人的注意。中华人民共和国成立以来，各级政府非常重视文物保护工作，文物部门多次对上林湖越窑进行考古调查，到目前共发现东汉至南宋时期的窑址200余处，仅上林湖库区就有110余处。上林湖位于慈溪市桥头镇境内，栲栳山之北。湖东、南、西三面环山，北为大坝，是由潟湖演变而成湖泊。大部分窑址在湖的南半部，尤以木勺湾、吴石岭、横塘山、下滩头、扒脚山、皮刀山、狗颈山、后施岙、吴家溪、黄婆岙等地最为密集，烧瓷时间从东汉晚期开始，一直延续到南宋，展现了越窑从创烧、发展、鼎盛到衰落的整个历史轨迹，在中国陶瓷史上占有重要的地位。

图3-19 上林湖越窑遗址俯瞰

在上林湖窑址群中，荷花芯窑址和**后司岙窑址**曾进行大规模发掘。1993年10月至1995年7月，浙江省文物考古研究所与慈溪市文管会对荷花芯窑址进行发掘，2014年至2015年又进行了补充发掘，这两次考古活动共发掘出唐宋窑炉两座，其中唐代窑炉尚存窑墙、窑门、火膛等部分，保存较为完整。出土器物以碗为主，器表装饰以荷花为主，足底采用泥点间隔叠烧，因而较为光滑。同时也出土有茶具、文房用品和部分秘色瓷，但比例远低于后司岙窑址。后司岙窑址的大规模发掘于2015年10月至2017年1月进行。在此之前的1977年，上林湖曾出土一件唐光启三年（887）凌倜墓志罐，其上志文点明上林湖存在"贡窑"，且位置指向后司岙窑址，因而后司岙窑址被认为是贡窑所在地。2015年10月开始的发掘表明，该处窑址以南北向的龙窑为中心布局，东侧为作坊，西侧为废品堆积区。出土器物年代从唐大中年间（847—858）至五代，种类繁多，釉色呈天青色，不见铁锈等斑点，多种器物器形与法门寺地宫及吴越国钱氏家族墓出土的器物一致，2017年发现的一件瓷质匣钵上也有"罗湖师秘色碗"字样。这些发现证明后司岙窑址生产了当时绝大多数秘色瓷器，也代表了当时烧制瓷器的最高水平。同时，器物的品质和使用匣钵的质量也记录了秘色瓷从出现到兴盛再到衰落的过程。

图3-20

维多利亚与阿尔伯特博物馆藏。高20.3厘米。罐为唇口，短颈，溜肩，肩的两侧贴塑四个桥形系，另外两侧饰对称铺首，鼓腹，下腹渐收，平底。通体施青釉。在桥形系和铺首间装饰有圈点纹带。这个四系罐是浙江越窑窑口生产的产品。

图3-21

美国国家亚洲艺术博物馆藏。上林湖越窑窑址除了发现大量的瓷器标本外，还发现了大量的窑具，这个匣钵就是其中之一。

图3-23

窑为龙窑，窑床坡度12度，斜长45.9米。前端为火膛，火膛为半圆形土坑，底斜平，残留的周壁和底有一层较硬的烧结面，火膛后壁宽1.7米，火道、火门均未能保存下来。根据发现的瓷器标本可知，该窑床原为唐代晚期修建，宋代在原有基础上进行了改建。

图3-20　越窑青瓷铺首四系罐·南北朝 　　图3-21　上林湖遗址出土的匣钵·五代 　　图3-22　后司岙窑址出土八棱净瓶及匣钵残件

图3-23 荷花芯窑址窑炉窑床遗迹

图3-24　后司岙窑址瓷片堆积

以上林湖为中心，越窑重要的窑址发现还包括了寺龙口青瓷窑址、白洋湖越窑遗址和里杜湖越窑遗址。

寺龙口青瓷窑址位于匡堰镇乾炳村古银锭湖南侧钓杆山西坡。古银锭湖原为潟湖，早年已废为良田，沿岸分布的窑址群是上林湖越窑的重要组成部分。寺龙口青瓷窑址的龙窑建在钓杆山西缓坡上，两侧废品堆积隆起，最厚处达10米以上，面积约2万平方米，保存较好。1998年和1999年下半年文物部门两次对窑址进行发掘，发掘总面积为1045平方米，确定窑址年代为唐晚期至南宋初期。根据地层叠压关系和器物造型的演变及装饰工艺、装烧技术的变化，可将其遗存分为晚唐、五代、北宋早期、北宋中期、北宋晚期、南宋初期六期。考古资料表明，寺龙口青瓷窑始于唐代晚期，一直延续至南宋初期，五代北宋时期烧制秘色瓷，供奉朝廷，南宋初为朝廷烧制精美绝伦的祭祀用瓷和生活用瓷。寺龙口青瓷窑址向世人展示了从晚唐、五代到南宋初年越窑青瓷的发展轨迹，为深入研究越窑青瓷文化提供了可靠的实物资料。

白洋湖越窑遗址西距越窑中心产地上林湖约2.5千米，由石马弄、碗窑山越窑遗址组成，其中石马弄遗址分布较为密集。白洋湖窑址群位于白洋湖西岸及杜、白两湖连接处的近岸山坡上，由唐至北宋时期的12处窑址组成，遗存散布面积约27270平方米。在1999年和2002年进行的石马弄窑址二期抢救性发掘中，清理出北宋早期龙窑一条、房基一座、釉缸一只，获得大量晚唐、五代至北宋时期的青瓷标本，其遗存的文化内涵和同期上林湖窑址相同，且堆积更为丰厚。里杜湖越窑遗址由栗子山、枫树湾两个窑址群组成，位于里杜湖西岸平缓山坡上，由唐和北宋晚期的15处窑址连成一片，瓷片散布面积约为4.2万平方米，瓷片堆积厚度最高达5米。其中发现的少数带"文""上""大"等字款和梅花点标记的唐代盖罐以及壶类产品，为附近其他窑址所不见。白洋湖越窑遗址和里杜湖越窑遗址都是以上林湖为中心的越窑生产区的重要组成部分，对上林湖越窑由盛至衰过程中瓷业发展演变及相关课题的研究具有重要意义。

图3-24

后司岙窑址是上林湖越窑遗址中最核心的窑址，也是晚唐五代时期秘色瓷的主要烧造地，代表了9—11世纪中国青瓷烧造技艺的最高成就。

图3-25

浙江省博物馆藏。高36.3厘米，口径17.3厘米，足径11.5厘米。颈肩部对称置四个条形系，塑二条缠绕在一起的腾空蟠龙，龙张牙舞爪，极其威猛，赋予它一种腾云驾雾的艺术韵味。器形规整，施青灰釉，器身一侧因窑温不均而呈紫色。

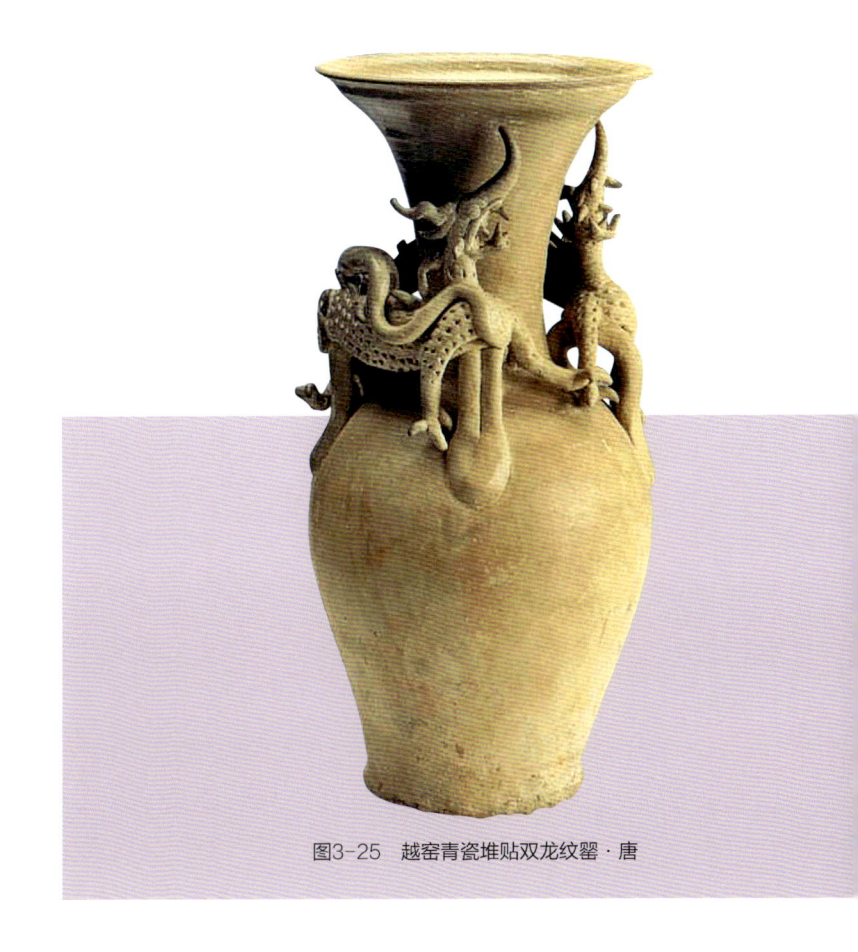

图3-25　越窑青瓷堆贴双龙纹罂·唐

两宋时期
外销瓷产地的变迁

入宋以后，瓷器手工业的地理空间较之前发生了显著的变化，定窑、汝窑等北方窑场进一步发展并以强盛的姿态崛起，东南地区在原有的窑业技术的基础上出现了一些新兴的窑场，同时景德镇窑烧造的青白釉瓷器也占据了较大的市场。而长沙窑因为距离港口较远，更为重要的是瓷器生产所需的瓷土、匣钵土等原材料趋于枯竭，这些原因共同导致了占较大市场比例的长沙窑在外销市场的竞争上逐渐式微并最终退出了历史舞台。

宋代以降，中国瓷业的历史地理空间较前朝发生了根本性的改变，传统国内市场及外销市场占据较大比例的越窑、长沙窑等日趋式微，并被最新兴起的龙泉窑、定窑、景德镇窑、吉州窑等所代替。而高宗赵构因内、外因素而举室南迁，祭祀天地神灵以后，遂偏安一隅定都临安，这时的国土面积及疆域与北宋时期不可同日而语，北方传统的名窑已不在其控制范围之内，同时和北方的交通线路也已阻断，进而外销瓷器的品种面貌和北宋相比大有不同。然北宋灭亡后，北方的窑业虽遭战争的摧残受到较大程度的破坏，然政局平稳后各政治集团还是注重手工业的发展，一些窑口又开始复烧，并在此基础上而延伸出其他窑场。

图3-26

东京国立博物馆藏。高5.5厘米，口径17.5厘米，足径4厘米。据说此碗是从朝鲜半岛高丽贵族墓中出土的，因使用金箔装饰故此称为"金花碗"。碗内金箔装饰云鹤纹，金箔已经脱落，但是依然可以看见鹤的痕迹。

两宋外销瓷的出口和窑口概述

冯先铭先生在《元以前我国瓷器销行亚洲的考察》一文中对两宋时期中国外销瓷器数量急剧增长的原因进行了归纳：一、宋朝立国初期在广州、杭州、明州设立管理海外贸易的机构市舶司。后来又设泉州市舶司，大量瓷器从这些港口运往亚非各地。二、派遣使臣开拓海外贸易市场。三、为了增加税收以助国用，奖励海外贸易。为此宋王朝授蕃商以官。四、北宋时东南沿海的福建、广东地区造船业比较发达，所造海船载重可达二千斛，船上有驾驶、抛泊、起碇、转帆、测深等设备。罗盘针的使用，对航海技术的提高有重要意义。五、制瓷业蓬勃发展，各地新兴的瓷窑如雨后春笋。福建、广东、浙江、江西等省为适应外销需要兴起的不少瓷窑，多数距离港口较近，便于瓷器装船出海。

图3-26　定窑白釉金彩云鹤纹碗·北宋

图3-27　耀州窑青釉凤穿莲纹花口钵·北宋

宋代是中国海外贸易蓬勃发展的一个重要阶段，制瓷手工业得到了前所未有的发展。该期因为市舶司的设置及授蕃商以官的举措推动了外销瓷器贸易的新高峰。随着海上丝绸之路的不断发展，中国陶瓷的销售地域较之前又有了新的拓展。传统销售市场朝鲜半岛、日本、东南亚、南亚、西亚等地的交往仍然频繁，但借以远航技术的提升，陶瓷的最终销售地更是触及非洲东海岸国家。梳理国内外历年于南海及东南亚等海域发掘或调查所得具有代表性的沉船遗址可知，这些沉船遗址或海岸文物点出土瓷器的时间从北宋早期一直延续到南宋末期。而出水标本的窑口来源则更为广泛，仅对比研究可知产品的窑址分布于广东、广西、福建、江西、浙江诸省，有建窑、定窑、耀州窑、龙泉窑、景德镇窑、广州西村窑、潮州笔架山窑、松溪回场窑、漳平永福窑、德化窑、佛山奇石窑、晋江磁灶窑、福清东张窑、闽清义窑、南安罗东窑、浦城大口窑等。此外也可见比例极低的北方窑口产品。出水产品按釉色划分有：青灰釉瓷、青白釉瓷、酱釉、青釉、白釉等，器物多为碗、盘等生活用器。

图3-27

东京国立博物馆藏。高7.3厘米,口径15.7厘米,足径4.4厘米。据说此碗出土于朝鲜半岛高丽古墓中,是耀州窑生产的外销瓷器。作为北方窑口,耀州窑瓷器的外销品多发现于朝鲜半岛和日本。

图3-28

静嘉堂文库美术馆藏。高6.8厘米,口径12厘米,足径3.8厘米。原来是德川将军家收藏,德川幕府将其赐给小田原藩主稻叶美浓守正则,后由稻叶美浓守正则家代代珍藏,稻叶天目的名字也由此得来。

两宋之交的中国和朝鲜半岛、日本的交往因战争等因素受到相当广泛的影响,但是该期的商贸活动不曾中断。该期的港口如蓬莱、青岛板桥镇、海州、黄骅海丰镇、胶州板桥镇等在商品贸易和货物的转运过程中起到相当重要的作用,并构成了东北亚地区的海上交通网络。从考古出土资料来看,这一时期在北方的海港或朝鲜、日本的古遗址中出土了大量的定窑、耀州窑、磁州窑、淄博窑等窑的产品,同时也有质量精美的景德镇窑瓷器出土。

图3-28
建窑耀变天目(稻叶天目)茶盏·南宋

生产外销瓷器的宋代名窑

两宋时期是中国陶瓷发展的一个高峰，除了闻名中外的汝窑、官窑、哥窑、定窑和钧窑五大名窑外，还形成了耀州窑系、定窑系、磁州窑系、龙泉窑系、景德镇窑系、建窑系等分布在南北方的"六大窑系"。它们共同构建了宋代瓷器的主干，而宋代的外销瓷则以这些窑口为主要产地，掀起了从南到北的瓷器生产销售的高潮。宋代，除了越窑、定窑在唐、五代的基础上继续生产外销瓷外，耀州窑、磁州窑、龙泉窑、景德镇窑、建窑以及吉州窑、福建本地的窑口都加入了外销瓷的生产销售中。而这其中最具代表性的北方外销瓷窑就是定窑。

图3-29
磁州窑白釉剔花缠枝牡丹纹注子·北宋

图3-30
东京国立博物馆藏。高5.5厘米，口径15厘米，足径4厘米。在日本，建窑、吉州窑生产的黑釉器皿被称为"天目"。相传一位日本禅师曾在现在浙江的天目山学习，归国时带回了一批茶盏，因此得名"天目"。

图3-31
东京国立博物馆藏。高3厘米，口径13厘米，足径3.7厘米。据传此碗出土于陕西榆林。为定窑"金花碗"瓷器中的精品，更是定窑瓷器的特殊品种。

图3-30　吉州窑黑釉梅花纹盏·南宋

图3-31　定窑酱釉金银彩碗·北宋

图3-32

河北博物院藏。通高38.6厘米，底径11.8厘米。壶盖塑成凤首形，盖面以刻划的折线、弧线以及小圆圈来表现羽毛。壶身光素无纹，仅在上腹部划刻三道极浅的弦纹。胎体洁白坚硬，釉面光润明亮，釉色白中泛青。

定窑创烧于唐代，到北宋、金代发展到了高峰。古代典籍中，对于定窑的产地只是笼统地介绍为"定州"，直至20世纪30年代之前尚未找到定窑窑址的确切位置。1934年，定窑窑址的发现者叶麟趾先生在其著作《古今中外陶瓷汇编》中指出："曩者闻说曲阳产磁，偶于当地之剪子村发现古窑址，并拾得白磁破片，绝类定窑。"叶先生由此推断定窑窑址应在曲阳县，而文中的"剪子村"应是"涧磁村"之误。1941年，日本人小山富士根据叶麟趾先生的记载，来到涧磁村进行调研，并采集了大量标本，他据此发表了窑址考察报告《关于定窑遗址的发现》，引起日本陶瓷界的极大关注，只是很长一段时间业界认为是小山富士发现了定窑窑址。中华人民共和国成立后，考古工作者对定窑窑址进项了三次大规模的发掘，全面揭示了有关定窑窑址的诸多问题。考古发掘资料显示，定窑可分为四个时期，即唐代早期、唐代晚期到五代时期、北宋时期和金、元时期，其中北宋时期是定窑发展的高峰期，无论是烧造工艺还是装饰工艺，在这一时期都相当成熟，并且对周边窑口产生了深远影响。结合海内外考古发掘资料，可知销往海外的定窑瓷器就是曲阳涧磁村生产的。

图3-32
定窑白釉凤首壶·五代

鲜为人知的福建外销瓷窑场

两宋时期，制瓷业迅猛发展，五大名窑成为宋代瓷器的代表。然而，鲜为人知的是，在外销瓷的舞台上，福建瓷器窑口却是一枝独秀，这在大量的海外考古遗址和沉船遗址中得到了证明。从南朝时期开始烧造青瓷的福建，到了宋代窑业技术日益进步，瓷业生产持续发展，制瓷水平不断提高，取得了辉煌的成就。福建各个窑口生产的瓷器通过海上丝绸之路源源不断地销往海外，促进了当时中国与海外的经济交流和文化交流，扩大了中国文化的世界影响。

考古资料显示，宋代是福建窑业发展的鼎盛时期，其窑址遍布全省各地，数量多、规模大、种类丰富，并形成了黑釉、青瓷和青白瓷三大瓷系鼎立的窑业生产繁荣局面，同时也出现了褐釉、绿釉、黄釉及釉下褐彩、剔刻花等瓷器装饰工艺，在宋代，福建已经成为中国外销瓷一个重要的产地。

图3-33

东京国立博物馆藏。高7.1厘米，口径12.2厘米，足径4.6厘米。此盏在日本被称为"灰被天目"，因黑釉看上去似乎蒙了一层灰而得名，在日本备受推崇。

图3-34

美国国家亚洲艺术博物馆藏。高7.6厘米，口径18厘米。此碗为福建窑口的外销瓷产品，碗为侈口，弧腹，圈足。通体施青釉，足底无釉。碗内壁刻缠枝莲纹，纹饰粗狂豪放。

图3-33
黑釉深腹盏·宋

图3-34
青白瓷刻缠枝莲纹碗·南宋

图3-38

九州国立博物馆藏。高4.1厘米，口径3.2厘米，足径6厘米。盒通体施青白釉，模印菊瓣纹。盖顶中心印菊花花蕊。此圆盒应是从德化窑出口到日本的瓷器。

在福建窑口中，首屈一指的就是以生产**黑釉瓷器**闻名于世的建窑。建窑的窑址在福建省建阳市水吉镇后井、池中村一带，近代以来就有人对其进行调查。1935年，美国人詹姆斯·马歇尔·普拉玛曾到此地调查，获得了大量的建盏和窑具标本。中华人民共和国成立后，考古工作者曾对建窑遗址进行了三次考古发掘，1960年和1977年的两次发掘是在建窑芦花坪窑址进行的，解决了"供御""进盏"黑釉盏的烧造地点问题。1989年到1992年，中国社会科学院考古研究所与福建省博物馆组成联合考古队，对建窑遗址中的庵尾山、大路后门山、源头坑、营长墘等窑址进行了发掘，揭露龙窑遗迹10座，出土了大量的瓷器和窑具标本。尤其是第三次考古发掘，大致勾勒出了建窑历史面貌和历史进程的轮廓：建窑至迟在晚唐时期就已经开始烧造青瓷器，在五代晚期或北宋初期开始烧制黑釉器，其鼎盛时期在北宋中期到南宋中期，至南宋晚期黑釉器的生产走向衰落，进而转向生产青白瓷。大致在元代之后，建窑停止烧造。

图3-35　建窑黑釉兔毫盏·南宋

图3-36　建窑黑釉油滴盏·南宋

另一个外销瓷的重要窑口是**德化窑**。宋代德化窑在考古发掘中以盖德碗坪仑窑址和屈斗宫窑址最具代表性。碗坪仑窑址的地层堆积上、下层时代相异，上层堆积为南宋，出土的瓷器标本主要是青瓷，有碗、瓶、洗、执壶、军持等，也有少量白胎酱釉盏，以刻花装饰为主；下层堆积为北宋，出土瓷器标本有白瓷和青白瓷，器形有碗、盘、盒、壶、洗等，碗、盘多为芒口、划花，盒均为模制、印花。屈斗宫窑址的发掘面积远大于碗坪仑，达到了1000平方米。此处出土的瓷器标本为白瓷和青白瓷，器形有碗、盘、碟、洗、杯、罐、盒、瓶、执壶、军持等，碗类有平底、实足、圈足，均为半釉，底足露胎。洗类的纹饰有弦纹、卷草纹、瓜瓣纹、蕉段纹及人物纹。盒类均为圆形，模制，盒盖上模印纹饰多样，富于变化，有花草纹、吉祥语、云纹、钱纹等。这两个窑址的考古发掘解决了海外宋元时期德化窑青白瓷的产地和窑口问题，从而证明从宋代开始，德化窑业已成为中国外销瓷的重要窑口。

此外，福建的外销瓷窑口中值得注意的还有晋江的磁灶窑，其中以**土尾庵窑址**最具代表性。土尾庵窑址发掘出土的标本有青瓷、酱黑釉瓷和黄绿釉器三类以及青釉褐彩器等，器形除了常见的盘、碗、盏、杯、瓶之外，还有灯、炉、枕、砚、砚滴、军持、花盆、扑满、香熏、鸟食罐、腰鼓以及神像、动物模型等。瓷器的装饰有黄釉、绿釉或黄绿釉兼施、青黑釉兼施以及青釉褐斑、釉下褐彩等。装饰手法有刻划、剔刻、堆贴、雕塑和绘画，常见纹饰有龙、凤、龟、蟾、狮、莲花、牡丹、寿桃、蔓草、荷叶、卷云、云雷等。这个窑址出土的器物及纹样有明显的异域风格，说明它是专门生产外销瓷器的。目前在中国南海、东南亚的海底沉船和日本、菲律宾的遗址中都发现了土尾庵窑的瓷器。

图3-37　德化窑青白釉云纹军持·宋

图3-38　青白釉菊瓣纹圆盒·南宋

图3-39　土尾庵窑址出土素胎军持·宋

元代
外销瓷产地的变迁

宋元之际，北方的一些著名窑场因受战争的摧残而日渐没落、消亡。元朝成立之后，在对外贸易方面延续了宋代的商贸政策，在泉州、宁波、上海、澉浦设立市舶司，同时重用南宋时期管理泉州市舶的蒲寿庚，制定了市舶法则二十二条。诸多政策的实施使元代的对外贸易活动在宋代的基础上有了更进一步的发展。此外，元朝国家版图横跨欧亚大陆，国土面积之广，是中国历代帝国所不能匹敌的。正因如此，元朝的海陆交通四通八达，海外的贸易也异常繁荣，这些均为手工业的进一步完善，特别是陶瓷手工业的生产及对外销售提供了良好契机。

图3-40　青花鱼藻纹菱口盘·元

从历史的长河中我们不难发现，元代是中国对外贸易承前启后的时代，国家对外扩展政策、手工业的匠籍管理制度、陶瓷商品上积极主动的对外销售战略等，使得陶瓷手工业的发展，窑场的分布及销售范围、方式、渠道方面与前代相比都存在较大差异。销售市场方面，东亚、东南亚、中东、西亚等地是中国瓷器商品的传统销售地，但考古学界在非洲的苏丹等地也发现了为数不少的中国元代瓷器。从瓷器的外贸及窑址情况来看，显而易见龙泉青瓷是这一时期最为重要的产品，其产品的市场占有量是其他窑场所不能相比的。然而，若从海外及沉船遗址出土瓷器的精美程度来看，景德镇窑因其在元代中后期成功烧制的青花瓷器则独树一帜，而卵白釉、釉里红等产品的创烧与创新，为明清时期景德镇成为中国制瓷业的中心夯实了基础。

图3-41 青花凤穿牡丹纹菱花口盘·元

图3-42 龙泉窑青釉双鱼纹洗·元

图3-41
维多利亚与阿尔伯特博物馆藏。高6.4厘米，口径41.3厘米。此盘与土耳其托普卡比官所藏青花盘类似，应是元代为中东生产的外销瓷器。

图3-42
维多利亚与阿尔伯特博物馆藏。高3.8厘米，口径13.1厘米。洗为宽边折沿，弧腹，圈足。通体施青釉，釉色呈橄榄色，透彻莹润。洗外壁饰莲瓣纹，内心印双鱼图案。此类双鱼图案的瓷器在海外多有发现。

图3-43 龙泉大窑枫洞岩窑址远眺

一部浙江陶瓷史，半部在龙泉

著名古陶瓷专家陈万里先生曾说："一部中国陶瓷史，半部在浙江；一部浙江陶瓷史，半部在龙泉。"龙泉窑，作为中国古代青瓷工艺的集大成者，形成了巨大的窑业系统，广泛分布在浙江丽水山区及其附近地区，而龙泉窑的窑址则主要分布在龙泉市境内。

龙泉市境内的窑址，以市区为界，大致可以分成东、南两区。东区分布于瓯江两岸，时代上主要是元、明时期，虽然规模庞大，但产品普通，部分用于外销；南区是龙泉窑的核心区域，共有窑址160多处，其中，龙泉的金村、高际头、大窑、垟岙头、溪口、上墩及庆元上垟窑址为全国重点文物保护单位。如论瓷器品质之佳、规模之宏，大窑又是龙泉窑公认的中心窑场。龙泉窑创烧于唐代，规模化生产则形成于北宋早中期，北宋时期的窑场主要集中于金村，南宋至明初，极盛于大窑，明代中叶以后整体逐渐衰落。南宋早中期，大窑粉青厚釉青瓷的创烧，堪称中国青瓷史上的里程碑。从此，龙泉青瓷以其温润如玉的釉质、含蓄典雅的造型，成为后世青瓷美学的最高典范。

图3-44

东京国立博物馆藏。高7.5厘米，口径17.6厘米，足径6.4厘米。碗为侈口，斜腹，圈足。通体施青釉。外壁装饰细长莲瓣纹。此类龙泉窑青瓷碗在日本深受欢迎，甚至出现在了佛教绘画和古歌中，可见日本人对其喜爱的程度。

图3-45

浙江省博物馆藏。长16.2厘米，宽6.5厘米，高9.1厘米。全器作船形，船舷两侧置有栏杆，仓内塑有人物，为男女二人席地而坐呈交谈状。仓棚沿左边搁有一木桨，棚顶落有一笠帽，左边一着蓑衣艄公做取笠帽状。

图3-44 龙泉窑青釉莲瓣碗·元

图3-45 龙泉窑青釉船形砚滴·元

龙泉窑青瓷与宫廷用瓷有着密切的联系。早在北宋晚期形成自身风格之际，即通过"制样须索"的途径烧造宫廷用瓷，南宋至元代早期达到了顶峰，并一直延续到明代早期。宋、元时期此类高质量青瓷产品可分成黑胎与白胎两大类型，以型与釉取胜而少纹饰，其黑胎产品大多器形轻巧、造型端庄，礼器或陈设瓷占相当比例，主要器形有尊、觚、豆、簋、盘、洗、罐、炉等，釉面多开片而釉色、片纹各异，与南宋官窑有着密切的联系。根据其紫口铁足、普遍开各种片纹等特征，龙泉黑胎青瓷应是明清文献记载的宋代哥窑。白胎青瓷以粉青厚釉为胜，生产相当数量的日用瓷外，亦生产仿古陈设瓷。

龙泉窑作为我国最后的庞大青瓷窑场，对中国的制瓷业、中国文化及中外文化交流等具有重要的影响。元、明时期，龙泉窑的制瓷技术呈放射状向外传播，除周边的丽水、金华、衢州、温州许多县市均有生产外，还远及福建、江西、两广甚至贵州一带，形成庞大的龙泉窑系，在中国制瓷史上占有重要地位。

元青花的故乡景德镇

青花瓷作为元代海外贸易的重要商品,在异域的遗址中留下了诸多的印记,每一件元青花瓷器都让人惊艳。自西方人开始研究元代青花瓷以来,世人的目光都集中在了中国的瓷都景德镇,然而元青花到底是在景德镇的什么地方烧制的,这个问题只能通过考古来解答。

早在两宋时期,景德镇生产的青白瓷器就已经登上了海外贸易的舞台,自此之后,景德镇生产的瓷器便源源不断地向海外输出,尤其到了元代,景德镇的外销瓷器更是远销欧洲、亚洲和非洲,海外考古发掘也已经证实当时景德镇生产的青白瓷、卵白釉瓷、青花瓷和釉里红瓷器都是重要的外贸商品。而揭开景德镇元代瓷器烧制秘密的钥匙就在景德镇的落马桥窑址。

落马桥窑址位于江西省景德镇市中华南路404号红光瓷厂厂区内,西距昌江约0.6千米,南距南河1.9千米,属景德镇落马桥老城的中心地带。1980年,景德镇市文物考古工作者曾对红光瓷厂隧道窑所在区域进行过抢救性清理,发现了部分古代窑业遗存,出土了大量遗物,尤以元青花备受重视。2012年,为配合基本建设,景德镇市陶瓷考古研究所、北京大学考古文博学院及江西省文物考古研究所组成联合考古队,对落马桥窑址进行了抢救性发掘。自2012年11月考古队开始野外作业,截至2015年9月,共布探方23个,实际发掘面积672平方米,不仅揭露了大量北宋至清末的制瓷业遗迹,还出土了数以吨计的瓷器标本。

图3-46

维多利亚与阿尔伯特博物馆藏。高35.6厘米,腹径22厘米。外撇小口,短颈,长圆腹,矮圈足。器外釉下青花,自肩往下依次为几何形花瓣纹、缠枝花纹、菱格纹、仰覆莲瓣纹。腹部主题纹饰为元杂剧《西厢记》中的两个场景:一面是崔莺莺焚香拜月,一面是崔老夫人拷问红娘。人物刻画深刻,笔绘精细,青花呈色鲜艳,是十分难得的元青花精品。

图3-46 青花《西厢记》故事图梅瓶·元

考古工作者通过对落马桥窑址出土文物和其他地区出土文物的比对研究，基本上确认了落马桥窑址的分期情况，为世人呈现出了元代景德镇窑烧制的盛况。

落马桥窑址元代部分第一期的年代为至元十五年（1278）至大德四年（1300）前后。这一时段的产品胎质粗厚，釉色灰暗，以青白釉和灰青釉碗为绝对主流产品，且出现了饼形足折腹碗；青白釉瓷器还有少量高足杯、碟、盘、杯、罐、瓶、炉、鸟食罐、灯、器座、瓷塑等。同时，此时段开始烧造一些较精细的产品，特别是以卵白釉瓷的创烧为标志，但此时卵白釉瓷数量稀少、品种单调，以高足杯为主。

落马桥窑址元代部分第二期的年代为大德四年前后至14世纪30年代中期。卵白釉瓷在此时段大为流行，胎土质量较高，青白釉瓷品种和质量也大为改良，另外还开始烧造釉里红瓷和红绿彩瓷，但数量极为稀少。灰青釉瓷依然只有碗类器形；青白釉瓷在碗类数量约占一半的基础上，还有高足杯和杯两大类器形，此两种在典型地层中的数量占比均超过15%，另有少量瓶、炉、罐、灯、器盖、瓷塑、盘、鸟食罐、盏托、匜及极少量的棋子和壶；卵白釉瓷在典型地层中除碗类占比过半以外，还有占比接近30%的盘，高足杯和杯的占比则约为5%，另有少量匜、壶、瓶、鸟食罐、罐及极少量炉、器盖、灯、瓷塑。

图3-47
大英博物馆藏。高3.2厘米，口径9厘米。

图3-48
景德镇市陶瓷考古研究所藏。高12.5厘米，口径29.8厘米，足径10厘米。落马桥窑址出土。

图3-47　釉里红桃形杯·元

图3-48 青花莲池纹碗·元

　　落马桥窑址元代部分的第三期年代为14世纪30年代中期到至正十二年（1352）。此时段以成熟青花瓷的创烧和繁荣为最显著特征。此时段为落马桥窑址最为繁盛的时期，卵白釉瓷、青花瓷、蓝釉瓷、釉里红瓷、红绿彩瓷等产品制作精细，青白釉瓷粗精并存，灰青釉瓷质量低下。器形种类方面，灰青釉瓷均为碗；青白釉瓷中，碗类在典型地层中占比达70%，高足杯占比接近18%，杯约占5%，其他还有少量罐、炉、瓶、器盖、灯、盒、壶、碟、瓷塑、器座及极少量盘、盏托、鸟食罐；卵白釉瓷中最多的器形是盘，其他依次为瓶、匜、高足杯、碗、壶、炉、杯，另有少量瓷塑、罐及极少量灯、棋子、渣斗、盒、器盖、鸟食罐；青花瓷器形丰富，罐、瓶类大器居多，在典型地层中占比均为20%，其次为高足杯、器盖、杯、碗、盘，另有极少量炉、盒、器座、灯、匜、爵杯等，青花大部分发色浓艳，少部分发色灰暗；霁蓝釉瓷为此时段的新品种，数量较少，器形主要有盘、匜、杯、罐、瓶及极少量器盖、盒、高足杯，其中盘均为劝盘，瓶均为梅瓶。

　　可以说，以落马桥为代表的景德镇镇区窑场在元代十分繁荣，并成为瓷器生产的中心区。考古发掘出土了一批重要的元代瓷器，器形种类丰富，装饰手法多样，工艺水平较高，如制作精良的元代卵白釉瓷器和青花瓷器，从其中一些模印和青花彩绘五爪龙纹产品来看，此窑址在元代或为浮梁磁局辖下的一处重要窑场。

大航海时代的中国外销瓷窑

明朝建国伊始,便颁布了较为严苛的法令来管控政府和民间的对外商贸活动。文献资料显示,洪武、建文两朝的三十余年间,明朝和域外的经济活动仅存"朝贡贸易"这唯一的合法途径。期间,官方层面的"朝贡贸易"虽然存在,民间与海外的贸易活动也未曾中断,但受严苛的法令等方面因素的制约,商贸活动被限制在相当狭窄的范围内。即便是外邦使团等人员的在华活动也有着时间、地点和规模等方面的限定。永乐、宣德时期,郑和的七下西洋活动将明代早期的"朝贡贸易"推向了巅峰,更给予民间贸易以毁灭性的打击。然而,正统以后伴随着经济收紧政策的加强,永乐、宣德时期亦官亦商的大规模船队远渡非洲的壮举难以为继,前朝在各地建立的对外贸易网也随之消亡。

◉ 明初朝贡贸易下的瓷器烧制

朱元璋建国伊始,曾对海外贸易实行过短暂的开放政策,但是受中国沿海本国海盗活动猖獗及日本倭寇掠夺两方面因素的影响,遂而实行海禁。尽管如此,洪武朝仍有泉州等地的海商经印度洋而远航至波斯湾沿岸,英国考古学家威廉霍斯在今波斯湾霍尔木兹岛发现大批元末明初时期的龙泉窑青瓷,应该为这一时期于"朝贡贸易"的夹缝间而走私所为。

图3-49

大英博物馆藏。高9厘米，口径40.6厘米，足径19.5厘米。据传此盘出土于苏丹的喀土穆。盘为宽边折沿，浅弧腹，圈足。通体施青釉，釉色呈灰绿色。内壁饰缠枝莲纹一周，盘内底印四鱼图案。

图3-50

大英博物馆藏。高7.9厘米，口径42.3厘米。此盘施青釉，釉层较厚，盘心饰刻花云龙纹，内壁饰花卉纹。此盘购自印度，代表了龙泉窑最后的辉煌，系为永乐皇帝制作的贡瓷。外底刻"福"字款。

1402年燕王朱棣登基，其后改年号为永乐。成祖在位的二十余年虽然以官方的形式扩大海外贸易，并形成"万国朝宗"的局面，然而民间贸易方面仍延续了洪武时期的国策，甚至为防止走私活动的出现，在海洋交通工具方面采取了针对性的措施：下令"禁民间海船。原有海船悉改为平头船，所在有司防其出入"。宣德皇帝延续了其祖父的对外商品贸易方针。正因如此，近年海外发现永乐、宣德时期的瓷器的地方主要以与明朝官方商业往来密切的中东、印度尼西亚等地为主。并且，该批产品以景德镇窑烧造的青花官窑瓷器为多，龙泉窑烧造的青瓷也占有不低的比例。这些瓷器多为传世品，并珍藏于这些地区的各大博物馆中，当为明朝出使他国的官员携带的明王朝的馈赠品或外藩的采办易货品等。

图3-49 龙泉窑青釉四鱼纹盘·元-明

图3-50 龙泉窑青釉刻龙纹盘·明永乐

然而，查阅这些地区的馆藏和考古资料却难觅永乐时期的景德镇民窑烧造的产品，浙江龙泉、广东会阳、福建安溪等窑烧造的青瓷在东南亚、日本、琉球、西亚、北非等地区也仅为零星出现。结合文献资料审视这一特殊现象，不难得知：南方的龙泉青瓷窑系所受朝廷海禁政策的影响相较景德镇窑稍逊一些，然而朝廷严苛的法令还是从根本上阻碍了民窑和异域间的商品往来，尤其是郑和船队在印度洋沿岸国家、地区建立的"官厂"（郑和访问西洋时设立的临时贸易站），形成了朝贡和贸易一体化的官方垄断制度，无形中阉割了宋、元数百年来民间在各地建立的商品贸易网。

图3-51　青花绣球纹福字碗·明中期

图3-51

大英博物馆藏。高7厘米，口径15厘米。青花装饰，外壁绘粗糙的锦带绣球图案，碗内书写"福"字。这是正统天顺时期典型的景德镇民窑瓷器。

图3-52

大英博物馆藏。高9.2厘米，内口沿绘青花弦纹一周，外壁绘庄周梦蝶图案，凸棱及足跟青花弦纹装饰。同类型的杯子曾在江西湖田窑址出土。

图3-53

大英博物馆藏。高7.2厘米，口径37.5厘米。此种造型的餐盘曾外销至东南亚、印度及中东。这类盘子更适用于外国饮食方式而非中国菜，后者需要多种小一点的碗及容器。

图3-52　青花庄周梦蝶图高足杯·明

图3-53 青花花卉葡萄纹盘·明永乐

朝贡贸易背后的瓷器走私

入明以后在官方的"海禁"政策打击下，东南沿海以外销为主要目的的窑场迅速衰落，尤其龙泉窑为代表的青瓷窑系一蹶不振，大大小小的窑场纷纷衰落，从而形成了景德镇窑一家独大的局面，固有"若夫中华四裔，驰名猎取者，皆饶郡浮梁景德镇之产也"的记载。然而，伴随着郑和船队对外交往活动的停滞，实行半个世纪之多的"朝贡贸易"体系轰然倒塌。

一方面，正统时期大批河西走廊穆斯林相继迁入至东南沿海的漳州等地，他们不久便在珠江口等地私自下海通番，并形成越演越烈的态势。另一方面，伊斯兰国家对中国瓷器有着特殊需求，他们已养成了消费中国瓷器的嗜好，中亚撒马儿罕国商人亦推波助澜，积极加入南海贸易活动中。再者，弘治朝内官韦眷时任广东市舶司提举，利用番禺私商黄肆、王凯父子招集撒马儿罕等国夷商，下海通番。自此以后，停滞半个世纪之久的对外陶瓷贸易又出现了再次复苏的现象。到15世纪80年代中国东南沿海的走私贸易形成了第一个高潮。

从沉船遗址来看，1997年在菲律宾东北部巴拉望的利纳浅滩发现一条弘治三年（1490）的沉船，船上载有大批景德镇民窑青花瓷。1999年，在文莱海域发现另一条沉船，出水遗物为上万件景德镇民窑青花瓷和大量东南亚陶器，文莱国家博物馆馆藏文莱沉船遗址出水的大量明代瓷器，其中以弘治时期景德镇窑青花和仿龙泉窑瓷器为主。中国东南沿海大规模走私活动在弘治六年迎来第二个高潮，在东非的基尔瓦、马林迪等遗址也出土了一些弘治时期的青花瓷片。同时香港考古机构经调查发现竹篙湾有一处销售景德镇青花瓷的场所遗址。

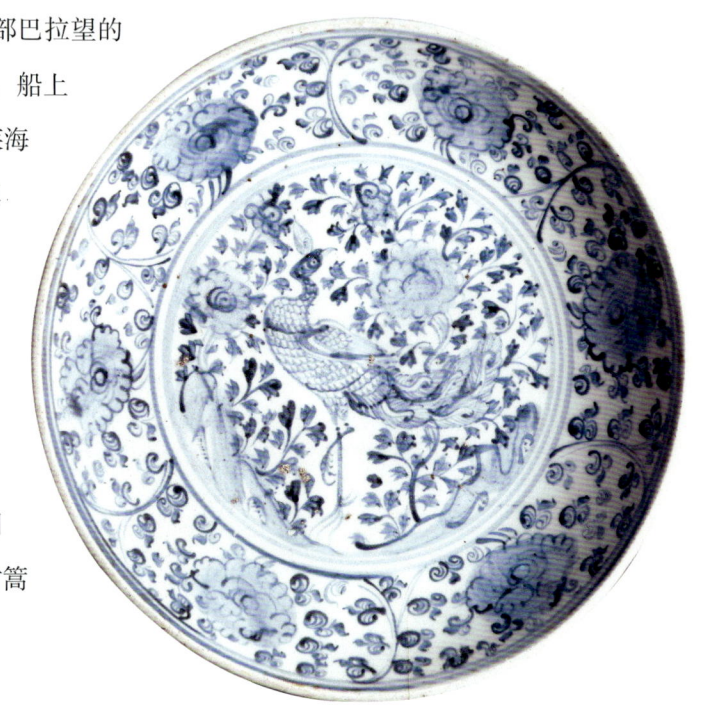

图3-54 青花牡丹孔雀纹盘·明弘治

图3-54

大英博物馆藏。高7厘米，口径12厘米。从造型上看，这个青花盘绘制的缠枝莲纹，是弘治时期民窑产品的典型代表。海外博物馆以及沉船中也发现了大量的此类瓷盘，说明在弘治时期此类瓷盘深受外国人的喜爱。在土耳其的托普卡比宫就收藏着类似的12个盘子。

图3-55

美国国家亚洲艺术博物馆藏。高9.8厘米，口径39.7厘米。盘为花口，盘心绘松树、山石、花卉、草丛，在草丛中绘制了两只卧鹿。此盘是漳州窑烧制的外销瓷，器形规整，绘图精细，是漳州窑外销瓷中的精品。

图3-55 漳州窑青花松下双鹿纹盘·明

明代中后期随着"朝贡贸易"的解体，对外海洋政策遂而以"弛禁"转为"市通则寇转而为商"。东南沿海地区的对外商贸往来活跃起来，直接带动了景德镇窑业的发展。而后，东南沿海一些港口的开禁加之西方商船的东来，原有的东亚、东南亚、南亚、西亚、中东的市场需求加之新的欧洲市场，使得景德镇窑难以满足巨大的海外市场需求，如此之大的空缺则需要新的窑场烧造的商品予以填补。此种契机之下，福建漳州的一些窑口于原来的窑业基础上勃然兴起，并成为明代中晚期乃至清代时期的一个重要外销瓷器产地。以考古调查情况来看，漳州窑分布于九龙江流域的平和、南靖、漳浦、华安等地，主要有南胜窑、五寨和东溪头等。同时，这一时期的闽南晋江流域和粤东沿海地区也有漳州窑系的产品烧造。从窑址及沉船遗址瓷器的釉色、形制、纹样特征来看，漳州窑烧造的瓷器以青花为主，器形上多为碗、盘、杯、碟、罐等生活用器，而技术工艺和装饰纹样存在着大量对景德镇窑模仿的迹象。

图3-56

维多利亚与阿尔伯特博物馆藏。高6.4厘米，口径7.6厘米。杯一侧贴塑梅花纹，一侧贴塑玉兰纹。通体施白釉，釉色洁白光润。此杯与甲杯山遗址出土的梅花杯造型纹饰完全一致，应是甲杯山窑址的产品。

图3-56　德化窑白釉梅花杯·明

福建窑口外销瓷的辉煌时代

　　早在宋元时期，福建省内瓷窑遍布，而随着明代海禁政策的实施，福建省内的窑业规模无论是数量还是质量都有所下降，远不及宋元时代的繁荣，仅有闽南的德化、安溪、永春、平和、华安、南靖、诏安以及闽北政和等地的窑场得以发展。即便如此，在海外瓷器走私以及后来开禁的影响下，福建还是涌现出了一些有代表性的窑口，甚至有些窑场的兴盛程度超越了前代。其中最具代表性的是德化窑和漳州窑。

　　根据考古调研资料可知，已发现的明清时期德化窑址多达百余处，多集中在三班、上涌、浔中、霞碧等地，其中上涌、霞碧等地窑址的分布面积达上万平方米。2001年，福建省博物馆对德化龙浔镇宝美村的明代甲杯山窑址进行了抢救性发掘，揭露了龙窑遗迹三座，出土了一批窑具、模具和瓷器标本。窑具多为平底筒形匣钵，部分匣钵上刻有文字和符号等。模具有碗、盏、杯、盅等，与出土瓷器器形相应。出土的瓷器标本都是乳白釉器（即海外所称的"中国白"），多数为模制和印花，也有贴花、釉下刻花和素面的。器形品类繁多，日用器物有各式的碗、盏、杯、罐、盘、碟、洗、盅、水注等，陈设器物有炉、瓶、盂、灯、盒、砚、水丞、砚滴、烛台、香熏等。此外还有瓷塑如儒释道人物、狮形烛台等。器物的装饰图案纹样繁多，如花草、珍禽、瑞兽、云雷、几何纹等，不一而足。这里出土的大部分器物和海外发现的同类收藏品相同或者类似，证实了甲杯山的确是烧造外销德化白瓷的主要窑场之一。

在海外的博物馆里面，收藏了大量的标注着"漳州窑"的瓷器。所谓的"漳州窑"实际上是明清时期福建漳州地区窑业的总称，其窑址主要分布在平和、漳浦、南靖、云霄、诏安、华安等县，尤其以平和县的南胜、五寨地区窑址最为集中和最具代表性。自20世纪80年代以来，考古工作者对这一地区的窑址做过多次的考古调查，1994年开始，福建省博物馆先后对南胜的花仔楼窑址、田坑窑址，五寨的大垅、二垅窑址、洞口窑址进行了科学考察，获得了大批实物资料，取得了重大的发现和收获。

图3-57

英国皇家温莎城堡中国厅收藏。高12.3厘米，长6厘米，宽4.4厘米。烛台是一只蹲坐在方台上的狮子造型，在身后有一方柱用于插蜡烛。这件德化窑瓷器是时为威尔士亲王的英国国王乔治四世于1803年购买的，按照当时的记载，乔治四世一共购藏了15件这样的瓷器，足见其对德化白瓷的喜爱程度。

图3-57 德化窑白釉狮形烛台·明

花仔楼、大垄、二垄窑址的考古发掘开始于1994年冬天，于1995年初结束。这三个窑址的考古发掘，出土了大量的瓷器标本，大多数是青花，也有少量的白瓷、青瓷以及蓝釉、酱釉等单色釉瓷器和五彩瓷。青花的呈色有蓝灰、蓝黑、墨绿等，以蓝灰为多。胎色白或白灰色，体较厚，底足大多露胎，较大器物（如大盘、大碗等）底足多黏沙，碗、碟等多见内底有叠烧的涩圈。器形有大盘、盘、大碗、碗、碟、杯、钵、盒、罐、炉、瓶、器盖等。青花纹样有珍禽如凤凰、雉鸡、白鹭、芦雁、喜鹊等；瑞兽如火龙、狮子、蟠螭、玉兔、梅花鹿等；花草如牡丹、荷花、兰草、折枝花、绣球花等；人物纹如婴戏、高士、高官厚禄、携琴观鹤、刘海戏蟾、魁星点斗等；吉祥文字有福、第、寿、佳、善、正、魁、玉人等。

田坑窑址，1997年秋发掘，发掘面积300余平方米。出土的陶瓷器有素三彩、青花瓷和极少量的青瓷、白瓷、酱釉瓷。素三彩器是二次烧成，釉色有绿、黄、紫、褐等，器形绝大多数是盒，其他还有盘、碟、碗、罐、钵、瓶、杯、盏、砚、笔架等。盒数量多且大小不一，形式各异，有圆形、椭圆形、瓜棱形、螺旋形、莲瓣形、十字花形等，制作精巧；尤其是盒盖，其造型、纹饰变化多样，盖面有刻划梅、菊、兰、莲、牡丹、仙桃、牵牛、灵芝、鱼藻、水波、荷塘芦雁、山石玉兔、如意云头等，有模印浮雕的牡丹、菊瓣、荷花、葵花、梅花、凤鸟、双龙戏珠、奔马、卧象、鱼跃、螃蟹、如意、锦地、"卍"字纹、宝相花等，有的模印成动植物造型如龟、蛙、鸟、鸭及莲、桃、松果、柿蒂等，还有在盒内外底、盖内外刻划或墨书文字的，其内容有姓氏、干支、数字、方位、吉祥语等。田坑窑址的素三彩盒传入日本，被称为"交趾三彩"，在东南亚也有发现。

图3-58

漳州市博物馆藏。高11厘米，口径47.5厘米，足径22厘米。这是漳州窑生产的典型的外销瓷大盘，盘为侈口，弧腹，圈足。盘内壁青花锦地开光绘花卉图案，盘心绘制凤凰牡丹图案，外壁青花简笔绘图。

图3-58　漳州窑青花凤凰牡丹纹盘·明

观音阁窑址和明代景德镇外销瓷

明清时期,景德镇瓷器生产进入一枝独秀的时代,景德镇的瓷业工艺水平达到了中国瓷业史上空前的历史高峰,景德镇发展成为中国,也可以说是全世界名副其实的"瓷都",景德镇是世界上最大的瓷器交易市场;景德镇陶瓷是日渐扩大的国际海洋贸易中最负盛名的货品,外销欧洲及其他国家和地区的瓷器主要是景德镇瓷器。目前世界各地所收藏的古瓷及考古发现都充分证明了这一点。

然而,明清时期景德镇烧造外销瓷器的地点在很长一段时间里是模糊不清的,大家都知道这些瓷器是景德镇民窑的产物,但对具体是什么窑烧制、烧制的窑具状况和技术手法则所知不多,而景德镇观音阁窑址的发掘,则揭开了景德镇外销瓷神秘的面纱。

观音阁窑址位于江西省景德镇市北郊3千米处的昌江东岸。昌江源自安徽省祁门县,主要支流之一东河在观音阁以北的浮梁县境汇入。明清时期,祁门瓷土和瑶里制瓷原料可分别顺昌江及东河达于此地。窑业遗存分布范围很广,北起观音阁,南达董家坞,西至昌江东岸,东到秧田坞山坡。20世纪80年代初,景德镇市文物考古工作者曾对观音阁一带窑址进行过多次调查,发现存有大量明代中晚期至清代初年的窑业堆积,青花瓷种类丰富,并包含少量克拉克瓷残片,由此判定这里是景德镇地区一处重要的明代中晚期民间瓷窑遗址。

图3-59 青花海水瑞兽纹长颈瓶·明万历

图3-59

大英博物馆藏。高28.5厘米。瓶口微撇，长颈，圆腹，圈足。通体青花装饰，口沿下绘锦纹一周，颈部绘制细长蕉叶纹，蕉叶纹下承以留白花卉图案，腹部绘制海水、瑞兽、杂宝等纹饰。

图3-60

景德镇市陶瓷考古研究所藏。观音阁遗址出土。从纹饰上看，明代民窑外销瓷中经常绘制此类纹饰，青花发色艳丽，而纹饰绘制粗犷，应是当时民窑生产的器物。

图3-61

景德镇市陶瓷考古研究所藏。观音阁遗址出土。这是一个器物的底部，足底青花书"海不扬波"四字。虽然器形不可考，但是通过这四个字可以看出景德镇对于瓷器外销的美好寓意，景德镇瓷器穿越江河，横渡大洋，远销海外，"海不扬波"寓意着船上的瓷器安全到达目的地。

2007年9月至12月，为了配合《中国陶瓷史》的编写，探索景德镇明代民窑瓷器烧造情况，经国家文物局批准，由北京大学考古文博学院、江西省文物考古研究所、景德镇市陶瓷考古研究所组成联合考古队，对观音阁窑址进行考古发掘。此次发掘揭露了一批明代晚期瓷业作坊遗迹，出土了大量明代民窑瓷器标本。

对观音阁明代窑址的考古发掘，出土遗迹和遗物丰富，有的资料在窑址中还是首次发现。出土作坊遗迹比较多，计有房基、淘泥缸、练泥池、釉缸、辘轳基座等，均建筑在窑业堆积之上，即将原来的窑业废弃物堆积平整之后建筑作坊，如实反映了当年观音阁窑场尤其是靠近昌江边处的窑场之兴旺和烧造历史之长。淘洗原料景德镇以外地区一般是用以砖、石砌筑的池子，而观音阁窑场则一律采用陶缸。陶缸的口径一般为1米、高约0.8米，均镶埋在地下，有的口沿与地表面齐平或略高。原料的陶缸，分两排整齐地排列在一起，说明此处作坊的规模比较大。出土遗物数量众多，以瓷器为大宗，在瓷器中又以青花瓷器为主。在瓷器中有许多有意义甚至是非常重要的资料。

图3-60 青花牡丹锦鸡纹碗·明   图3-61 青花"海不扬波"底款·明

图3-62 青花"天文年造"底款瓷片·明

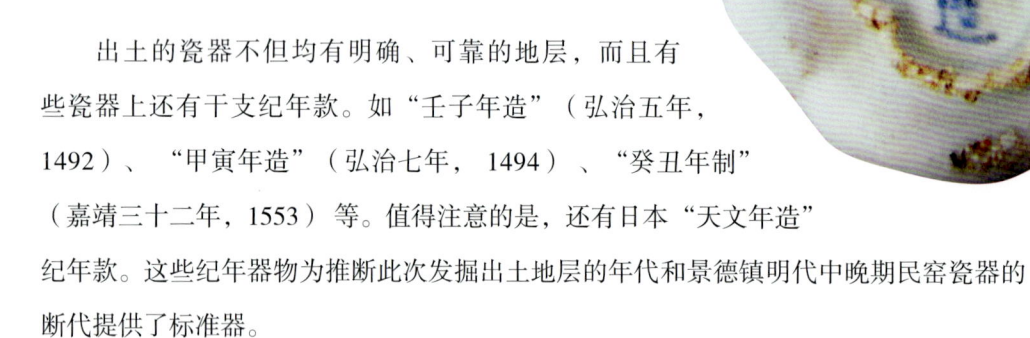

出土的瓷器不但均有明确、可靠的地层，而且有些瓷器上还有干支纪年款。如"壬子年造"（弘治五年，1492）、"甲寅年造"（弘治七年，1494）、"癸丑年制"（嘉靖三十二年，1553）等。值得注意的是，还有日本"天文年造"纪年款。这些纪年器物为推断此次发掘出土地层的年代和景德镇明代中晚期民窑瓷器的断代提供了标准器。

此次发掘出土的瓷器中有一些是很重要的，列举三项。一是出土的所谓"克拉克瓷"。虽仅发现了一些碗、盘的残片，均不能复原，但从胎、釉、纹饰特点来看，应为第四期和第五期早期即万历时期的产品，证明观音阁窑场当年也烧造克拉克瓷。二是出土的御用瓷器。在第三期，即嘉靖时期，发现一件刻有"□□嘉□□制"款的白釉大盘和一青花五爪龙纹碗的残片。这两件瓷器胎、釉、青花色泽俱佳，一件刻官款，一件绘民间不得使用的五爪龙纹，应是御用瓷器。再从变形的情况看，不是从外面带进来的，应是这里烧造的。那这里为什么会烧造御用瓷器呢？明代嘉靖时期由于瓷器烧造数量剧增，御器厂根本无法完成任务，便采取了"官搭民烧"的办法，将一部分任务（"钦限"任务）派给民窑烧造，据研究，当时"官搭民烧的民窑有二十座"。由此推测，观音阁窑场有可能存在官搭民烧的民窑。三是出土的日本订烧瓷器。在第三期，即嘉靖时期，发现有白瓷碟的外底釉下以钴料书写"天文年造"款，"天文"是日本后奈良天皇的年号之一，共二十三年，相当于嘉靖十一至三十三年（1532—1554）。"天文年造"款瓷器应是当年日本在景德镇订烧的瓷器，由此可知日本天文年间在景德镇订烧瓷器的具体窑场。

清代外销瓷中的特殊产品——广彩瓷

在中国陶瓷史上，广东虽然不是中国最大的瓷器生产地，却是中国最大的瓷器出口地。作为清代的对外贸易口岸，广州本省出产的瓷器主要以民间日用粗瓷为主，真正上档次的、长期生产精瓷的名窑基本不存在，所以明清时期广东出口世界各地的瓷器，精瓷多来自江西景德镇。在对外贸易的推动下，两地产销结合的营运方式在清代发展出了一种为外销而生产的新产品——**广彩瓷**。广彩瓷器色彩强烈，光华绚丽，是清代广东独有的外销瓷。广彩瓷有三个基本条件：一是瓷胎由景德镇等地烧制好之后再运到广州的白瓷；二是由广州河南瓷工描绘装饰，二度烧制而成；三是其制作以外国商人的订货要求为依据，最终产品主要用于外销。

关于广彩瓷的起源年代，国内和国外的早期文献或者传世瓷器几乎都不单独具备说服力。早期文献资料中，关于广彩瓷有很多不准确的地方，甚至将广彩瓷和广州窑瓷器混为一谈。关于广彩说法较为准确的是民国时期刘子芬《竹园陶说》，其中说："海通之初，西商之来中国者，先至澳门。后则经广州。清代中叶，欧土重华瓷。我国商人投其所好，乃于景德镇烧造白瓷，运至粤垣，另雇工匠仿照西洋画法，加以彩绘。于珠江南岸之河南，开炉烘烧，制成彩瓷，然后售之西商。盖其器购自景德镇，彩绘则粤之河南厂所加者也。故有河南彩及广彩等名称。"根据这段记载可知，广彩在清代中叶即乾隆时期就已经发展得相当成熟，并且有专门的加工地点。

图3-63

维多利亚与阿尔伯特博物馆藏。1750年左右，荷兰的陶器厂首次制作了动物造型的餐具。此后这些造型样板传到了中国。据相关资料记载，荷兰东印度公司在1763年曾经订制过25个野猪头盖碗和25个鹅形盖碗。此碗先在景德镇烧造，然后在广州彩绘加工。

图3-63 广彩野猪头形盖碗·清乾隆

图3-64 广彩共济会故事图盘·清乾隆

在海外文献中,最早记载**广彩瓷**的是《中国的瓷器》一书,其中说:"17世纪后期,法王路易十四命令他的宰相马扎兰创立中国公司,派人到中国广东定做带有甲胄纹章的瓷器。"据此可知,最迟在康熙末年已有广彩生产。而在一本叫作《东印度公司的瓷器》的法文著作中,收录了约300幅具有明显广彩特征的瓷器图片,彩绘笔法西洋化,所绘内容具有法国风格,如宫廷贵族生活、人体艺术画、民间故事等。这些瓷器的年代以1720—1785年为主,其中又以1740—1760年的最多,最早的一件是1695年的,最晚是1830年前后的。据此可知,广彩瓷器在康熙年间就已经出现。

图3-64

维多利亚与阿尔伯特博物馆藏。此盘白胎为景德镇烧造,彩绘加工是在广州进行的。盘心图案采用的是威廉·特林厄姆于1755年制作的版画,为共济会的故事。据研究,这个共济会故事图是讲述的一个名为"现代派"的共济会组织调解与其他团体的矛盾的事件,此盘就是为纪念这一事件而订制。

图3-65

美国大都会艺术博物馆藏。鹅形盖碗是欧洲来样加工的外销瓷器,根据瓷器上的纹章可知,这个盖碗可能是为葡萄牙或者西班牙市场制造的。其彩绘手法具有明显的西洋风格,说明当时广州的瓷工已经掌握并熟练运用西洋绘画技法了。

结合多种材料可知，广彩的绘画和烧制是在珠江南岸的河南地区进行的。美国旅行者威廉·赫基于乾隆三十四年（1769）参观了广州珠江南岸的广彩加工场，他描述说："在一间长厅里，约二百人正在忙着描绘瓷器上的图案，并润饰各种装饰，有老年工人，也有六七岁的童工。"据此可见当时广彩的制作作坊已经形成规模。广彩作坊之所以设立在珠江南岸的河南地区，一是因为瓷器要通过水路运输，此地靠近珠江，便于运输；二是此地位于城外，当时的外商只能在十三行进行交易，无法入城，设在城外的彩瓷加工店正好方便了外商和外国的瓷画专业人员观看工作进度和产品质量。

图3-65　广彩鹅形盖碗·清乾隆

乾隆年间，广彩的生产进入了成熟阶段。广彩在采用了西洋红、鹤春红、茄色、粉绿等新颜料之后，色彩越发绚丽；绘制手法上，除采用床画瓷手法，还仿照西洋画法来进行加工，逐渐形成鲜明特色，得到了外商的认可。广彩凭借独特的风格迅速在国际市场上占据了重要地位，并在乾隆末年走向了鼎盛。此时的广彩，颜料增加到了十几种，花式设计使零碎分散的独立纹样组合起来，形成完整的构图，并且大胆使用金色，形成了绚丽华彩、金碧辉煌、热烈清新、构图丰满的特点，被誉为"织金彩瓷"。

广彩瓷的彩绘装饰是按照外商的要求进行的，因而从瓷器的外形到图案都与在国内销售的瓷器大相径庭。如果某批次的产品在质量或者交货时间上与订购要求不符，那么这些瓷器根本无法在国内销售。据T.沃尔克在《荷兰东印度公司和瓷器》一书记载，1616年10月，荷兰东印度公司的柯恩向董事会报告："卖给我们以及在本地居民区出售的瓷器是按预先签订的合同生产的，合同签订之后要预支款项。否则，这种式样的瓷器在中国是没有人要的。一旦拍板成交，中国人就得按合同负责出口销售。"这种从明末开始的交易模式，一直持续到了广彩瓷的贸易上。为使广彩瓷的绘瓷艺术和纹饰符合国外市场要求的瓷器，样板制作是一个重要步骤。外商提供的样板包括器形、图样和色彩样板。器形样板是制瓷工人倒模制胚的，掌握产品的形状、大小的参数。欧洲人提供的样板器形，采用过木制、陶制和银制的瓷器样板，后来还采用过欧洲生产的软瓷。乾隆中期之后，西方商人带来烧造好的欧洲形瓷器，委托广州商行在景德镇制模烧造，瓷上装饰凡属釉下彩青花的在景德镇画烧；凡属釉上彩的，则利用景德镇白瓷在广州进行在加工。

借助外商提供的样板，广彩瓷中出现了大量造型罕见的瓷器，如具有欧洲特色的杯、罐、碗等，有些形状极其特殊。如头盔形式的带柄水罐、船形的调味瓶以及按照欧洲模型制作的鹅、鸭、鱼、野猪等造型的碗、盒等。此外，广彩瓷中还制作了大量的咖啡壶和啤酒杯，这种瓷器在国内市场几乎见不到。

借助广州十三行的便捷，广彩瓷迅速流行并且大量出口，奠定了它在中国瓷器外销中的重要地位。广彩瓷在"河南窑"的烧造，避免了因瓷工临摹国外订货样本时的种种错误，缩短了交货期。据相关资料记载，广州的外商在三四周内就能拿到自己委托订购的产品。

广彩瓷的热销从康熙末年一直持续到了18世纪末，然而国内收藏的广彩瓷器少之又少，大量的广彩瓷都为国外所收藏。而今珠江南岸早已是沧海桑田，"河南窑"早已不见踪影，但是它留下的广彩瓷器依然在诉说着"河南窑"曾经的辉煌。

青花花卉纹石榴形军持·明万历

仿伊万里描金花鸟纹花浇·清乾隆

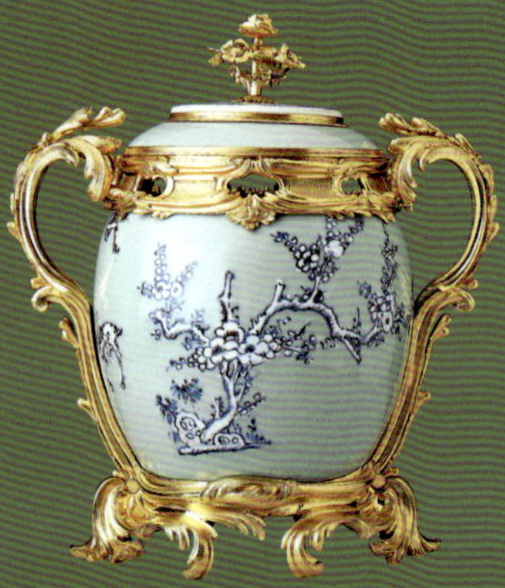

自**外销瓷器**登上历史的舞台，中国瓷器的销售模式随着时间的变迁而不断发展变化，其中一种**最重要**的方式就是**订制**。有据可查的订制瓷器应该在**唐代**就已经出现了，"黑石"号上特殊的商品瓷器就是最好的证明。而到了**宋代**，出现了一些有别于中国传统瓷器模式的特殊器形的瓷器，并在**海外多有发现**，说明在此时订制瓷器已经**常规化**。而海外收藏的元代瓷器则已经表明，订制瓷器在元代逐渐**形成规模**，而且订制的方式更加成熟。中国外销瓷器的订制模式到了**明清**两代则进入了**大爆发时期**，最早进行瓷器订制的是葡萄牙人，随后荷兰东印度公司、英国东印度公司以及瑞典东印度公司都介入其间，而西方的**王公贵族**、**政客**也加入其中，这些订制瓷器从器形、纹饰、规制、品类都有了严格的规定，让中国外销瓷对世界的影响力进一步**扩大**。

肆·订制

独特的外销瓷贸易模式

早期订制瓷器的推测
使用越窑瓷器的特定群体 / 232
"黑石"号上的订制瓷器 / 233

宋元时期繁荣的对外贸易
宋元龙泉窑青瓷的外销订制 / 241
元青花的世界之旅 / 243

订制瓷器的繁荣时代
葡萄牙人开启的瓷器订制贸易 / 253
葡萄牙掀起的订制瓷器热潮 / 256
东印度公司加入订制瓷器的行列 / 261
订制瓷器中的文化交流 / 265

早期订制瓷器的推测

外销瓷的出现丰富了中国陶瓷史的研究，成为中国陶瓷贸易史中一个重要的组成部分。外销瓷中不仅有丰富的纹饰，而且很多器形均由西方人订制成型，具有浓郁的西方特色。目前，中国有据可考的对外贸易可以追溯到两汉时期，其时由于政治稳定、经济发达、文化繁荣，吸引了周边国家，他们不断向中国学习，通过消化吸收缩小文化差距。唐代有大量波斯、大食、阿拉伯商人来到中国从事贸易活动，他们久居长安、洛阳等政治、文化中心及广州沿海的港口城市。

唐代是中国陶瓷史上的大发展时期，也是中国古代陶瓷外销的第一个高峰期。唐朝和当时世界上的许多国家之间有着频繁的贸易往来，海上贸易的兴盛使得瓷器作为大宗商品大量销往海外。这不仅满足了销往地区人们的种种生活需求，更加促进了陶瓷海外贸易的繁荣，唐代中国瓷器由丝绸之路销往世界各地。"安史之乱"之后，随着经济中心逐渐南移，海上丝绸之路蓬勃发展，使得大量的陶瓷作为大宗商品销往海外。

唐代陶瓷输往国外最初并非是有意识地向海外开拓市场，而是把陶瓷作为一种国与国之间馈赠的礼物，是唐政府与海外诸国沟通政治关系的辅助手段，这种形式的外销瓷也被称为朝贡贸易瓷，完全由唐政府一手操办，不与国内百姓接触，其实质为官方贸易。这些官方贸易外销瓷的整体风格与国内市场上的产品基本一致，造型和纹饰都没有专门为外销而作特别的设计。唐末随着海上贸易的繁荣，朝贡的方式转换成市舶贸易，随着民间外销瓷的大量出现，其特点在造型、纹饰设计上增加了异域文化，这与销往地有着密切的文化关系。

图4-1

克利夫兰艺术博物馆藏。高17.8厘米，腹径22.5厘米。罐为敛口，短颈，溜肩，肩部贴塑一对桥形系，鼓腹，平底。罐内外均施青釉，外壁有流釉痕迹。

图4-2

东京国立博物馆藏。高9.5厘米，口径40.6厘米。在早先的观念里，唐三彩仅仅是作为陪葬的明器而使用的，但是日本发现的大量唐三彩器皿则表明，唐三彩作为商品早已进入日本，这件三彩贴花六瓣式盘就是其中之一，盘通体施黄釉，下承三个海浪式矮足，盘心贴塑宝相花纹，整体造型仿制金银器制作而成。

图4-1 越窑青瓷双系罐·唐

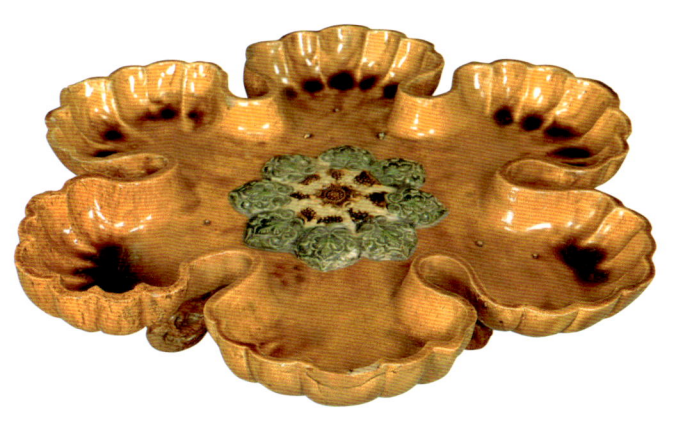

图4-2 三彩贴花六瓣式盘·唐

使用越窑瓷器的特定群体

从唐代开始**越窑青瓷**就已经远渡重洋，唐代也是浙江越窑青瓷文化最为丰富多彩的时期。当时的浙江明州成为青瓷海上输出的主要口岸，从浙江宁波输出青瓷到朝鲜半岛、日本、东南亚一带，并向世界传播越窑青瓷文化。唐代越窑青瓷制作还是以上虞、余姚、宁波、慈溪一带为主。

外销的越窑青瓷的装饰风格主要根据销往地的文化因素而设计，其造型和纹饰具有异域文化特点。日本福冈市的鸿胪馆是7世纪时日本模仿唐朝鸿胪寺建立的外交机构。鸿胪馆遗址于1987年开始发掘，出土了大量的中国瓷器，有越窑、邢窑、定窑、河南巩县窑、长沙窑等，其中以9世纪的越窑青瓷最多，这些越窑青瓷器的式样与国内的一致。

由于考古发掘的资料十分有限，目前很难断定日本出土的越窑瓷器中有订制瓷器的成分，但是也有一些特殊的墨书瓷器，标明了瓷器的用途或者瓷器的归属，说明当时的确有一类瓷器属特定群体使用。而在日本文学名著《源氏物语》中，则明确地提到了秘色瓷，说明在当时的日本，秘色瓷是贵族喜欢的中国瓷器，也可以这样推断，当时的日本贵族也有可能订制特殊品种的中国瓷器。

图4-3　越窑青釉带錾双系瓜棱壶·唐

图4-4　越窑青瓷圆盒·唐

图4-5　越州窑青瓷水注·五代

"黑石"号上的订制瓷器

唐代中期，由于海上丝绸之路的兴盛，海上贸易成为中国和阿拉伯国家主要的贸易，从事贸易活动的阿拉伯人在广州、扬州、泉州等沿海口岸进行贸易活动。中国1987年建立了中国水下考古队，发现了一些重要水下沉船遗迹，使我们对海上贸易有了更加深入的认识。目前发现唐代沉船最有名的是被德国打捞公司发现的"黑石"号沉船。

1998年印度尼西亚勿里洞海域一块大黑礁石附近的唐代沉船被德国的打捞公司发现，因而得名"黑石"号，船上的货物来自中国，运输路线是由中国出发，途经东南亚地区，最终的目的地是西亚和北非，经过一年的打捞，出水瓷器六万七千件，是唐代瓷器在海外的最大一次发现，资料也最为完整。唐代长沙窑在"黑石"号中外销的数量非常庞大，因价格便宜赢得了市场需求，也可以看出当时的长沙窑作为民间窑口，所产瓷器在西亚非常热销。"黑石"号中的长沙窑瓷器以实用器皿为主，大多都是生活用品，如各种尺寸不同的碗、杯、执壶等，也有少数动物形态的瓷器雕塑，实用性不高，但造型优美，艺术感强。长沙窑作为民窑的代表纯粹是为了扩大市场，生产适合销路的产品，以满足不同外销地区的消费群体的需求。

图4-6

扬州博物馆藏。通高17厘米，口径6厘米。1980年出土于扬州东风砖瓦厂唐代墓中。壶唇口微撇，直颈，溜肩，橄榄形扁平腹，平底。壶身两侧各有双耳，为背水穿带用。壶身通体施青绿色釉，一面用绿彩绘有长脚花云气纹，一面用绿彩书写古阿拉伯文"真主最伟大"铭文。此壶的造型、铭文和纹样具有浓郁的西亚风情，而壶的产地在中国长沙窑。这是一件反映唐代中西文化合璧的重要信物。

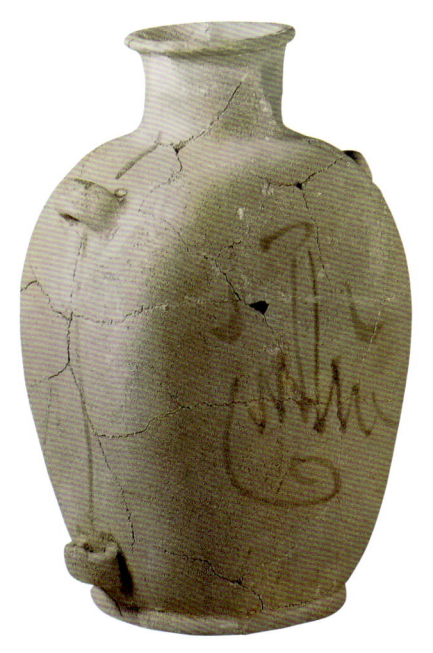

图4-6 青釉绿彩阿拉伯文扁壶·唐

图4-7 长沙窑青釉褐斑棕榈双鸟纹执壶·唐

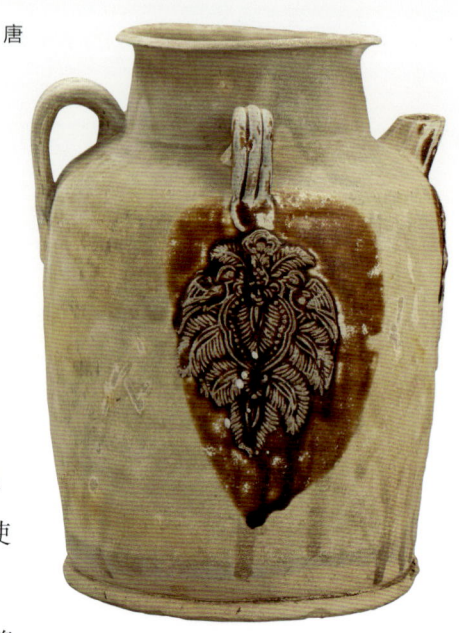

根据沉船资料来看，长沙窑在器形、纹样装饰方面既有明显的伊斯兰风格也有佛教文化特色，之所以如此，是因为瓷器的使用者生活习俗和文化的差异。釉下褐彩是异国文化元素的体现，比如波斯陶器常见的椰树、棕榈树、葡萄等图案和**阿拉伯文字**等。也就是从长沙窑开始，唐代的外销瓷的设计发生了极大的变化，产品的设计多是根据销往地的需求而烧制的。"黑石"号中出土的高足执壶，纹饰多为西亚的传统纹饰，但器形又不像中国传统造型，有可能是西亚商人向工匠提供了图纸，烧造而成。例如彩绘与堆塑等类型的瓷器赢得了市场需求，造型上的创新使长沙窑外销订单增加，这也是长沙窑外销成功的原因。

"黑石"号上最引人注目的是3件来自巩县窑的**青花瓷盘**，这是迄今为止最早发现、保存最为完整的唐青花瓷器。青花瓷于14世纪以后输出到中亚、西亚地区，在16世纪以后大量输出到欧洲，也可以看出这时候生产的青花瓷器的纹饰有伊斯兰风格，而且同时期中东地区的锡釉陶器也有类似的纹饰图案。结合这些信息可以看出，"黑石"号沉船上的3件唐青花，是当时为输出海外而特别订制的。

综上所述，唐代作为外销瓷贸易的初级阶段，其时大多数窑口生产的外销瓷器与国内内销的瓷器风格相近。但外销瓷中部分作为订制产品，在风格和设计上考虑了销往地区的文化因素。随着中国海上贸易在社会经济活动中的地位不断地上升，8世纪中后期唐政府相继在广州、明州等地设立市舶提举司，专门管理海上贸易，这也促进了唐代的海上贸易的兴旺。从"黑石"号沉船打捞的情况来看，唐代外销的范围、规模、质量等都有很大程度的提升。瓷器作为外销的货品之一，被大量销往海外。

图4-7

印第安纳波利斯艺术博物馆藏。高22.5厘米。壶为喇叭口，粗短颈，鼓腹，平底。流及两系下分别贴三块模印褐斑。均为棕榈双鸟图案，棕榈为西亚常见果树，也是长沙窑模印贴花勤于表现的内容之一。

图4-8

新加坡亚洲文明博物馆藏。口径24厘米。"黑石"号沉船打捞出水。这是三件著名唐青花中的一件，和另外两件略有差别的是，这个碗的青花纹饰有脱落，但是和伊拉克出土的锡釉陶器作对比，依然能看出它们的相似之处。

图4-9

维多利亚与阿尔伯特博物馆藏。高5.7厘米，口径20厘米。据说这个陶碗出土于伊拉克，碗心用青花绘制了螺旋状叶纹，其整体纹饰风格和绘图风格和"黑石"号上的青花碗很接近，这足以说明巩县窑的青花瓷是中东地区的订制产品。

图4-8　巩县窑青花花卉纹盘·唐

图4-9　9世纪伊拉克锡釉陶青花碗

宋元时期繁荣的
对外贸易

　　北宋结束了五代十国混乱的局面，稳定了社会环境，有利于农业的发展，从而带动了手工业的迅速崛起，促进了陶瓷产业的发展。北宋为防止武将拥兵自重，采取了一系列措施削弱兵权，使得兵将分离，这种措施保证了君主集中制的同时也削弱了军队的战斗力，以至于辽和西夏时常入侵北宋边境，持续的战争让北宋不堪重负。宋与辽、西夏议和之后，战争虽然结束了，但是每年宋都要向辽、西夏输送大量岁币，如此一来又导致国库紧张。在这样的背景下，北宋王朝不得不把目光投向海外贸易。

　　1127年金灭北宋，史称"靖康之变"。康王赵构幸免于难，建立南宋，最终定都临安（今浙江杭州）。随着政治中心的南迁，全国的经济中心南移了。但南宋的军事实力依然不敌金国，只能割让土地，俯首称臣，每年向金国输送大量岁币。巨大的财政压力，让南宋王朝不得不采取积极的招徕政策，重视海外贸易的发展。

　　宋代，朝廷在主要港口设立市舶司，代表皇帝行使对外贸易的权力，市舶司主要负责登记、检验货物、收缴关税等业务。宋高宗曾说："市舶之利最厚，若措置合宜，所得动以百万计，岂不胜取之于民？朕所以留意于此，庶几可以少宽民力尔！""市舶之利，颇助国用，宜循旧法，以招徕远人，阜通货贿。"南宋绍兴二十九年（1159），南宋的年市舶收入就达200万贯，比北宋时期的最高额高出两倍有余，可见对外贸易给南宋带来的经济效益。

图4-10　青瓷铁锈斑碗·南宋

图4-11　越窑青釉刻牡丹纹盘口双系壶·宋

海外贸易增长导致铜钱外流的问题引起了南宋统治者的关注，南宋宁宗嘉定十二年（1219）朝廷下令，交易时不再直接付现钱，而是以货物的方式等价交换，"以金钱博买，泄之远夷为可惜，乃命有司止以绢布、锦绮、瓷器之物博易"。这一政策的实行，给陶瓷行业带来了一个新的契机，瓷器担当了"货币之属"的角色被大量支付给蕃商。这样一来，宋代瓷器大量外销到海外，甚至远销到东非沿岸等国。瓷器帮助市舶机构减少了对蕃商的货币支出，相应地增加了市舶收入。

元朝灭宋之后，对于海外贸易的支持远胜宋朝。1278年，元世祖忽必烈下令推动海外贸易："可因番舶诸人宣布朕意，诚能来朝，朕将宠之，其往来互市，各从所欲。"来华贸易者无论官、私，不受限制。同时取消了自宋以来的博买政策，改为抽解后所有进口货物均自由贸易。元朝先后设置的海外贸易港口共有8处，其中泉州成为当时中国第一大港，船舶众多，货物堆积如山。为了规范海外贸易，1293年，元朝政府颁布了《市舶则法二十三条》，这是中国历史上第一部独立的海外贸易法则。

图4-10

东京国立博物馆藏。福冈县太宰府市经冢出土。碗为侈口，斜腹，圈足。施青釉，施釉不到底，足底露胎，碗内壁绘铁锈斑纹。太宰府市是日本平安时代承接海外贸易的重要据点，此碗应是中国的外销瓷器。

图4-11

东京国立博物馆藏。高30.5厘米，口径11.3厘米，足径9.2厘米。此壶为越窑的常见品，虽然越窑到了宋代生产规模有所下降，但是作为传统的外销瓷产地，越窑青瓷在北宋初期依然出口海外。

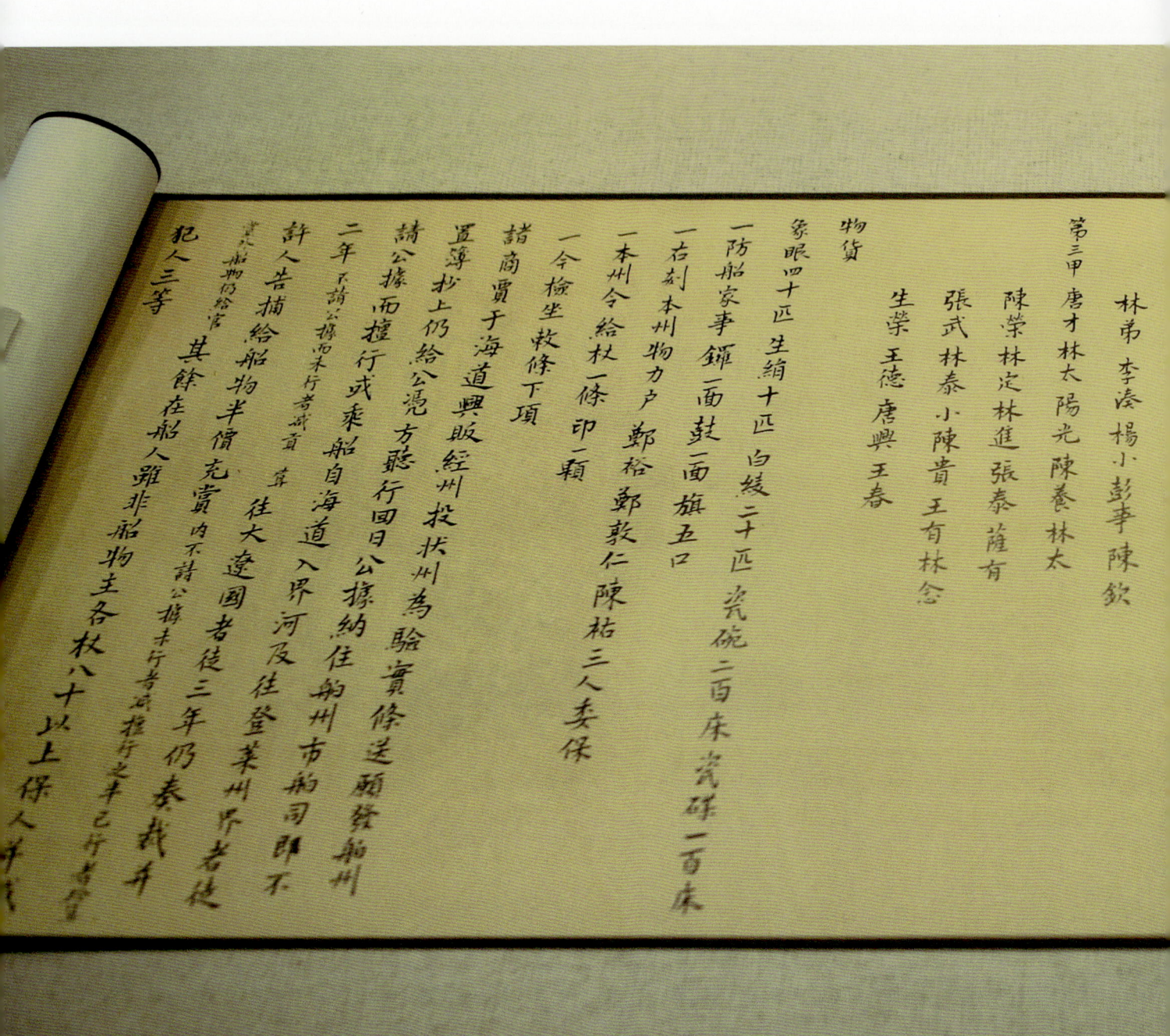

第三甲 唐才 林太陽 陳養 林太
林弟 李湊 楊小 彭李 陳欽

陳榮 林定 林進 張泰 薩育
張武 林泰 小陳貴 王育 林念
生榮 王德 唐興 王春

物貨

象眼四十匹 生絹十匹 白綾二十匹 瓷碗二百床 瓷碟一百床
一防船家事鐘一面 鼓一面 旗五口
一右刻本州物力戶 鄭裕 鄭敦仁 陳祐三人委保
一本州今給杖一條 印一顆
一今檢坐敕條下項
諸商賈于海道興販 經州投狀 州為驗實 條送願發船州
置簿抄上 仍給公憑 方聽 行戎乘船自海道 公據納佳船州市舶司即不
請公據而擅行戎乘船自海道入界河及往登萊州界者不
二年 [小字] 許人告捕 給船物半償充賞 [小字]
犯人三等
[小字] 其餘在船人雖非船物主各杖八十以上 保人

图4-12 北宋崇宁四年李充公凭

公憑

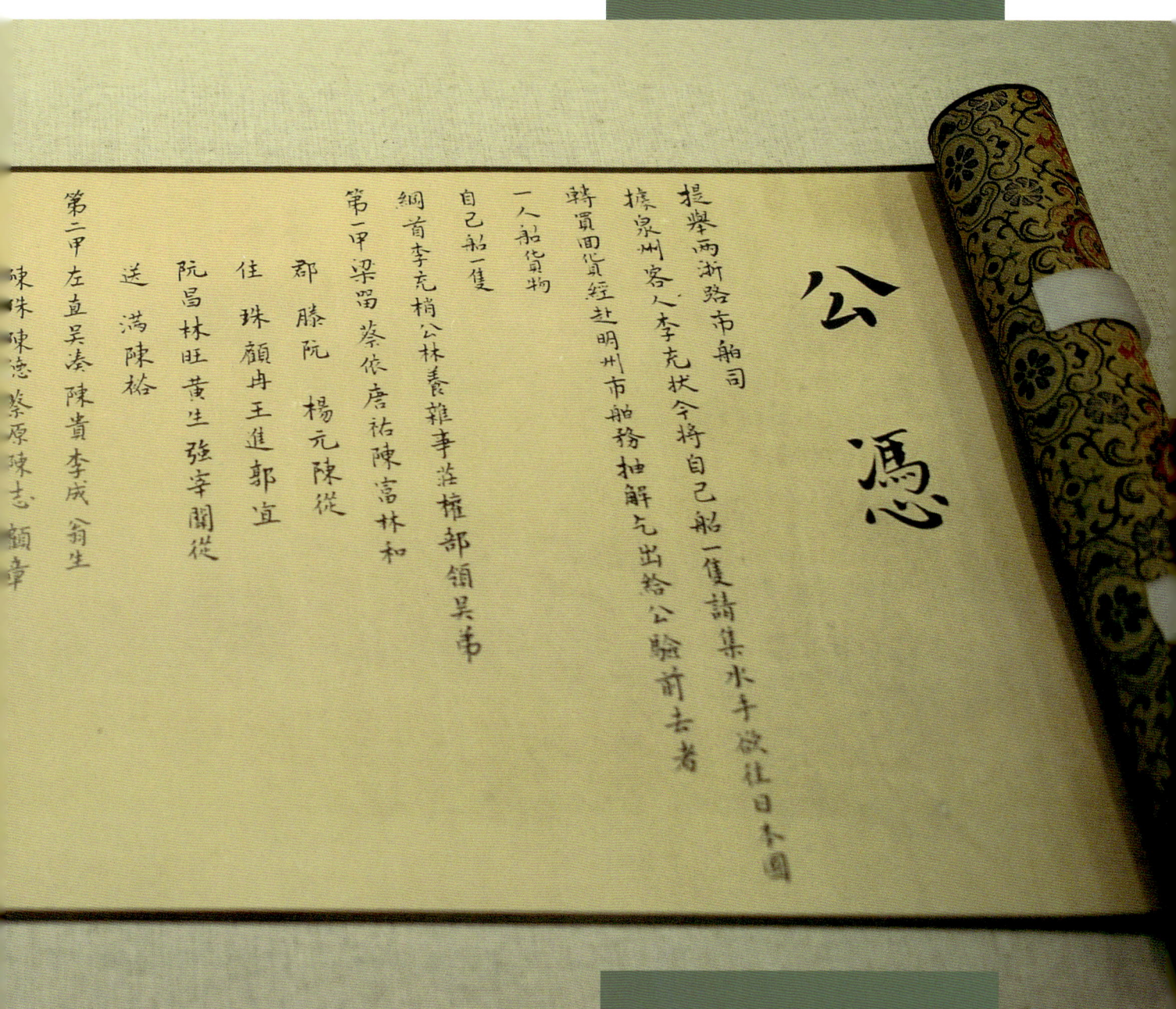

提舉兩浙路市舶司

據泉州客人李充狀令將自己船一隻請集水手欲往日令國
轉買回貨經赴明州市舶務抽解乞出給公驗前去者

一人船貨物

自己船一隻

第一甲李充梢公林養雜事莊權部領吳弟
綱首李充梢公林養雜事莊權部領吳弟

第一甲梁罷蔡依唐祐陳富林和
郡滕阮　楊元陳從
住珠顏冉王進郭宜
阮昌林旺黃生強宰聞從
送滿陳裕

第二甲左直吳奏陳貴李成翁生
陳朱陳惪蔡原陳志顏章

图4-12

日本太宰府藏。这份公凭见证了泉州海商李充到日本贸易的历史，也是迄今为止所能看到的最完备的宋代贸易凭证，被称为"李充公凭"。在这份文件上，有关于瓷器贸易的内容，明确记载"瓷碗二百床，瓷碟一百床"。据考证，公凭上记录的瓷器都是泉州附近烧制并用于外销的。

图4-13　龙泉窑青釉菊瓣碗和盘·南宋

图4-13

奈良国立博物馆藏。1965年岛根县出云市荻藤町古墓出土。两个碗为菊瓣式，通体施青釉，釉色翠绿莹润，盘的纹饰和碗相同，釉色呈灰白色。这是日本发现的南宋时期瓷器中的精品。

宋元时期我国出口商品主要有丝麻纺织品、瓷器、金属制品、日用品和食品五大类，尤以丝绸、瓷器制成品为主。两宋时期的瓷器贸易品种主要是**龙泉窑**系青瓷、白瓷，景德镇青白瓷，还有广东、福建沿海地区窑口仿烧瓷器等。元代的海外贸易，通过广州、明州、泉州等港口，把瓷器运往世界各地。当时瓷器贸易的品种有：龙泉窑系青瓷，景德镇系的青白瓷、青花瓷等品种。还有东南沿海浙江、福建、广东、江西各地大批窑场所烧制的仿龙泉瓷、青白瓷、青花瓷等品种。这些仿制瓷在当时的海外贸易中占了绝大的比例。

宋元龙泉窑青瓷的外销订制

在宋元时代，龙泉青瓷被大量输出到世界各地，在中国当时出口瓷器中占有绝对优势。龙泉青瓷成了世界性的商品，在国外产生了很大的影响。龙泉窑属青瓷系，创烧于北宋早期，其特点仍有越窑遗风，南宋是龙泉青瓷快速发展的时期，从产品质量上看，当时龙泉窑的生产水平已经有较大程度的提高，也形成了自己独特的艺术风格，器形优雅，釉色丰厚。

南宋以后，海运中心由广州转移到泉州，并先后在温州、宁波等地设立市舶司。同时南宋统治者为了防止货币的外流，规定对外贸易以瓷易物品的"博易"方针，这样更促使龙泉窑瓷业的发展，使外销瓷数量大增。龙泉青瓷窑系的迅速发展，又更刺激了瓷器的出口，龙泉青瓷在东亚和东南亚及东非、阿拉伯诸国都是很受欢迎的商品，这种情况到了元代仍有盛无衰。元朝，龙泉青瓷作为重要商品之一，大量外销到亚非许多国家和地区，外销的数量比以前大大增加。为了适应蒙古贵族和国外贵族的生活习俗，瓷器的风格也与南宋后期有很大的区别。器形高大浑厚，盛行花纹装饰。许多瓷窑生产的各式大盘，盘的口径在四五十厘米左右，花瓶与碗、钵也很大，许多花瓶的高度超过40厘米。这些大型器物和高足杯的生产显然是受了西亚伊斯兰文化的影响，大盘的大量生产则与中亚、西亚、东南亚用大盘盛菜盛饭、围桌而坐或席地而坐的饮食习惯有关。宋元时期，龙泉窑青瓷除用作饮食器外，还被广泛用于宫殿、清真寺和贵族邸宅的装饰或陈设。龙泉窑瓷器中的这些特殊瓷器，目前并没有明确证据表明是特殊订制的品种，但是其中一些独特的具有伊斯兰风格的瓷器，应该有明显的可参照物，这些参照物可能是西亚商人携带而来，作为模板交由龙泉窑瓷工仿制制作的，据此可推断此类瓷器有订制的可能。

图4-14　龙泉窑青釉弦纹三足炉·南宋

图4-15　龙泉窑青釉莲花纹碗·南宋

综观宋元时期的龙泉窑外销瓷的文献资料,无论是国外的还是国内的,都很难证明其中哪些是订制的瓷器。但是有一个问题很值得关注,那就是考古发现的一些带有墨书文字的瓷器,比如日本福冈出土的墨书瓷器、"南海一号"出水的墨书"林上"瓷器等,说明这些瓷器具有明显的指向或者分类性质。最值得注意的是新安沉船打捞出水的墨书木简,尤其是以墨书"东福寺"为代表的木简,说明沉船上有很大一批货物是运送给东福寺的。这些木简可以说提供了重要的收货人信息,或者可以推断这些货物比如瓷器很有可能是东福寺订制的。当然要深入研究龙泉窑瓷器是否存在订制瓷器,还需要更多的资料来证明。

图4-16

广东海上丝绸之路博物馆藏,"南海一号"沉船打捞出水。"南海一号"打捞出水的龙泉窑瓷器以盘、碗为多,釉色莹润,纹饰细腻,是比较上乘的外销瓷器。

图4-17

韩国国立中央博物馆藏。高10.3厘米,口径19.3厘米,足径7.9厘米。新安沉船打捞出水。炉仿三足鼎形状,圆口,折沿,口沿上饰一对半圆形耳,扁圆体,下承三矮足,足外撇。通体施青釉,釉层肥厚,釉色莹润。炉体外壁装饰弦纹两道,弦纹内装饰乳钉纹。

图4-16 龙泉窑青釉菊瓣纹盘·南宋

图4-17 龙泉窑青釉双耳三足炉·元

元青花的世界之旅

追溯元青花的发现历史,绕不开英国收藏家珀西瓦尔·大维德。从1920年开始,大维德迷上了中国瓷器收藏,购入了大量中国瓷器,创立了大维德基金会。1927年,英国学者罗伯特·哈克哈特·霍布逊将大维德基金会收藏的瓷器汇编成一本书:《私人收藏的中国瓷器》,其中就收录了被称为"大维德花瓶"的至正十一年(1351)铭文青花海水云龙纹象耳瓶。这对青花瓷瓶最早出现在北京的琉璃厂。1927年,大维德购买了这对瓷瓶。当时间到了20世纪50年代,美国考古学博士约翰·亚历山大·波普同妻子去西亚度蜜月的时候,随身携带着霍布逊的那本著作。他在土耳其的托普卡比宫和伊朗的阿德比尔清真寺发现了与大维德收藏的青花瓷相似的东西,从此展开了深入研究,出版了《14世纪的青花瓷》一书,厘清了元青花的各种问题,从此人们开始从学术层面真正认识元代青花瓷。

图4-18

大英博物馆藏。左高63.8厘米,口径19.6厘米,右高63.6厘米,口径22厘米。这对庙供大瓶属世界上最为有名者。其重要性在于瓷瓶龙纹带以上的颈部一侧写有纪年铭文。这一供奉长铭是已知青花瓷器上年代最早的。铭文为"信州路玉山县,顺城乡德教里荆塘社,奉圣弟子张文进,喜舍香炉花瓶一副,祈保合家清吉、子女平安。至正十一年四月良辰谨记,星源祖殿胡净一元帅打供"。

图4-18 青花海水云龙纹象耳瓶·元

图4-19

东京国立博物馆藏。高29.3厘米，口径20.3厘米，足径18.6厘米。罐为敛口，短颈，溜肩，鼓腹，平底。通体青花装饰，颈部绘海水纹一周，罐身绘四爪云龙纹，下承以海水纹。从龙纹的造型看，具有典型的元代龙纹特征。

图4-19 青花云龙纹罐·元

元代青花瓷一经发现，很快就引起了学术界的轰动，一时之间，对元青花的研究成为显学。经过众多学者的研究发现，元代青花瓷并不局限于一两个博物馆，而是在全球范围内有多处元青花的踪迹。那么，元代青花瓷是怎样走向世界的呢？是怎样获得土耳其、伊朗一带的王公贵族的青睐的呢？随着研究的深入，这个问题的答案逐渐浮出了水面。

随着蒙古军队的远征，除了忽必烈的元朝之外，蒙古人建立了钦察汗国、察合台汗国、窝阔台汗国和伊利汗国，这四大汗国无论是政治上、军事上还是经济上、文化上，都与元朝有着千丝万缕的联系。正是因为它们的存在，景德镇生产的瓷器才源源不断地走向西亚、走向世界。以伊朗和土耳其为例。伊朗藏元青花一直传承有序。据记载，萨非王朝（1502—1736）的阿拔斯大帝于1611年捐献给位于大不里士东边的阿德比尔清真寺1162件中国瓷器，其中就包含有元青花。该地的藏品在巴列维王朝（1925—1979）时移交伊朗国家博物馆。土耳其元青花藏品主要来自战利品和礼品，据记载，托普卡比宫于1495年始收藏中国瓷器。1514年奥斯曼攻占萨非王朝首都大不里士，获得62件中国瓷器。1516年奥斯曼征服叙利亚，1517年奥斯曼帝国灭埃及马穆鲁克王朝，所获中国瓷器数目不详。奥斯曼帝国苏莱曼时期于1534年、1548年和1553年向波斯发动三次军事出征；其中一次占领大不里士长逾一年。不难相信由于战争，元青花落入土耳其并被运到伊斯坦布尔。

图4-20

土耳其托普卡比宫博物馆藏。盘为折沿，深腹，圈足。通体青花装饰，青花发色浓艳。口沿部绘缠枝牡丹纹一周，内壁绘缠枝牡丹纹，盘心青花双圈内绘竹石、牵牛花、瓜蔓围绕的麒麟图案。整体纹饰繁密，符合当时流行的阿拉伯细密画的风格。

图4-21

维多利亚与阿尔伯特博物馆藏。高37厘米，长28厘米，宽9厘米。扁壶颈部绘缠枝纹。器身上部大如意云头，内绘缠枝花和大雁纹饰。下部绘龙纹。龙为三爪，身为鱼鳞纹。

无论是伊朗还是土耳其，其瓷器来源都与旭烈兀建立的伊利汗国有着密切的关系。伊利汗国建立之后，就与元朝关系密切，各个方面的交流都十分频繁。比如伊利汗国完都汗1305年致法王腓力四世的信上，就钤印着元成宗赐给他的汉篆印玺"真命皇帝和顺万夷之宝"。此后双方贡使往来、商旅奔波持续不断，文化、经济方面的交流十分密切。"工匠来四方，器成天下走"，多民族、多元文化滋养导致了元青花风格、工艺的多样性。元青花纹中纹饰繁密的品种，可能是受波斯细密画大不里士风气影响的波斯陶瓷家、设计师、窑工遵照汗王要求制作的，并运至伊利汗国；也许是元朝从西亚带回的工匠建立专窑以特供礼品赏赐伊利汗国汗室；或是伊利汗国和元朝合作专为黄金家族及伊利汗室和清真寺订制用瓷。

图4-20　青花缠枝花卉麒麟纹盘·元　　　　　　图4-21　青花龙纹四系扁壶·元

据记载,景德镇湖田窑窑址南河南岸出土发现的元青花标本"以大盘为主,约占青花残器的70%,其盘的器底较厚,纹饰繁缛华丽,其中多有蓝地白花,和伊朗、土耳其的传世品一致"。

在元青花中,有些明显是伊利汗国宫廷使用的器物。比如**青花莲池鸳鸯纹盘**所绘的莲池鸳鸯纹,即来自元代刺绣图案"满池娇",是元朝皇帝御用衣衫上的流行图案,尤其受到元文宗图帖睦尔的喜爱,画稿是由元代将作院所属的画局统一设计。又比如青地白花孔雀牡丹纹碗和青花孔雀牡丹纹罐所绘的孔雀牡丹纹,在元代皇家的礼服和仪仗以及百官公服中都能找到相对应的刺绣图案,这类图案是由习惯于描绘刺绣图案的元代将作院工匠所设计,同时孔雀纹还是"圣主临朝、重启盛运"的象征。至于**青花波涛龙纹盘**和蓝地白花云龙纹菱口盘所绘的龙纹,蕴含的政治内涵更是众所周知。由此可见,伊利汗国的使臣在觐见元朝皇帝的过程中,与之随行的商队将产自伊朗的上等钴料带到了中国,再由景德镇的制瓷工匠烧造出精美的元青花,最后这些元青花由商队带回伊利汗国,其中那些制作最为精美的元青花归属于伊利汗国的宫廷。

故地在今俄罗斯的钦察汗国,同样也获得了元朝景德镇生产的青花瓷器,其中最具代表性的就是**青花缠枝莲花杂宝纹蒙古包**,其造型呈半球形,平底,下方开有门洞,呈蒙古包形。通体施厚釉,釉色白中泛青,底部无釉,器内除门洞附近沾有小块釉料外,皆不施釉,底部有跳刀痕。器身布满纹饰,顶部圆心内绘芦雁纹,其余纹饰共分四层,分别为缠枝菊花纹、缠枝莲花纹、海涛纹、杂宝纹。整件器物造型独特,胎釉精细,纹饰精美,制作考究。这件瓷器全世界仅此一件,它却将伊斯兰文化、蒙古文化和中国文化集于一身,是一件特殊的文化交流的产物。

图4-22 青花留白缠枝花卉纹菱花口盘·元

图4-23 青花莲池鸳鸯纹花口盘·元

图4-24 青花波涛龙纹盘·元

图4-22

大英博物馆藏。高7.6厘米，口径45.8厘米。

图4-24

伊朗国家博物馆藏。高7.5厘米，口径45.5厘米。

图4-25

艾尔米塔什博物馆藏。高18厘米，足径18.5厘米。这件元代青花缠枝莲花杂宝纹蒙古包是在俄罗斯伏尔加河地区出土，全世界仅见此一件，迄今为止还未出现过与之相类似的作品。

图4-25　青花缠枝莲花杂宝纹蒙古包·元

通过对元青花的海外贸易的历史进行研究可知，元青花瓷从诞生的那一刻，就是面对以西亚为主的外销市场，甚至可以认为，它是西亚市场需求的产儿。在14世纪，一个瓷器新品种，可以基本不依靠国内市场，仅仅依靠国际市场，依靠亚洲另一端市场的需求和订货，便得以立足和发展壮大，这是完全出乎今人意料的事情，元青花瓷的幸运在于，它的白瓷底上布满深蓝花纹，正好符合伊斯兰文化的审美观念。这种外销的青花瓷是用最好的原料制作，筛选最精的青料绘制，由最好的窑工烧制出来的，代表了当时青花瓷生产的最高水平。其硕大的尺寸、雄健的造型等特征都显示，当初在制造时，遵照了西亚地区的生活习惯和审美观念。

订制瓷器的繁荣时代

大航海时代的到来开辟了中国与欧洲互通贸易的新途径，丝绸之路上的贸易双方及其商贸方式都发生了很多的变化。明清时期中国外销瓷的市场发生了转变，市场从中东、西亚地区，逐步转移到了欧洲。瓷器贸易之间互通交流的方式不仅仅是一种经济行为，也是文化交流的一种特殊的方式。

明清时期是中国瓷器生产的鼎盛时期，社会分工的不断明确和商品经济的繁荣，有力地促进了瓷器的生产和销售。永乐三年（1405）到宣德八年（1433）的29年间，郑和七次下西洋，途经东南亚和南亚，到达波斯湾、阿拉伯半岛、红海、东非等地区，进一步促进了对外贸易的发展。在与各国之间互赠礼物时，瓷器自然是最受欢迎的。明中期以后，许多外国商人来华订购大量的瓷器。康熙二十三年（1684）至二十四年（1685），清政府分别在福建、广东、浙江、江苏等地开通对外贸易。18世纪流入欧洲市场的中国瓷器应在1亿件以上。欧洲各国的王室和名流都在使用来自中国的瓷器，对他们来说拥有中国的瓷器是自己高贵身份的象征。

为了满足海外市场的需求，制瓷工匠们不断提高制瓷工艺，改进窑炉结构，生产了许多精美的外销瓷。外销瓷的生产也由以中国人的审美为标准转变到受瓷器输出国的审美和风俗习惯的影响而变化。

图4-26

大英博物馆藏。高24.2厘米，长19.8厘米，宽10.2厘米。这件扁壶的器形与装饰均非常独特。扁圆形器身的两侧中央各有一呈凸起状的圆钮，下承外撇圈足，有双耳和圆颈。青花纹饰以同心圆的样式呈放射状从中心的六角形开光向外层层铺排，开光内是一朵莲花。这种繁密的装饰，使人联想到中东的金属镶嵌器。景德镇工匠们在按照中东餐具的造型为海外市场生产器物的同时，也烧造受中东器形和装饰启发的器物，来满足中国宫廷对"异域风情"的需求。

图4-26　青花六角星缠枝莲纹绶带耳扁壶·明永乐

图4-27　带鎏金铜支架豆青地青花梅鹿纹盖罐·清康熙

图4-27

英国皇家收藏。高34.6厘米,长31.7厘米,宽21.6厘米。盖罐是典型的康熙时期豆青釉产品,纹饰也是中国的传统纹饰。此罐出口到法国之后,由法国工匠设计安装了鎏金青铜支架。在法国贵妇蓬巴杜夫人的财产清单中,也明确记载了有这样一件藏品。这件器物从法国流出之后,由英国国王乔治四世购藏。

图4-28

荷兰国家博物馆藏。这套餐具是荷兰东印度公司的荷属东印度群岛总督帕拉佩特斯·阿尔贝图斯订制的餐具,餐具上面有帕拉的纹章,整套餐具以红、粉、绿、紫、黑和描金诸彩装饰,显得华丽高档。

图4-28 粉彩描金帕拉家族纹章图餐具·清乾隆

图4-29

英国皇家收藏。高22.2厘米,长35厘米,宽21.7厘米。此碗的纹饰为典型的清代人物,而造型则是西方餐具的常见造型。

图4-29　粉彩锦地开光庭院人物图长方形盖碗·清乾隆

　　明清时期外销瓷的种类依然以青花瓷为主,清代以各种彩瓷大量地销往国外。这一时期的外销瓷主要分为日用生活器皿和装饰用的陈列瓷两类。在装饰纹样上除沿用中国传统装饰题材外,还出现了大量以西洋题材装饰,类似于希腊的神话故事、《圣经》故事、郁金香、玫瑰花等。在绘画手法上也开始借鉴西洋绘画技法,从画面的色调上做了层次处理,从人物的结构上按比例来绘画。

　　从明代早期外销瓷的器形上看,它们的使用功能也发生了变化,中东地区的外销贸易选择尺寸大的碗和果盘,这也是与他们的生活饮食习惯有关——大家围坐在一起共进一道菜,也有的是用来盛放水果。像瓶、罐、执壶和镂雕划花器座,这类器形一般在中国用作酒具,但外销到中东地区后被他们用作进餐时盛放洗手水的容器。

葡萄牙人开启的瓷器订制贸易

15世纪以来,世界进入"地理大发现"与新航路涌现的时代。欧洲各国纷纷加入向亚洲和美洲的扩张活动,推进了东西方的直接对话与碰撞。随之而来的是席卷世界的、以欧洲人为主导的海上贸易。这场变革的风暴促进了"现代世界体系"的形成,将世界带入早期全球化的历史进程中。这其中,葡萄牙人最先东来。1498年,达·伽马率领的葡萄牙船队第一次进入亚洲海域,并由此逐渐东进,武力扩张至印度果阿,东南亚的马六甲、马鲁古群岛,步步为营,葡萄牙终于在1514年到达中国东南沿海,中葡贸易由此展开。

图4-30 油画《葡萄牙航海家达·伽马肖像》

1511年，葡萄牙人占领马六甲之后，积极在东南亚其他地区建立商站，并很快与活跃于此的中国海商进行直接接触，开始在中国沿海一带进行探索。根据相关文献记载可知，当时中葡贸易中，中国商人的主要货物为麝香、大黄、珍珠、锡、瓷器以及生丝等，而葡萄牙人对中国瓷器的购买很可能在中葡接触的最初几年便已开始了。

正德十二年（1517），葡萄牙国王唐·曼努埃尔一世首次派使团访华，试图与明朝建立贸易关系。葡萄牙使团在广州城苦苦等候了两年多，最后通过贿赂时任广东三堂镇守太监宁诚才得到入京诏书。在广州等候正德皇帝诏令期间，葡萄牙人大肆进行公开贸易活动，广东对外贸易随即呈现出"番舶不绝于海澨，蛮夷杂沓于州城"的繁荣景象。值得注意的是，葡萄牙人还在景德镇订购了一批青花瓷器，其中3件执壶绘有葡萄牙国王唐·曼努埃尔一世纹章，所绘图案显然仿自葡萄牙钱币图案。

然而葡萄牙人以正式交往来开展贸易的目的没有达到之后，就企图以武力的形式打开贸易之门。嘉靖初年，经过"屯门之役"和"西草湾之战"以失败而告终后，葡萄牙人除部分留在澳门西南的离岛浪白澳之外，其余皆转向闽、浙沿海一带活动。于是，漳州月港、泉州浯屿、宁波双屿都成为他们走私贸易的主要地区。但由于被禁止靠近中国沿岸，葡萄牙人在多数情况之下只能在离岛等待季风时前来的中国私商，从他们手中交易中国商品，但此时葡萄牙人订制瓷器的活动并没有因为上述因素而减弱。

图4-31　青花葡萄牙国王纹章执壶·明正德

图4-32　青花葡萄牙国王纹章壶·明正德

图4-33

维多利亚与阿尔伯特博物馆藏。口径34.9厘米。盘青花装饰，盘内壁七个圆形开光内绘祥云狮子，盘心青花双圈内绘松石、栏杆和三只羊，寓意"三阳开泰"。此盘应是民窑生产的外销瓷器。

图4-33　青花三阳开泰图盘·明嘉靖　　　　　图4-34　青花别禄佛哩碗·明嘉靖

在现存的早期葡萄牙订制瓷器中，有两类因其铭文的特殊性，而带有清晰的时间坐标。其一为铭写"EM TEMPO DE PERO DE FARIA DE 541"的1541年订制的瓷碗一件及耳杯三件。瓷碗内口沿写有葡萄牙文铭文，内底双圈弦纹内绘葡萄牙皇室纹章。三件耳杯亦于内壁口沿处书写葡文铭文，内底双圈弦纹，其中一杯内底绘仙人纹样，另两杯内底绘葡萄牙贵族纹章。圈足内底均书"大明宣德年制"双圈款。这一系列的瓷碗及耳杯所书写的相同铭文意为"**别禄佛哩**1541年"，而器物的装饰图案及铭文的细节亦为我们提供了考证其订制者身份的重要信息。别禄佛哩曾两任马六甲总督（1528及1537—1543），三件耳杯中有两件内底中心都装饰同一纹章，翻查东波塔的贵族纹章谱，可知其系葡萄牙贵族阿布雷乌家族纹章，因此可知这些书写相同铭文的瓷碗与耳杯很可能由阿布雷乌家族成员订制。

中葡贸易初期，对航行作档案记录的做法还未普及，文献中对于中葡长途贸易的记载亦十分罕见，因此，实物资料的发掘与披露对重塑这段历史十分关键。从现存资料来看，此时期出口至欧洲的中国瓷器数量仍是十分有限的，其中可以确定的类型，即是早期葡萄牙订制瓷器。即使分布于各地的博物馆藏，订制瓷器仍可因其纹样装饰中呈现出的葡萄牙家族纹章、宗教符号以及铭文等特别元素，被认定为专为特定的葡萄牙人群所订造的瓷器产品，从而确认其中葡贸易瓷器的性质。

葡萄牙掀起的订制瓷器热潮

关于葡萄牙人向中国商人订制瓷器的文献记载最早出现于1528年,葡萄牙海军军官惹尔日·卡布拉尔由马六甲发回里斯本致国王的信中,记载内容如下:"我向一个来到此地的中国船长,为殿下订制了几件(瓷器),他把瓷器带来了,可是,不是我想象的那种。当我回去以后,殿下就知道是什么样子了。由此,我知道中国人在满剌加(今马六甲)很守信用,因为如果向他们订货,就会带货回来。"这封信件透露出以下重要的信息:一是瓷器的订制者为当时正在东南亚扩展葡萄牙海上帝国的远东军官;二是这些瓷器为葡萄牙王室订造;三是订制瓷器的地点位于马六甲,这里是葡萄牙东进后在东南亚海上建立贸易的中心,被葡萄牙以武力占据后,成为他们从事亚洲转口贸易的主要据点,中国海商亦活跃于此;四是在订制过程中,惹尔日·卡布拉尔曾指定了瓷器的某些元素,但收货时却与其设想有所出入。

图4-35 青花葡萄牙纹章瓶·明

图4-35

葡萄牙马查多·德·卡斯特罗国家博物馆藏。高24厘米,腹径14厘米。这个瓶子具有典型的西方器皿的特征,其青花装饰图案也是典型的葡萄牙皇家纹章,应是葡萄牙人订制的瓷器。

图4-36 青花夔龙纹葡萄牙纹章盘·明嘉靖

根据上文的论述可知,有文献记载的第一批订制瓷器其主要受众便是葡萄牙国王或整个王室。与此相吻合的是,在现存的订制瓷器中,有23件与葡萄牙国王及王室成员关系密切,它们包括仅带有浑天仪图样及(或)王室纹章装饰的蒜头瓶1件、执壶3件,以及同时装饰有其他元素,如宗教徽章等装饰的盘14件、碗4件。这些瓷器收藏在位于中葡海上贸易沿线的东南亚、中东博物馆,以及作为贸易终点的欧洲各地的博物馆或私人手中,恰好反映了它们被订制、交易到输往欧洲各地的贸易轨迹。收藏于美国大都会博物馆的一件执壶,腹部装饰对称圆圈,内绘葡萄牙皇室纹章,内底书"宣德年造"款。观察纹章图样的描绘与呈现可知,对于江西景德镇的陶瓷工匠们,这些异域纹样的绘制与意涵是完全陌生的。纹样描绘的流畅线条,到了浑天仪图样上就变得笨拙、变形。而大都会博物馆收藏的这件执壶腹部装饰中,纹章图样更出现了上下颠倒的情况,这或许就是惹尔日·卡布拉尔向国王所讲"不是我想象的那种"的重要原因。代表国王个人的浑天仪,以及象征整个皇室家族的纹章,都是皇室影响力在瓷器装饰中的重要体现。作为绝大多数航海及扩张行为的支持者,国王及他们的荣耀家族无疑也成为葡萄牙拓展海上帝国的最大受益人。这些瓷器便是由皇室委托在东方的官员或商人们订制,抑或由东来的葡萄牙官员为赠送皇室尤其是取悦国王本人而订制的东方特产。

图4-37

大都会艺术博物馆藏。高9.5厘米，口径52厘米。这是典型的葡萄牙订制瓷器，盘内心绘狮子绣球图案，外壁绘缠枝花卉图案，在盘的内壁描绘了葡萄牙纹章、浑天仪和"I.H.S"字样，这个瓷盘与当时的宗教团体关系密切。

除了皇室之外，宗教团体也是订制瓷器的主要客户。在已发表的材料中，共有20件与宗教团体或信徒关系密切的瓷器，包括16件装饰有"I.H.S"纹样的耶稣会订制瓷器，盘14件，碗2件，形制及装饰近似。目前所见瓷盘在造型上较为相似，均弧腹，圈足微内撇，唯尺寸及装饰纹样差异较大。一类口径在31厘米左右，内壁留白，底部绘如意纹环绕的花卉、龙、凤或应龙纹样，外壁以相对云纹间隔，排列五个圆圈，内随机绘制浑天仪、皇室纹章、I.H.S图章，以及中国式小景。一类口径在53厘米左右，主要纹饰集中于内壁，以相对云纹间隔，排列六至八个圆圈，内随机绘制浑天仪、皇室纹章、I.H.S图章以及中国式小景，外壁绘制密集的缠枝牡丹纹样。均无底款。瓷碗则在内口沿写有葡萄牙文铭文，外壁以相对缠枝花纹间隔，排列四个圆圈，内绘浑天仪、皇室纹章、I.H.S图章以及中国式小景。圈足内底均书"大明宣德年制"双圈款。可见，盘碗的装饰手法及图样布局都极为相似。"I.H.S"本为耶稣圣名拉丁文 Ι Η Σ Ο Υ Σ 的缩写，意为Iesus Hominum Salvator，即Jesus Savior of Mankind（人类的救世主耶稣）。其使用可追溯至8世纪或更早，但在一定程度上的流行，仍然要到15世纪初，意大利神父锡耶纳手持写有I.H.S的木牌传教之后。根据欧洲学者的考证，由于其传教地区单一，锡耶纳神父的影响仅局限于法国南部及意大利北部一些地区，并未有任何证据显示这一符号在葡萄牙得到广泛使用。直到1534年，耶稣会创立，以"I.H.S"三个字母的设计作为会徽。1540年，蒙教皇保禄三世许可，耶稣会获得合法地位，开始传教活动，"I.H.S"也因此被广泛使用，装饰于各类与宗教相关的工艺品及建筑设计中。而在这批器物的装饰纹样中，I.H.S符号往往与象征葡萄牙国王的浑天仪及皇室纹章一同出现，随机组合，它与葡萄牙皇室的密切关联，正显示出其特别之处。

而活跃于远东地区的葡萄牙贵族、军官和商人则是订制瓷器的主要群体。除上文论及的别禄佛哩1541年铭文瓷器，还有一批书写铭文"ISTO MANDOU FAZER JORGE ALVRZ NA ERA DE 1552 REINA"的1552年订制瓷瓶10件。铭文大意为"1552年为惹尔日·欧维士订制"。瓷瓶器形一致，均为玉壶春式，喇叭形口，束颈溜肩，垂鼓腹，圈足微内收。装饰布局相同，纹样组合略有变化。多数以蕉叶及璎珞纹饰带（亦有菱格及如意云纹）装饰瓶颈，肩部书写相同葡文铭文，腹部装饰多变，有麒麟纹、缠枝花纹、狮子戏球纹、莲塘池藻纹、腹底装饰缎带绣球纹样，足底书款有"万福攸同""天下太平"钱币款，以及"大明嘉靖年造""大明年造"款。根据葡萄牙学者刘易斯·菲利佩·巴赫托的考证，惹尔日·欧维士为葡萄牙商人及作家，是费尔南·门德斯·平托的好友，曾与他一同去过日本（1542）。1547年末，惹尔日·欧维士在马六甲出版著作《日本物品的信息》，这本书是耶稣会士沙勿略1549年前往日本的重要参考资料。1552年，惹尔日·欧维士抵达上川岛的三洲港，通过在那里进行贸易的粤商订购了一批书写其姓名的青花瓷瓶。而在近年的调查中，带有1552年葡萄牙铭文的瓷器碎片在上川岛的发现，更直接证明了此地为文献记载之外的一个瓷器订制地点。

图4-37　青花狮子绣球及葡萄牙纹章盘·明嘉靖

图4-38

沃尔特斯艺术博物馆藏。高25.4厘米，腹径13.2厘米。这是已知的六个欧维士玉壶春瓶之一，铭文写在瓶子的肩部，底款青花书"万福攸同"。

图4-39

这是意大利索尔蒂家族收藏的欧维士铭文玉壶春瓶，曾在苏富比拍卖。玉壶春瓶的主题图案为鹤鹿同春，铭文书写格式与其他玉壶春瓶相同。

图4-38
青花狮子绣球纹欧维士铭文玉壶春瓶
明嘉靖

图4-39
青花鹤鹿同春欧维士铭文玉壶春瓶
明嘉靖

订制瓷器的特殊纹样及铭文，反映出订制者除葡萄牙王室外，皆为渡海东来的贵族、商人、军官及传教士等，他们在葡萄牙国内属于权贵阶层，在葡萄牙积极开拓海上帝国中亦发挥着重要的影响力。葡萄牙人不间断地以中国海商为中介的贸易及订制活动，成为沟通欧洲大陆消费者及景德镇陶工的重要桥梁。先来样落订，再等待成品的做法，亦成为日后瓷器贸易中的惯常模式。而他们与沿海中国私商的密切互动，以及对中国港口及各地物产的不断了解，正成为澳门开埠之后，中葡贸易迅速增长、达至极盛的重要基础。

东印度公司加入订制瓷器的行列

1514年葡萄牙人首次抵达中国，1557年，葡萄牙人最早在澳门与中国建立长久的对华贸易关系。1602年葡萄牙商船"圣迭戈"号就曾满载瓷器返回欧洲，里斯出现了很多经营瓷器的商店，里斯也成为欧洲瓷器贸易的中心。为了满足里斯市场的瓷器贸易需求，16世纪中期，葡萄牙人已经采用订货的方式在中国景德镇订购瓷器。西班牙人不甘心整个亚洲的市场被葡萄牙人垄断，积极开展对华贸易，随后西班牙人每年都有30—40艘装满中国瓷器的商船运送欧洲。

1600年成立的伦敦东印度公司逐步发展成为亚洲地区最有势力的欧洲贸易机构，它是伦敦商人与东印度贸易的专署公司。在起初成立时，其注册资金只有荷兰东印度公司的十分之一，受国内政治因素的影响，17世纪英国东印度公司的发展极为缓慢。随着英国在印度势力的大增，18世纪英国东印度公司已经有了足够的能力与荷兰及其他欧洲国家在亚洲的势力相匹敌。1715年，英国东印度公司在广州建立常驻商馆，由此正式参与了对华贸易。至18世纪末，英国来华贸易船只的总数已经超过其他各国的总和。

图4-40

大英博物馆藏。高3厘米，口径20.2厘米。盘心中的纹章是由葡萄牙船长唐·若昂·德·阿尔梅达设计的，他曾于1570年左右定居于澳门，可见这个瓷盘是阿尔梅达订制的私家瓷器。

图4-40 青花阿尔梅达纹章克拉克瓷盘·明万历

1571年荷兰人在东南亚马尼拉的势力开始逐渐增强，凭借着航海技术和自由贸易的方式，荷兰人成功侵占了中国的市场。荷兰在1602年成立了东印度公司，在整个17世纪和18世纪的东亚贸易中都扮演了核心角色，当时的荷兰也成了对华瓷器自由贸易中最大的国家，并把当时欧洲最流行、最畅销的纹饰和造型等文化带到中国，景德镇的瓷工们根据他们的需要设计出符合欧洲人审美的瓷器。绝大多数的荷兰订单都是来自对华贸易的有关官员或者富人们。同年，在荷兰人截获的一艘"圣地亚哥"号商船中，就发现了从中国运来的克拉克瓷碗。1604年，"克拉克"号装载着数不清的克拉克瓷器抵达欧洲，当时的人们为拥有一件克拉克瓷器而感到骄傲，这批瓷器在荷兰的阿姆斯特丹拍卖，产生了巨大的收益，在高额利润的刺激下，欧洲市场供给的需求量大增。

图4-41

大英博物馆藏。高7.5厘米，口径15厘米。碗外壁分为八个开光，内绘姿态各异的梅花鹿，内壁八个开光绘花卉纹，碗心绘鹿纹。这样的克拉克瓷器曾被大量烧制，远销美洲、欧洲、中东和东南亚，这样的碗曾在英国、西班牙和葡萄牙的沉船中被发现。

图4-42

大英博物馆藏。高7.2厘米，口径13.8厘米。这种碗在西方用途很多，而在荷兰主要用于饮用用鸡蛋、牛奶、葡萄酒、糖和肉桂调制的一种被称为"Kandeel"的饮料。在荷兰东印度公司的发货清单上经常有这一产品。

图4-41　青花鹿纹克拉克瓷碗·明万历

图4-42　青花杂宝纹克拉克瓷碗·明万历

　　据《荷兰东印度公司》的记载，在1610年的7月，载运了9227件瓷器的商船运送到了荷兰，1612年又运送了38641件瓷器到荷兰，1614年瓷器的数量攀升到69057件，1636年为259380件，1637年是210000件，1639年达到366000件。荷兰在1619年的巴达维亚建立殖民地，把它作为对华贸易的据点，1624年，荷兰侵占了台湾后，把瓷器贩卖到了世界各地。在荷兰的沉船打捞过程中就发现许多外销瓷，这些打捞出水的瓷器成为研究外销瓷的重要资料。

　　荷兰东印度公司在东方贸易中取得了比葡萄牙更大的成就，其中原因之一就是荷兰的东印度公司采用了股份公司的经营方式。以参股的方式扩大资金来源，从而降低贸易成本，提高利润比例。1685年清政府宣布外国船只可以开入中国沿海各港口进行贸易，1699年广州正式恢复对外开放，各国船只纷纷进入广州，这也预示着瓷器贸易的多元化，而不再是荷兰人一家独大的局面。尤其是英国东印度公司的竞争和葡萄牙人对于荷兰商业活动的不断破坏，使荷兰人在与中国人的直接贸易中蒙受巨大的损失，从而也加速了荷兰东印度公司的衰弱。

图4-43

荷兰国立博物馆藏。口径50.5厘米。这种大盘是万历时期典型的克拉克瓷器，曾被荷兰东印度公司大量运往阿姆斯特丹，是荷兰东印度公司的畅销商品。

图4-44

荷兰国家博物馆藏。高43厘米。梅瓶的造型是中国传统的瓷器造型，纹饰也是中国传统的纹饰，但是在绘图风格上却有着明显迎合西方人审美的地方，这也是万历时期外销瓷风格变化的显著特征。

图4-43 青花莲塘芦雁图纹盘·明万历

图4-44 青花凤凰麒麟纹梅瓶·明万历

订制瓷器中的文化交流

在竞争激烈的贸易争夺战中,获胜方往往是能够抓住市场机制的经营者,荷兰人在这方面无疑是成功的。早期的外销瓷流行中国的传统纹饰,因为这一时期在欧洲市场上没出现过类似纹样,古朴的东方特色使欧洲人耳目一新。但因为中西方生活方式的差异,中国的瓷器在使用功能上不能满足欧洲人的生活需要,使得市场需求发生了变化,欧洲人开始来华订制瓷器。

葡萄牙人是最早在中国订制瓷器的外国人,他们向中国商人提出器形、纹饰等方面的需求,等下一次来取货时又订购下一批瓷器的内容。这时期葡萄牙人订购时考虑的更多的是其观赏性而不是实用性。荷兰人认识到了这一点,开始来华订制符合他们日常生活需要的瓷器。

1616年,荷兰东印度公司有了订制瓷器的想法。1635年,聪明的荷兰商人把欧洲人日常使用的生活器皿用模具的形式做出来带到广州,请广州的工匠模仿生产,像餐桌上的各式碗盘、洗脸盆、剃须盆等日用生活器皿。这些瓷器一经生产并被带到欧洲后非常受欢迎,被一抢而空。随后几年,更多的订制瓷出现了,在纹饰上主要分为纹章、船舶、人物故事、花卉四大类型。绘画也是符合欧洲人审美的形式,器形大多是仿造欧洲人的食器而设计的生活器皿。正是荷兰商人敏锐的市场眼光,使得荷兰人在17世纪的瓷器贸易中占主导地位。

18世纪的外销瓷越来越多样化,从器形到纹饰都具有欧洲特色。其生产一般是由代理商到景德镇交付窑场完成,再从东印度公司出口运至欧洲,因为利益可观,这种贸易方式一直延续到18世纪末期。

图4-45

荷兰国家博物馆藏。
高21.5厘米。

图4-45　青花花卉图瓶·明万历

明清时期，外销瓷作为中外贸易中的一种商品，是西方文化融入中国，使中国人开阔了视野、增长了见识的结果；也是中西文化进行了完美融合碰撞的结果。中国外销瓷艺术凝聚了古代制瓷匠人的智慧，代表中国先进的制瓷技术和高超的审美素养，由此可见，外销瓷是中西文化交融的结晶，是中西文化交流的纽带。

图4-46　青花赫雷文和霍拉德家族纹章图盘·清乾隆

图4-47　粉彩描金德·法玛尔和弗里森家族纹章图盘·清乾隆

图4-46

荷兰国家博物馆藏。高3.5厘米，口径20.6厘米，足径13.3厘米。纹章是赫雷文和霍拉德家族联合纹章，左边为三颗星的不对称盾牌，右边是一只熊的圆盾。

图4-47

荷兰国家博物馆藏。高4.3厘米，口径23.1厘米，足径12.8厘米。盘心是德·法玛尔和弗里森家族联合纹章，纹章上方是皇冠，边缘装饰卷叶纹和贝壳纹。

图4-48

维多利亚与阿尔伯特博物馆藏。口径23.1厘米。婚姻和爱情的寓言绘画是中国出口瓷器的热门题材，多用于婚礼和结婚纪念品上。这个盘是荷兰人在中国订制的。盘上的图案由景德镇的工人绘制，而其底本则来自荷兰画师。

图4-48 粉彩荷兰风情纹章图盘·清中期

粉彩描金瓦尔克尼耶家族纹章图盐罐·清雍正—乾隆

西方的纹章和纹章瓷
身份的特殊象征——纹章 / 275
纹章瓷的发展历程 / 279

纹章瓷在欧洲的流行
葡萄牙订制的纹章瓷 / 284
英国订制的纹章瓷 / 287
荷兰订制的纹章瓷 / 296
其他欧洲国家订制的纹章瓷 / 302

纹章瓷在美洲的订制
美国人订制纹章瓷器 / 308
鲜为人知的墨西哥纹章瓷 / 313

纹章瓷装饰风格和文化特色
装饰风格的演变 / 321
纹章瓷承载的家族记忆 / 324

西方的纹章和纹章瓷

图5-1　五彩描金格罗宁根城市纹章图盘·清康熙

从16世纪末开始，中国外销欧洲的瓷器数量迅速增加，欧洲也兴起了一股"中国热"的风潮，欧洲商人开始根据顾客的喜好和要求大批量订制中国瓷器，由中国工匠按照欧洲订购商提供的式样、造型、装饰等进行烧制。在这些"来样加工"的订制瓷器中，有一种瓷器，因其纹饰上绘有欧美等地王室、贵族、社团、城市、军队、公司的纹章而特别引人注目，人们称其为纹章瓷。纹章瓷属于订烧瓷，所以它既保留有中国传统制瓷工艺精湛、细腻、优美的特点，又能反映出当时欧洲装饰艺术精美、典雅、华丽的风格。作为身份的象征，纹章瓷在当时迎合了欧洲皇族、上层社会的需求，更成为一种时尚。

图5-1

荷兰国家博物馆藏。高9厘米，口径43厘米。18世纪初，荷兰许多的省份和城市都订制过纹章盘，这个纹章盘就是格罗宁根订制的，盘心绘有格罗宁根的双头鹰纹章，盾徽下有"GROENINGEN（格罗宁根）"字样。

身份的特殊象征——纹章

纹章起源于中世纪的欧洲，当时的骑士被层层盔甲包裹，为了在战场上区分敌我，骑士在盔甲或者盾牌上装饰特殊的图案来表明身份。此后，这种装饰逐渐发展演变成为一种具有特定规则构成的身份标识，并延伸到衣服、军旗等上面，作为专属于某一国家、团体、家族、个人或城市的标识，进而成为一种荣誉象征。关于纹章的使用，欧洲流传着多种说法，有人认为它诞生于查理曼时期，有人认为它出现在十字军东征时期。毋庸置疑的是，在12世纪中期纹章已经开始普遍使用了。

13世纪，为了避免纹章雷同，欧洲各国政府开始设立专门的管理机构，对纹章进行管理、登记、保存和监督。当时的英格兰就设置了纹章院，苏格兰设置了纹章办事处。随着纹章的发展，也就是从13世纪开始，纹章逐渐融入非骑士、非贵族阶层。而到了14世纪，纹章已经渗透各行各业，在欧洲无论是贵族还是普通平民，只要严格遵守纹章规则，任何人都可以拥有和使用纹章。同时纹章图案也用于装饰城堡、教堂、拱门等。

传统的欧洲纹章设计包括三个主要元素——主体图案盾牌、背景色彩以及附属图案头盔、羽饰、斗篷、箴言、扶盾者等。纹章的颜色主要有红、蓝、黑、绿、紫、金和银等色彩，而图案则有几何图案、十字架、鸟、兽、鱼、神话人物以及帆船、建筑等。

在纹章中，最豪华的当数皇室纹章。皇室纹章只能皇室来继承，而且只能是长子才可以完整继承家族纹章，其余皇子只能继承局部纹样，且必须对纹章的局部进行修改。纹章传承之后，继承者会对附属图案进行装饰，在盾形的四周增加外框、绶带、皇冠或者披幔等，但盾牌图案不会改变。大多数时候，其他皇子为了直观显示自己是非长子，会删减皇室纹章中的某一纹饰，或者改变其色彩，以彰显自己的地位。因此，随着时间的推移，皇室纹章中的长子继承纹章和其他皇子继承纹章的差别就会很大。

图5-2　绘画《手持金狮盾牌的安茹伯爵》

图5-3 《亚瑟王子之书》中的纹章图案

图5-4　英国纹章院的纹章

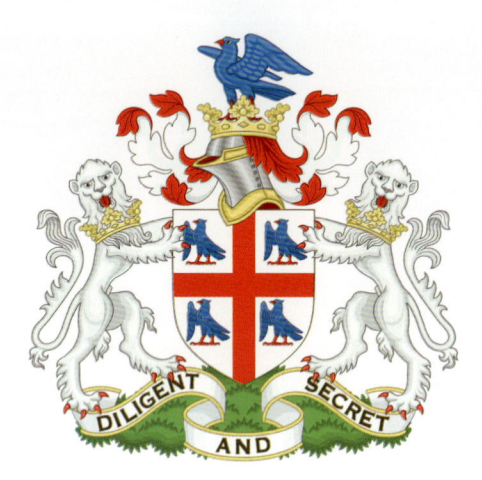

图5-5　英国皇家纹章

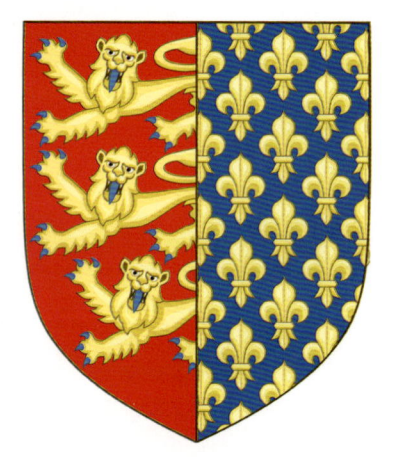

图5-6　爱德华一世和玛格丽特一世组合纹章

在纹章中，有一种特殊的纹章就是**组合纹章**，主要是婚姻纹章，当然也有少量的结盟纹章。在当时的欧洲，女子是可以合法使用完整的家族纹章的，在其结婚之后，则会将丈夫的纹章和自己的家族纹章结合在一起使用，这就是婚姻纹章。婚姻纹章的组合方式多样，有一分为二、并置、内嵌等几种形式。

随着时间的推移，纹章本身更加丰富多彩，教会、城市纷纷有了自己的纹章；到了19世纪，欧洲各行各业开始自由使用纹章，不再遵守纹章的特殊规则，至此，纹章逐渐失去了其重要的地位和所具有的意义。

纹章瓷的发展历程

纹章瓷的烧制始于明代中晚期。从明嘉靖时期开始，葡萄牙王室就开始向中国订制纹章瓷，并且通过西班牙人将纹章瓷带往欧洲和世界。目前发现的最早的纹章瓷标本是一件青花瓷壶，壶身绘有葡萄牙国王曼努埃尔一世的纹章。其纹章为带有其名字的浑天仪，象征着他控制世界的欲望。而在景德镇也出土了明万历末年的青花纹章瓷碎片，是目前国内所见最早的纹章瓷标本。根据葡萄牙学者的统计，葡萄牙皇室、贵族订制的纹章瓷器，包括葡萄牙本土，巴西、印度的果阿邦和第乌等殖民地，有实物存世的共计250—300套。其中16世纪至17世纪的约为26套，18世纪的超过130套，19世纪的约为60套。

虽然纹章瓷在16世纪40年代就已经出现，但是由于早期纹章瓷的订制者多为王公贵族，订制费用高昂，制作周期漫长，流行起来十分不便。大约在17世纪后期，法国首相马扎兰按照国王路易十四的命令，建立了中国公司，在这个公司通过广州口岸订制了大批带有甲胄、军徽、纹章图案的瓷器。此后，纹章瓷便在欧洲盛行起来。然而早期的纹章瓷以青花为主，很难体现欧洲纹章色彩斑斓的特点，因此纹章瓷的全面兴盛是直到清朝初期才开始的。

由于明末战争的缘故，中国的外销瓷产量锐减，而日本的外销瓷趁势崛起，生产了大量的纹章瓷器。随着清朝统一中国，战争平息，政治稳定，中国重回外销瓷器的舞台，并且稳坐头把交椅。至康熙年间，随着纹章瓷的逐渐流行，中国生产的纹章瓷受到了欧洲社会各阶层的热烈追捧，被视为异域奇珍。此时的欧洲各个王室纷纷以收藏中国瓷器为荣，王公贵族、富商巨贾、公司团体纷纷到中国订制纹章瓷器，中国外销瓷中的纹章瓷进入鼎盛时期。

图5-7

维多利亚与阿尔伯特博物馆藏。口径38.4厘米。到了康熙末年，中国的外销瓷产量大幅度提高，景德镇承接了大量的订单。这个瓷盘是英国皇室订制的，盘壁锦地十二开光内绘山水、花卉、人物、博古图案，盘心花鸟纹饰环绕绘制英国皇室纹章，纹章下横带书写"ENGELANDT"字样。

图5-7 青花五彩英国皇室纹章盘·清康熙

图5-8 粉彩描金英国皇家纹章茶壶·清乾隆

　　与此同时，中国的制瓷工业也达到了历史新高，除了青花瓷之外，五彩、粉彩、广彩登上了历史舞台。到了雍正时期，粉彩纹章瓷成为外销纹章瓷的主流，此时的纹章瓷订制者已不限于王公贵族，政府官员、商人、知识分子、神职人员等也加入了订制纹章瓷的行列。

　　至乾隆时期，纹章瓷的订制达到了历史高峰，此时景德镇和广州成为纹章瓷生产的重镇。早期的广州商人是将订单发往景德镇，根据订单要求以及商人提供的纹章图案，由景德镇窑工进行绘制烧造，成品则由景德镇运往广州，然后远销海外。由于景德镇距离广州路途遥远，运输过程中难免出现损毁；加之纹章瓷的纹章复杂，由于沟通不畅，绘制的纹章图案易于走形失真。而乾隆时期的订单数量与日俱增，为了更迅速地进行生产，广州商人凭借渠道优势也介入了生产领域。18世纪30年代，广东商人开始雇用工人、培训画工，将景德镇烧制好的白胎瓷或者有部分边饰的瓷器运送到珠江口，而后再由本地画工进行彩绘和二次烧制，完美呈现欧洲商人要求的图样。

图5-9

维多利亚与阿尔伯特博物馆藏。口径22.4厘米。当粉彩瓷器在雍正时期大规模生产之后，纹章瓷开始大规模采用粉彩瓷器。瓷盘盘壁上绘制的折枝花卉，在雍正官窑瓷器上亦可见到。盘心绘制的英格拉姆欧文子爵厄米恩的纹章，色彩有些脱落，可能纹章是后绘的。

图5-10

维多利亚与阿尔伯特博物馆藏。这套瓷器是景德镇仿造欧洲瓷器样式烧制的，纹饰则是在广州加绘后再烧的。果篮和果盘中心绘制东印度公司纹章以及铭文"由国王和参议院授予"。据说这套餐具是东印度公司成立百年订制的纪念瓷盘。

图5-9 粉彩花卉纹章图盘·清雍正

图5-10 粉彩描金东印度公司纹章果篮及果盘·清嘉庆

图5-11

西班牙普拉多博物馆藏。高7.5厘米，口径6.9厘米。杯为圆柱形，圈足，粉彩描金装饰，纹饰具有浓郁的西方特色。纹章为费尔南多·巴尔德斯·塔蒙所有。他曾经担任过西班牙驻菲律宾总督，获得过圣地亚哥骑士勋章，纹章盾徽边上的旗帜、长矛和火炮则是他战功的象征。此杯生产于雍正时期。

图5-11　粉彩描金费尔南多·巴尔德斯·塔蒙纹章杯

在纹章瓷外销的繁荣时期，除了葡萄牙之外，西班牙、英国、丹麦、比利时、荷兰、德国、法国、美国也加入了订制纹章瓷的行列。18世纪中叶，欧洲国家的纹章瓷订制数量达到了顶峰，而英国订制的顶峰则持续到了19世纪30年代。美国由于立国较晚，其订制纹章瓷的时间主要集中在18世纪末至19世纪上半叶。拉美国家订制纹章瓷则是受到葡萄牙和西班牙的影响。从种类上来说，目前可见的纹章瓷大约有6000种，其中以葡萄牙为最早，而以英国订制的种类最多，大约有3000种，稳居其后的则是荷兰，约有1000种，而其式样则更为丰富。

鸦片战争之后，随着中国外销瓷贸易的衰落，纹章瓷也逐渐走向了没落。中国本土并没有留下订购者、时间、图案的相关资料，瓷器标本也甚为罕见。然而国外各大博物馆收藏的纹章瓷，则为人们认识纹章瓷提供了充足的证据，==纹章瓷中蕴含着中西文化交流的基因，承载着中西方艺术交融的结晶，是中国瓷器走向世界的标志，是中国文化向西方施展影响的一个窗口。==

纹章瓷在欧洲的流行

葡萄牙人率先意识到可以在瓷器上加上专用的纹章，因而最早的纹章瓷器是他们要求制造的。至18世纪，纹章瓷在欧洲十分流行，葡萄牙、西班牙、法国、德国、波兰、匈牙利和意大利等国均有订制，以英国和荷兰居多。纹章瓷的销售市场有葡萄牙、西班牙、英国、丹麦、比利时、荷兰、德国、法国等一些欧洲国家，其次是美国、澳大利亚、印度等国家。这些纹章瓷目前收藏于欧、美一些国家的博物馆和私人收藏家手中，日本等国家也有少量收藏。在欧洲，纹章瓷的订制最具代表性的国家就是葡萄牙、英国和荷兰。

葡萄牙订制的纹章瓷

毫无疑义，葡萄牙人是最早订制纹章瓷的。16世纪至17世纪，有实物可证的葡萄牙纹章瓷26套，其中年代最早的是一件青花纹章玉壶春瓶，其年代为正德年间，具体时间为1519—1521年。这一时期皇室纹章瓷器包括曼努埃尔一世、若昂三世和腓力二世等国王纹章，订制人除了国王本人之外，还有一些是贵族、殖民地官员为了宣扬葡萄牙皇室权威而订制的。如曾任马六甲总督的佩罗·德法利拉就曾订制过此类瓷器。

17世纪末至18世纪，葡萄牙在中国订制的纹章瓷器明显增加，有实物可证的超过了130套。1690年之后，葡萄牙订制纹章瓷大量出现，其中以葡萄牙皇室订制的瓷器最为精美，从若昂五世的皇后玛利亚·安娜开始，布拉干萨王朝的历任国王、王后、王子均大量订购纹章瓷，数量庞大、样式繁多、色彩艳丽、制作上乘，充分体现了中国当时瓷器制作的最高水准。其中尤其以**佩德罗三世**、若昂六世订制的瓷器最具代表性。

图5-12 青花阿尔伯克基家族纹章盘·明万历

图5-13

葡萄牙奎卢兹国家宫收藏。这套粉彩描金瓷器是葡萄牙国王佩德罗三世委托订制的，是一套皇室晚餐用具，包括了烛台、各式餐盘、各式盖碗、奶杯、咖啡杯、盐窖和汤匙。除了佩德罗三世的纹章之外，每一件餐具瓷器的边缘都装饰着粉红色网格和小花图案，展现着皇家的艺术魅力。

图5-13　粉彩描金佩德罗三世纹章餐具成套·清乾隆

图5-14　青花五彩描金阿泰德纹章盖碗·清康熙　　　　　图5-15　伊万里风格马丁家族纹章盘·清康熙

　　同一时期，除皇室之外葡萄牙的海外殖民官员、航海家和商人也纷纷加入订制纹章瓷的行列，并且成为一种风尚，出现了很多精品纹章瓷。如曾任巴西总督的阿托吉亚十世伯爵**佩雷格里诺·德·阿泰德**订制的一批纹章瓷，均为青花五彩装饰，风格华丽，造型包括盘、壶、盖钵等。而葡萄牙的第40任印度总督德桑帕约梅洛·卡斯特罗于1720年订制的一批纹章瓷，则有五彩、青花和伊万里等多重装饰风格，体现了康熙晚期纹章瓷的典型特点。马德拉群岛的统治者科斯塔在18世纪订制的剃须盘，葡萄牙阿兰特斯要塞总司令梅内塞斯订制的瓶、壶等纹章瓷，其鸟形纹饰和7个城堡组成的盾徽等独具特色。

　　葡萄牙作为订制纹章瓷的先行者，在欧洲开风气之先，引领了中国瓷器热销欧洲的新风尚，让中国文化以一种独特的视角进入欧洲人的眼中，深化了中国瓷器在欧洲的影响。

英国订制的纹章瓷

英国人订制纹章瓷的时间要晚于葡萄牙人，其大规模的订制则是英国东印度公司成立之后的事情，进入18世纪之后，英国人逐渐成为纹章瓷订制的大户。从订制数量来说，英国人才是订制纹章瓷的主要客户，通过大量调查研究，英国纹章瓷研究专家大卫·霍华德从大约5000套瓷器中，发现超过3325套纹章瓷是为英国市场制作的。这些纹章瓷的订制者包括东印度公司及西印度公司的员工、专业人士、皇室和贵族、地主乡绅、定居海外的英国人、公司社团机构以及其他人士，其中皇室贵族订制的纹章瓷有366套，而数量最多的则是英国地主乡绅的订制品，达到了1508套，几乎占到了霍华德统计的英国纹章瓷数量的一半。

图5-16

大英博物馆藏。高4.7厘米，口径52.1厘米。盘为八方形，口沿装饰细小莲瓣纹和连钱纹，盘壁绘制中国传统的博古图案。盘心的纹章为牛津主教威廉·塔尔博特所有，此人还是英国上议院的代表，以豪奢著称于世。此盘是他订制的瓷器，纹饰上采用了中国元素，而造型则采用了当时欧洲流行的银器样式。

图5-16　青花塔尔博特纹章八方盘·清康熙

英国的纹章瓷订制主要集中在18世纪，大致可分为三个时期，第一期从17世纪末到18世纪30年代前期，为纹章瓷的初创期，器形还是以中国传统样式为主，但也有少量咖啡杯、马克杯、牛奶壶等西方器形的器物。器物以实用为主，极少陈设器。青花、五彩、矾红描金是这一时期纹章瓷最常见的品种。到了雍正后期，粉彩和墨彩开始崭露头角。纹章瓷的辅助纹饰基本都是中国的传统纹饰，龙凤图案大量出现，从一些瓷器上可以看出整个图案并非为纹章瓷专门设计的，纹章放在其中显得很不自然，呈现出早期纹章瓷生产还不够成熟的一面。早期瓷器中也有伊万里风格的瓷器，如肯特郡的**豪斯蒙顿家族**的纹章餐具瓷器就是其中的代表。这套餐具是由1721年在广州担任货物管理员兼东印度公司议会成员的约翰·豪斯蒙顿为他的兄弟或者堂兄弟丹尼尔·豪斯蒙顿订制的，这件瓷盘和其他类似餐具由"马尔堡"号运入英国。这艘东印度公司的船只1716年到达广州，之后带着价值20万英镑的货物回到了英国。在瓷盘的边缘上，重复出现了四次纹章，并且巧妙地用花枝组合成一个图案。另外一件早期的纹章瓷，大约制作于1720年。盘子边缘上用青花暗刻的手法饰以传统中国风格的龙凤图案。盘上的纹章是勒特维奇家族和巴格诺尔家族的结合。将妻子的家族纹章以小盾形装饰，放在她丈夫家族的纹章中间，以表明妻子是一位纹章继承人。这个纹章用铁红、白色和金色颜料画在瓷盘中心，四周是传统中国式风格的金色锦地花纹。这套餐具很可能是由什罗普郡的勒特维奇地区的托马斯·勒特维奇爵士订制的。他的妻子可能是斯塔福德郡和威尔士地区的巴格诺尔家族继承人。这种饰以暗刻龙纹的餐具的存世量不到10套，且都是由英国家族订制的。另外一件同时期的瓷盘是一组饰以伦敦杜波依斯家族纹章的餐具之一。查尔斯·杜波依斯从1708年至1738年在东印度公司担任总出纳，他的生平事迹被威廉·福斯特爵士记录下来，作为东印度公司的活动档案之一。杜波依斯家族1634年被授予家族纹章，这套餐具可能是查尔斯·杜波依斯在1723年前后通过1722年在广州担任初级货物管理员的儿子或者侄子订制的。

图5-17　伊万里风格豪斯蒙顿纹章盘·清康熙

图5-17

维多利亚与阿尔伯特博物馆藏。口径22.2厘米。此盘仿伊万里风格，以青花加矾红彩、描金装饰，盘为折沿，浅腹，圈足。宽口沿以缠枝花卉和如意形开光花卉纹间隔，绘制四个小型纹章，盘心缠枝花卉环绕绘制一个大型纹章。

第二期从18世纪30年代后期至18世纪70年代，为英国纹章瓷的发展期。这一阶段，西方器形的瓷器开始增加，成套餐具中调料杯、汤盆比较多地出现，陈设器上也开始装饰纹章。第一期流行的青花、五彩、矾红描金等瓷器品种被粉彩所取代，尽管青花纹章瓷还有少量生产。在这一阶段，英国客户对纹章以外的图案装饰提出了具体的要求，纹章瓷整体图案西化风格明显，受到迈森瓷器图案影响较大，中国元素减少，第一期流行的龙凤图案、鲤鱼跳龙门图案彻底消失。这一期后半段纹章瓷边饰开始往格式化方向发展。如大英博物馆收藏的里科·欧克弗订制的粉彩纹章盘，装饰华贵，风格具有典型的西方特征。订制者欧克弗在英国专门请了艺术家为他的纹章瓷设计了完整的图案，然后进行上色。他在1739年和1743年分别在中国订制了两批纹章瓷，都以此图稿为模板，而且其设计图稿保留至今。18世纪40年代，英国的纹章瓷出现了一种被称为**"情人节样式"**的图案设计，大英博物馆收藏的一件**粉彩纹章瓷盘**最为典型，盘心绘制的图案就是"情人节样式"的母题。这一图案以一棵橡树为中心，右边的天空绘有飞鸟，地下有两只狗，还有风笛、拐杖、帽子，远处有群山、羊群；树的左边地上则有弓箭、一对鸽子、火盆和棕榈树。盘口沿对应的两处开光内以粉彩分别描绘英国普利茅斯港和广州港的风景，空白处描绘纹章，也许是口沿空间有限，纹章主体图案和羽饰分开绘制，放在口沿上下对应的位置。该纹章的拥有者是著名的**安森**船长，作为环球旅行的一部分，他在1743年率领船员乘坐"百夫长"号到达广州，碰巧遇到广州发生火灾，他带领船员奋力扑救。为了表达谢意，当地商人根据安森的专用画师提供的画稿为原型，改动以后绘制了这一套纹章瓷送给他，这幅画稿保留至今。

图5-18
五彩描金龙凤纹勒特维奇家族纹章盘
清康熙

图5-19
伊万里风格杜波依斯家族纹章盘
清康熙

图5-20　粉彩"情人节样式"安森家族纹章盘·清乾隆

盘底

　　第三期从18世纪70年代至18世纪末，这是英国纹章瓷的成熟期，这一阶段纹章瓷器形有中式也有西式，个别器物如茶壶、牛奶壶造型与前两期相比有了较大的变化。纹章瓷边饰变得更加简单，开始有了固定的模式，以几何图案和细碎花纹为主，前两期常见的山水、人物等图案基本不见。边饰除了青花外，还大量使用釉上蓝彩描金等新的装饰手法。同时为了节省成本、提高效率，纹章瓷除了简单的边饰和纹章图案本身外，没有过多装饰，大量空间留白，第一期密不透风的装饰方法不再出现。这一时期值得注意的是，为了方便快捷地为纹章瓷的用户提供服务，出现了样品盘。如维多利亚与阿尔伯特博物馆收藏的两件**样品盘**，其中一件盘的口沿部以釉上彩描绘了四种边饰，分别标有17、18、19、20的序号；另一件标有21、22、23、24的序号，每件盘心有两种纹章的样式。在这种样式的基础上，英国客户可以根据自己的喜好选择边饰及盘心纹章样式，使得纹章瓷的订制和生产更加方便、快捷、准确。

图5-20

大英博物馆藏。口径22.9厘米。以田园风光、爱情寓意和异国风情进行组合，被称为"情人节样式"。橡树右侧的图案组合被称为"缺失主宰"，左侧的图案组合被称为"爱的祭坛"。盘沿上的海港景观分别代表了广州港和普利茅斯港。这些纹饰是由安森船上的绘图员佩尔西·布雷特绘制的。值得注意的是，在盘底还绘制了缠着缆绳的铁锚图案，这在外销瓷中十分罕见。

图5-21

维多利亚与阿尔伯特博物馆藏。口径24.8厘米。瓷盘上的数字对应着不同的边饰图案，而且内部纹饰也是相互对应的。

图5-22
粉彩描金弗里姆家族纹章叶形酱料杯
清乾隆

图5-21　粉彩描金纹章瓷样品盘·清乾隆

值得注意的是，英国纹章瓷中的皇室纹章瓷不但体现了皇家风格，还有很深的政治寓意。如一件镀金彩绘饰以**苏格兰皇家纹章**的瓷盘。根据相关资料可知，这个纹章至少有六种不同的变形，在此盘上的这款是在汉诺威国王乔治一世、乔治二世和乔治三世执政时期使用的皇家纹章。座右铭是"犯我必诛"和"护卫"。在盘边缘的左右两侧各饰以蓟花勋章和圣安德鲁像，上下则饰以用首字母"WF"或者"FW"组成的烫金字母纹样。绘制风格表明这是皇家徽号，字母纹样可能代表的是（乔治）威廉·腓特烈，乔治二世的孙子，在1760年加冕为乔治三世。事实上，省略了首字母G可能是因为乔治二世仍然在世。也有观点认为，这套餐具是在1745年詹姆斯二世党人企图推翻汉诺威政权的暴动失败之后没多久订制的，用来展现汉诺威国王们在苏格兰重新建立起的皇权。

图5-23　粉彩描金苏格兰皇家纹章盘·清乾隆

图5-24

大英博物馆藏。高4厘米，口径7.6厘米。杯上的纹饰是典型的伪纹章，属于反法爱国社团，这个社团是一个类似共济会式的爱国组织，成立于1745年，总部设在伦敦。纹章上部的女子是不列颠尼亚，盾徽上的圣乔治持矛刺向象征法国的百合花盾牌，象征英国战胜了法国。

图5-24
粉彩描金反法爱国社团纹章杯·清乾隆

此外，英国的纹章瓷器中还有一种"伪纹章"瓷。之所以称其为"伪纹章"，是因为这些图案并非严格按照纹章学的规定来设计，也没有通过纹章院的审核，是由个人创造出来的。这其中有些基本具备纹章的外形，有些甚至连外形都不具备，但是这类瓷器和纹章瓷一样都可以找到确定的订制人。"伪纹章"瓷的订制者有个人和社会组织，个人订制的最为常见，一些刚刚富有的商人阶层或者中产阶级，想拥有一套带有自己标签的中国瓷器，但是自己家族并没有显赫的背景，没有家族纹章可以继承，也又不愿意花费时间、金钱和精力去纹章院申请一个真正的纹章。于是就采用以姓名的首字母为主体的图案，周围再加上一些简单的装饰，以这样的形式订制"伪纹章"瓷。订制"伪纹章"瓷的社会团体，最著名的当数**反法爱国社团**，该组织于1745年在伦敦成立。大英博物馆收藏有一件18世纪中期的**粉彩描金茶杯**，占据主要画面的是一个类似纹章的图案，纹章的基本要素全部具备。盾形纹章上画的是圣乔治骑在马上，手执长矛刺向法国王室的盾徽。盾牌下面的飘带上写着"为了我们的祖国"。这个图案具有所有纹章的要素，但并不是严格意义上的纹章。这个社团成立的目的是促进英国的商品生产，抵制法国服装和产品的倾销。这类图案一般是印在传单或者其他印刷品上来宣传社团的理念，千里迢迢从中国订制瓷器并描绘上这一图案也算是赶了一次纹章瓷的时髦。

🏺 荷兰订制的纹章瓷

如果说16世纪葡萄牙和西班牙几乎垄断了中欧贸易的话，那么素有"海上马车夫"之称的荷兰则是17世纪海上贸易当之无愧的第一推手。荷兰东印度公司是中国瓷器得以闪耀世界的助力者，它不仅影响了明清时期的景德镇瓷器产业，更改变了整个世界的贸易格局。荷兰人最初通过劫掠葡萄牙商船，抢夺来的瓷器使其获得了高额利润，由此荷兰人开始重视与中国的瓷器贸易。

17世纪初，中国和荷兰的瓷器贸易就已经按照国际惯例，采取签订销售合同、预付定金的方式进行。作为景德镇瓷器在欧洲的主要代理商，荷兰东印度公司收集不同国家的要求转达到中国，然后再把运到荷兰的瓷器分销到欧洲各国。经过几十年的贸易，荷兰商人认识到中国瓷器虽然精美，但并不符合欧洲人的生活习惯。为了使中国瓷器能够在荷兰及欧洲其他地区畅销，公司很快就主动向中国商人提供样品，把欧洲器皿的造型和装饰风格介绍到中国，促进了中欧陶瓷艺术交融。据莱顿大学教授A.乔克统计，1730—1789年，荷兰东印度公司装运并拍卖的瓷器约4250万件，至18世纪80年代末，仅荷兰东印度公司贩运的瓷器就超过6000万件。按通常的比例，除去约1/4的日本瓷、北部湾瓷等，中国瓷器应不少于4500万件。

图5-25
青花四季花鸟纹方瓶·明崇祯

图5-25

维多利亚与阿尔伯特博物馆藏。高25.7厘米,宽10.8厘米。1580年左右,景德镇开发出的克拉克瓷器很快在世界范围内热销,荷兰人是主要的推手。而到了17世纪20年代的时候,由于官窑瓷器的需求下降,景德镇的瓷工不得不瞄准新的市场开发新样式的瓷器。就在此时,荷兰人提供了欧洲大酒杯、伊朗瓶等器物让景德镇仿制,这种方瓶就是以荷兰人提供的玻璃方瓶为原型烧制的。

图5-26

维多利亚与阿尔伯特博物馆藏。高20.3厘米,口径8.5厘米,足径9.7厘米。从造型上看,此杯是典型的西方样式,而纹饰的绘制无论是妇女、帐篷、婴儿、鞍马还是缠枝花卉和把手上的祥云纹,都具有浓郁的中国风格。据推测,杯上绘制的是文姬归汉故事。

图5-26
青花人物故事纹大杯 · 明末

　　18世纪的早期,可能是受到英国风尚的影响,纹章瓷在荷兰也开始兴起。荷兰纹章瓷都是按订户的要求特别制作,大致可划分为名人纹章、省城纹章、机构或公司纹章、军队纹章等。名人纹章中既有国王、王后,也有名门望族或知名人士订烧的瓷器。如遇授勋、结婚之类喜庆典礼时,往往要订制纹章瓷,绘上家族徽号和甲胄做纪念,以此相炫耀,**为纪念新婚**而特别订制的**纪念瓷**,往往要饰以男女双方家族的纹章。家族的纹章只能由长子完整地继承,因此,每一个完整的家族纹章出现时,就证明此人是家中的长子。而每经过一次婚姻,都要由女方的家族纹章和男方的个人身份、地位(主要从头盔中识别)及家族纹章三个方面组合成一个新的纹章。如果找到他们结婚的时间,就能给纹章瓷断代,一般时间准确,误差在两三年。

图5-27　粉彩描金莫里斯·凡·阿尔登夫妇纹章图茶具

图5-27

荷兰国家博物馆藏。这套瓷器共计31件，包括茶壶、牛奶壶、茶罐、糖碗、水槽、盘子、帕蒂锅、耳杯、茶杯和茶碟，这是其中的一部分。这套茶具生产于乾隆时期。

通过荷兰的历史可知，早期荷兰各省是为了反抗西班牙的统治而结合起来的，无论是奥兰治家族统治时期还是共和国时期，荷兰各省都拥有自己的民兵军队、政府，当然每一个省份都拥有自己的纹章。不但是省份，甚至有些城市也拥有自己的纹章。从传世的纹章瓷器看，荷兰各省或者著名城市都订制过属于自己的瓷器，比如林堡省、泽兰省、格罗宁根省、**海尔德兰省**等，这些瓷器主要是康熙时期的产品，以青花五彩装饰，盘心是不同省份的纹章，纹章仅有盾徽和上面的王冠，缺乏其他因素，绘制也比较粗疏，其余图案依然保留着中国传统风格。根据各大博物馆的收藏情况显示，这批瓷器的订制者，包括英国、法国、荷兰、卢森堡、阿姆斯特丹、安特卫普、阿图瓦、布拉班特、法兰德斯、弗里斯兰、海尔德兰、格罗宁根、埃诺、林堡、鲁汶、梅克林、那慕尔、上艾瑟尔、鹿特丹、乌得勒支、弗拉尔丁根、林堡和聚特芬等23个国家和地区。据此有人推断这批瓷器是1713年《乌得勒支条约》签订之后，荷兰人为了纪念胜利而订制的。但是霍华德认为这些瓷器是荷兰人为了纪念1717年荷兰、法国和英国结盟而订制的。除了里面的法国、英国、卢森堡属于国家之外，也有一些省份已不属于荷兰管辖，如其中的那慕尔，在16世纪的时候是西班牙属尼德兰的一部分，17世纪末18世纪初英国和法国也曾争夺过这一地区，现在是比利时的一个省份。

目前可见的荷兰皇家订制的纹章瓷器并不多，根据传世品可知当时荷兰皇室也曾订制过中国瓷器，这种订制基本上是由荷兰东印度公司负责承办的。如大英博物馆收藏的一件奥兰治亲王威廉四世的纹章杯，作为荷兰七省的统治者，威廉四世订制了带有自己纹章的瓷器，而且这个瓷器上的纹章是威廉四世及其妻子的组合纹章。大英博物馆还有一套有着荷兰皇家纹章的瓷器也值得注意，瓷器上的纹章是完全复制了荷兰东印度公司在1751年铸造发行的银币图案，甚至连银币的棱纹也精细仿制在了托盘的边缘。

荷兰纹章瓷器中最多的是贵族、富商和东印度公司的成员订制的瓷器。如一件甜点盘组包括一个中间的星形盘和八个配套的小盘，这组甜点盘是由荷兰客户订制的最早的一件彩绘纹章瓷，饰以素三彩装饰，将绿色、紫色和黄色绘在未上釉的素胎上。这组瓷器中的每一件上都带有约翰内斯·坎普斯的纹章。纹章是一个盾形开光里面有一只举着榔头披着铠甲的手臂，顶上是一个头盔和鸟冠以及一只同样披甲的手臂。这个纹章可能暗示了约翰内斯·坎普斯在荷兰哈勒姆从事的第一份职业——银匠。1645年，他开始在巴达维亚担任初级职员，之后一路高升，成为巴达维亚总督。他在亚洲任职时，钟爱日本文化和饮食，可能因此订制了这组瓷器用来盛装日本食物。还有一件由斯奥道勒斯和埃德里安·范·勒夫豪斯特兄弟在1745年前后订制的瓷碗，它来自一套数目极为庞大、装饰极为华丽的荷兰餐具，整套由超过550件瓷器组成。整体设计独特，在瓷碗中间的范·勒夫豪斯特家族纹章周围绕着八个小的家族纹章，分别代表两兄弟的父母和祖父母、外祖父母等各自的家族。这是第一次在餐具上看到用祖先纹章来描绘完整的家族谱系的做法。

在18世纪后期，荷兰由于海上实力的衰弱，瓷器的进口远不及英国，加之长期坚持转口贸易，迅速被英国等国家甩在身后，因此荷兰的纹章瓷开始走向衰落。尤其是代尔夫特陶瓷的崛起，让荷兰人本能地转向了使用本土瓷器，这也冲击了荷兰向中国订制瓷器的市场。

图5-28　五彩描金花卉纹海尔德兰省纹章图盘·清康熙

图5-28

荷兰国家博物馆藏。高3.3厘米，口径24.1厘米，足径13.6厘米。盘为莲瓣式，青花五彩描金装饰，盘壁有12个冰梅纹地莲瓣开光，开光间隔绘花卉清供和人物图案。盘心以花鸟图案围绕绘海尔德兰省纹章，纹章下飘带上写"GELDERLANT"。

其他欧洲国家订制的纹章瓷

其他欧洲国家，像法国、西班牙、瑞典、比利时、丹麦、挪威和俄罗斯也与中国建立了贸易关系，订制瓷器也开始在这几个国家流行，但是从纹章瓷的角度来说，无论是种类还是数量，都难以和英国、荷兰比拟。

以法国为例，早在14世纪，法国皇室的收藏清单中就有了中国瓷器的记载，法国国王弗朗西斯一世更是将中国瓷器作为私人秘宝放在壁橱中随时赏玩。随着17世纪早期荷兰和英国东印度公司的成功，第一家法国东印度公司在1664年成立。1698年，法国商船"安菲特律特"号成功实现了从法国拉罗切利港到中国的远航，并于1700年带回了180多箱瓷器。这些瓷器在法国引起了轰动，值得注意的是其中有两件瓷器与纹章瓷有关，一件是绘制了格兰迪皇太后纹章的青花小碟，一件是绘制了法国皇太子与玛丽公主婚礼情景的粉彩大盘，可以说这是法国皇室订制瓷器的先例。此后也有一小部分绘制路易十四、**路易十五纹章**的瓷器，但是数量有限。在整个法国东印度公司运营期间，它从中国运往法国和瑞士的货物中，纹章瓷仅占很少的一部分，其数量也不像英国和荷兰那么多。法国收藏家、学者安托万·勒贝尔鉴定出268套由法国和瑞士家族在18世纪所订制的餐具，这个数字远远低于同时期英国订制的几千套的数量。与英国和荷兰的纹章瓷的情况相同，法国纹章瓷主要也是由那些直接或间接与法国东印度公司有关的人员或家族订制的，包括了船主、银行家、皇

图5-29　粉彩描金范·勒夫豪斯特纹章盘

室高级官员、地方行政官和陆军或海军官员。他们一般会委托朋友或信任的联系人订购纹章瓷，随后由货船的船长和他们的助手或者货物管理员负责管理。像维多利亚与阿尔伯特博物馆馆藏的法国纹章瓷就非常少，绝大多数是由那些后来搬到荷兰或者英格兰居住的法国家族订制的。

图5-31

法国凡尔赛宫藏。高6厘米，口径38厘米。1738年，法国国王路易十五通过法国东印度公司订制了一批餐具，后来这套餐具因为战争流失。2018年在布鲁日的一场拍卖会上，该盘被凡尔赛宫所得，重新入藏。

图5-30　仿伊万里风格奥尔良公爵纹章花觚·清

图5-31　粉彩描金路易十五纹章盘·清乾隆

图5-32　粉彩描金路易十五纹章盖碗·清乾隆

　　相比法国，德国在订制瓷器上要落后许多，因此德国订制的纹章瓷器相对更少。1684年，第一家德国东印度公司由腓特烈大帝的祖父勃兰登堡选帝侯创立，可惜的是，它的船只都未能抵达中国。普鲁士德国的**腓特烈二世（即腓特烈大帝）**于1751年宣布成立埃姆登公司，派遣商船前往中国参与利润丰厚的贸易，部分船只曾经抵达广州，返航途中"普鲁士"号也曾在东弗里斯兰遭遇搁浅，损失了部分瓷器。然而埃姆登公司并没有为腓特烈大帝带来巨额利润，随着七年战争的爆发，腓特烈大帝卷入战争之中，战争胜利之后，公司曾想将部分瓷器售与腓特烈大帝，腓特烈大帝因为手中无钱所以拒绝。1756年，埃姆登公司曾在一家荷兰报纸上刊登广告，声称出售"200件青花瓷和珐琅瓷器，其中几件皇家瓷器非常精美"。绘制着腓特烈大帝纹章的瓷器保留了下来，比如大英博物馆就收藏了两件。总的来说，目前流传于世的德国订制纹章瓷器虽然数量不多，但一些博物馆也有所收藏，说明德国人当时也热衷于订制中国瓷器。

图5-32

法国凡尔赛宫藏。高8.7厘米，口径12.1厘米。这三个盖碗是路易十五通过法国东印度公司订制的，由景德镇生产。盖碗具有明显的西方风格，除了花卉图案具有中国风格之外，盖碗上精心描绘了路易十五纹章以及法国的金百合图案。

图5-33

大英博物馆藏。长47厘米。盘为椭圆形，花口，盘口沿有金色边一周，并绘有矾红色描金帷帐。盘心绘腓特烈大帝纹章，盾徽上有40个代表王室历史渊源的盾牌。盘上的金色帷帐是为了掩饰盘上的残损而后加的。

欧洲的纹章瓷，在许多国家有收藏，如比利时、俄罗斯、丹麦、瑞典以及英国皇家，其中许多纹章瓷器不仅仅记载着一个家族的历史，更记录了一段东西方交流的历史。如德国德累斯顿茨温格尔宫，就是欧洲最大的瓷器专项博物馆，这个馆内收藏的中国历代瓷器达4.2万件，其中明清的中国外销瓷就达2.41万件，而大部分藏品来源于1670年至1733年的萨克森公国显赫一时的奥古斯特二世及其子奥古斯特三世的家族收藏。这些弥足珍贵的中国外销瓷器是17、18世纪欧洲与中国对外经商和贸易等社会活动的实物见证，也是考证清代康熙、雍正和乾隆时期中西方美术交流的直接佐证。

图5-33　粉彩描金腓特烈大帝纹章椭圆形盘·清乾隆

图5-34

大英博物馆藏。高2.4厘米，口径23.2厘米。据说这个花口盘和图5-33的椭圆盘都是"普鲁士"号的货物，因为搁浅而有所损伤，无法呈献给腓特烈大帝，因此做了修补后在市场上销售。

图5-34　粉彩描金腓特烈大帝纹章花口盘·清乾隆

纹章瓷在美洲的订制

早在殖民地时期，美国就开始进口中国瓷器。美国独立后，迅速开展直接对华贸易。1804年5月，《普罗维登斯报》载"广州瓷器商人亚兴官，敬请转告美国商人、大班和船长，现有一批精美瓷器，包括各种纹章、花押和彩绘瓷，风格高雅，价格合理，一俟订货，即可成交"。美国人从18世纪晚期开始试制纹章瓷。当时一些原本在欧洲并非贵族的人到了新大陆，也附庸风雅订制纹章瓷，于是新出现了拼凑、仿造纹章的情况，或者选一个纹章样式，把家庭字母改成自己的姓氏，或者直接挪用英国军队的纹章。

总体上说，美国纹章瓷与欧洲略有不同，少见家族纹章，多数为城市或协会的徽章。那些以到达中国为自豪的商人、船员往往在他们购置的中国瓷器上绘上广州的图案或者他们所乘船只的图案，以作为传家宝，反映出独立战争后美国流行的个人主义思潮和求实精神。

墨西哥、巴西以及其他南美国家订制纹章瓷的年代较晚，集中在19世纪，主要是受到葡萄牙、西班牙的影响。

图5-35

费城艺术博物馆藏。高3.5厘米，口径15.9厘米。盘口沿装饰了一圈小花，盘心边缘装饰红色纹饰一周。盘心的纹饰盾牌中间绘制了一朵花，两侧是两面旗帜，盾牌上面是两只相对的鸟，覆盖着蓝色帷幔。从造型上说，这个纹章应该是美国家庭设计的伪纹章。

图5-35　粉彩描金纹章盘·清乾隆

图5-36　粉彩共济会纹章碗·清嘉庆　　　　图5-37　粉彩描金连体字母纹章盘·清乾隆

🍶 美国人订制纹章瓷器

考古资料已经证明，美国和中国的贸易可以追溯到17世纪，当时的北美殖民地商人就已经和中国有了直接接触，中国商品已经涌入了尚是殖民地的美国。在早期殖民地的记载中，纽约、波士顿、塞勒姆和费城都有关于中国出口瓷器的信息。1622年，一名英国旅行者向当局汇报波托马克河情况时曾提及中国瓷器，而17世纪末，一名纽约人的遗嘱中也提到了家庭财产中的中国瓷器。而詹姆斯敦等地出土的瓷器更加证明中国瓷器早已在殖民地时期的美国流行。

到了18世纪，美国的瓷器主要是通过英国东印度公司获得的，随着纽约、费城和波士顿等港口的繁荣，当时的殖民地居民也开始通过东印度公司的代理商订制瓷器，与此同时，英国本土的殖民地居民亲戚也将瓷器作为礼品赠送给殖民地的相关人士。到了18世纪中叶，美国殖民地的富裕家庭开始拥有自己的瓷器，最具代表性的是**查尔斯顿的布尔家族**和纽约的韦普朗克家族订制的瓷器。虽然这些瓷器上并没有纹章图案，但是有足够的证据表明这些瓷器是这两个家族从中国订制的。

纹章瓷器在18世纪的英国十分流行，受英国和欧洲大陆的影响，纹章瓷器也逐渐在美国殖民地开始出现。虽然美国殖民地和中国的直接接触始于1784年，但在此之前，根据相关传世文物可知，在1715年美国就有了纹章瓷器，其最典型的代表则是居住在纽约的豪斯曼登家族的纹章瓷器，与此同时，纽约的克拉克家族、马萨诸塞州塞勒姆的希金森家族、**波士顿的塞缪尔·沃恩家族**都拥有点缀着纹章的瓷器。

然而，殖民地时代的美国瓷器订制始终受制于英国东印度公司，并不能满足当地的需求。1784年，"中国皇后"号满载着美洲的货物驶向广州，中国和美国的贸易终于进入了一个全新时期，随着这艘货轮的返航，美国终于不再受制于人而运来了梦寐以求的中国瓷器，引发了美国民众的热捧。当第二艘驶往中国的货轮"帕拉斯"号于1785年抵达巴尔的摩的时候，巴尔的摩的报纸上登载了这个消息，船上的瓷器则被一百多名美国的社会精英抢购一空，这些人里面包括了亨利·李上校和乔治·华盛顿。值得注意的是，船上的货物中有一个釉上彩绘描金的碗，碗壁上绘制着**辛辛那提协会**的纹章，这是美国人通过直接贸易自己的订制的纹章瓷。

图5-38 粉彩山水风光图布尔家族潘趣碗·清乾隆

图5-39　粉彩描金花卉纹盘·清乾隆

图5-40　墨彩描金塞缪尔·沃恩纹章盘·清乾隆

图5-39

大都会艺术博物馆藏。口径38.4厘米。18世纪的时候，中国外销瓷是美国富裕家庭必不可少的奢侈品，这个花卉纹盘是韦普朗克家族订制的瓷器，虽然没有纹章，但是韦普朗克家族未间断的历史已经证明，这件瓷器曾经放置在华尔街3号韦普朗克的豪宅内。

图5-41

大都会艺术博物馆藏。口径24.1厘米。这是美国国父乔治·华盛顿曾经拥有的瓷器之一，盘心是辛辛那提协会的图案，一个天使提着海雕标志的纹章。辛辛那提协会是美国独立战争期间大陆军的退役军官创建的一个社团，华盛顿曾担任该协会的名誉主席。

图5-42

大都会艺术博物馆藏。这200多件瓷器是马里兰州大陆会议代表塞缪尔·蔡斯订制的，所使用的纹章并不是他自己的，而是从他的姑妈玛格丽特那儿借来的。蔡斯是一名虔诚的联邦主义者，也是《独立宣言》的签署者，曾担任美国最高法院法官。这套瓷器包括盘子、汤盘、茶杯、咖啡杯以及各式拼盘、盖碗等。据推测这套瓷器是蔡斯和汉娜·基尔蒂·吉尔斯结婚的时候专门订制的。

图5-41　青花粉彩辛辛那提纹章盘·清乾隆

图5-42 粉彩描金汤利家族纹章瓷全套·清乾隆

美国货船和中国直接进行贸易，运回了大量的精美瓷器，获得了巨额利润。因此来自纽约、波士顿、费城、巴尔的摩、普罗维登斯和塞勒姆等港口的商人等纷纷加入了投资远洋贸易的行列，其中塞勒姆的富商埃利亚斯·哈斯科特·德比就曾投资"大科特"号的远航，并且在中国订制了272件带有自己纹章的瓷器。随着时间的推移，纽约成为美国对中国贸易最繁忙的城市，正因为如此，纽约才保存了大量的带有国家纹章的瓷器和一些富有想象力的私人纹章的瓷器，许多瓷器本身就承载着一个家族的历史和奥秘。私人纹章的委托人大多数是一些试图通过瓷器展现地位的商人，最初的纹章设计往往是纹章和家庭首字母的组合，此后，美国人逐渐抛弃了纹章和伪纹章，首字母组合成为主流设计。从国家层面来说，建国之初的美国订制了不少关于国家领袖如华盛顿、富兰克林、约翰·亚当斯等人肖像和国家纹章组合的瓷器，以纪念这个国家的诞生。

　　随着中国国门被西方列强打破，中国古代的瓷器外销也辉煌不再，而美国人自从《望厦条约》签署之后，早已失去了对中国商品的热情，而将兴趣转向了从中国捞取更多的利润上，因此美国的纹章瓷也就彻底衰落了。

鲜为人知的墨西哥纹章瓷

在墨西哥城的考古发掘中，就曾发现过中国瓷器，这可能是西班牙大帆船运送到墨西哥的。但是对于中国出口到墨西哥的瓷器，相关研究一直很少，即便有一些文章，也大多是西方学者发表的，而墨西哥订制的中国纹章瓷，更是鲜有关注。其实关于中国外销瓷中的纹章瓷的研究，也不过是20世纪50年代之后的事情，而在此之前，西方国家大多数人都以为纹章瓷是英国的洛斯托夫镇生产的，甚至用"洛斯托夫瓷"来称呼纹章瓷，而忽视了其真正产地——中国。

其实随着新世界的发现，拉丁美洲的贵族家庭、民间企业以及**宗教官员**都对中国瓷器产生了浓厚的兴趣，纷纷订制中国瓷器。在西班牙国王卡洛斯三世时期（1759—1788），许多墨西哥家庭和企业订制了很多装饰着完整纹章的餐具，一些公司则订制了用字母组合的"伪纹章"瓷器。等到卡洛斯四世继位之后，墨西哥的新西班牙公司并不满足于订制纪念瓷器来庆祝这一事件，而是热情地订制纹章瓷器，并将这些瓷器分发给知名人士以作纪念。

图5-43

大都会艺术博物馆藏。高25.9厘米，腹径23.5厘米。这个罐子上的主要图案是一只双头鹰抓着一颗被箭刺穿的心脏，这是天主教圣奥古斯丁教团的纹章。16世纪，圣奥古斯丁教团的修士曾在墨西哥、菲律宾和中国澳门建立修道院，这个青花罐就是教士订制的瓷器。考古发掘也在墨西哥城的索卡洛发现过类似的瓷器。

图5-43　青花圣奥古斯丁纹章罐·明晚期

图5-44　粉彩描金皇家矿业法庭纹章盘·清乾隆

图5-44

休斯敦艺术博物馆藏。高2.8厘米，长33.7厘米，宽26.7厘米。盘为倭角长方形，口沿蓝彩装饰矛头纹一周，盘心粉彩描金绘制纹章，边上有一圈铭文，铭文的大意是1789年新西班牙皇家矿业法庭下令在墨西哥铸造了这座忠诚纪念碑。

图5-45

弗朗茨·迈耶收藏，口径24.7厘米。盘心为加尔维斯纹章，纹章上面的飘带上书写着铭文，表明盘子的订制者。

图5-46

休斯敦艺术博物馆藏。口径23.2厘米。这个装饰简洁的纹章盘是普埃布拉市订制的，纹章是由西班牙国王颁布的。

追溯瓷器进入墨西哥的历史，不得不提及西班牙控制菲律宾，在此之后，西班牙的船只在马尼拉和阿卡普尔科之间定期航行，为新世界运送价值高昂的货物，其中大部分货物来自中国，瓷器是这些货物的重要部分——这些瓷器是从中国转运到马尼拉的。中国瓷器抵达墨西哥的时间最早应该是1573年，因为这一年的12月5日，新西班牙的总督唐·马丁·恩里克斯在给国王腓力二世的一封信中提及，两艘从马尼拉出发的船只于11月抵达阿卡普尔科，并第一次将瓷器带到了墨西哥。此后，相关的文献资料也都证实了中国瓷器被运送到墨西哥，而且数量很大，品质精美。然而16世纪由马尼拉大帆船运输到墨西哥的瓷器而今也是所剩无几，但是在一些公私收藏中，可以找到一些17世纪的瓷器，而其中最多的是18世纪的瓷器，并且保留下了大量的纹章瓷。这为研究墨西哥的纹章瓷提供了重要的物证。

如墨西哥弗朗茨·迈耶博物馆的几件纹章瓷较有代表性。其中一件盘子上绘制着**加尔维斯纹章**，其下有铭文"ARMAS DEL EX-MO.SEÑOR GALVEZ"。其中字母Ñ上没有腭化符号，V倒写成了A。但是这件瓷器传递了一个重要信息，那就是其烧造的年代。加尔维斯指的是曾于1783年到1784年任新西班牙总督的唐·马蒂亚斯·德·加尔维斯，可知此盘应是加尔维斯订制的，烧造年代是乾隆时期。在迈耶收藏中，还有一件庆祝卡洛斯四世登基的纪念瓷盘，其上的纹章则是普埃布拉市的。普埃布拉市的纹章是神圣罗马帝国皇帝查理五世于1538年7月20日颁发的，纹章中的天使还有一个传说，据说是该城的创建者弗莱·朱利安·加西斯曾经梦见天使将他带到了**普埃布拉市**现在所在的地方，因此特地申请在纹章中加入了天使形象。甚至传说1552年当地建造大教堂的时候，因为塔楼太高无法将大铜钟升到塔楼之上，最后得到了两位天使的协助。

图5-45　粉彩描金加尔维斯纹章盘·清乾隆

图5-46　粉彩描金普埃布拉市纹章盘·清乾隆

而墨西哥国家艺术博物馆收藏的萨尔瓦多·乌加特的藏品中，也有一些纹章瓷值得注意。如一件写着西班牙文字铭文的纹章瓷盘，里面有"吉尔"字样，可知这件纹章瓷盘是西班牙著名雕塑家杰罗尼莫·安东尼奥·吉尔订制的瓷器。除了吉尔本身的纹章瓷盘外，还有一件圣卡洛斯皇家学院纹章的瓷盘，也出现了吉尔的名字，并且这个纹章也是吉尔设计的，因为吉尔曾经担任圣卡洛斯皇家学院的主任。吉尔参与设计的纹章瓷器还包括为纪念查理四世登基而订制的，但是订制的地方各有不同，在乌加特收藏中，就有一件专门为瓦拉多利德市（现名莫蕾利亚）制作的纪念瓷盘。

中国瓷器出口到墨西哥，也对本地瓷器产生了深刻的影响，如位于普埃布拉的塔拉维拉，就是墨西哥著名的陶器产地。当中国瓷器进入墨西哥之后，塔拉维拉也开始仿制中国瓷器，以至于西班牙剧作家洛佩·德·维加就曾说："我们吃饭时用的一尘不染的塔拉维拉盘子就如同来自中国的瓷盘。"在墨西哥的国家博物馆、马克西米利安宫、普埃布拉的阿尔芬尼克之家等地都收藏着塔拉维拉仿制的中国瓷器。在17世纪中期，塔拉维拉模仿的中国瓷器甚至模仿了底款，如不仔细分辨，还以为是中国瓷器。同样的，塔拉维拉也曾模仿中国生产的纹章瓷，其细腻程度也可与中国瓷器相媲美。总而言之，中国瓷器进入墨西哥，不仅影响了墨西哥贵族、富商的生活品味，更促进了墨西哥瓷器的发展。

图5-47

乌加特藏品。口径17.8厘米。盘心绘制纪念纹章，中间是查理四世半身像，两侧是士兵或者元帅半身像，外侧有铭文一周，说明此盘是瓦拉多利德市订制的纪念品。

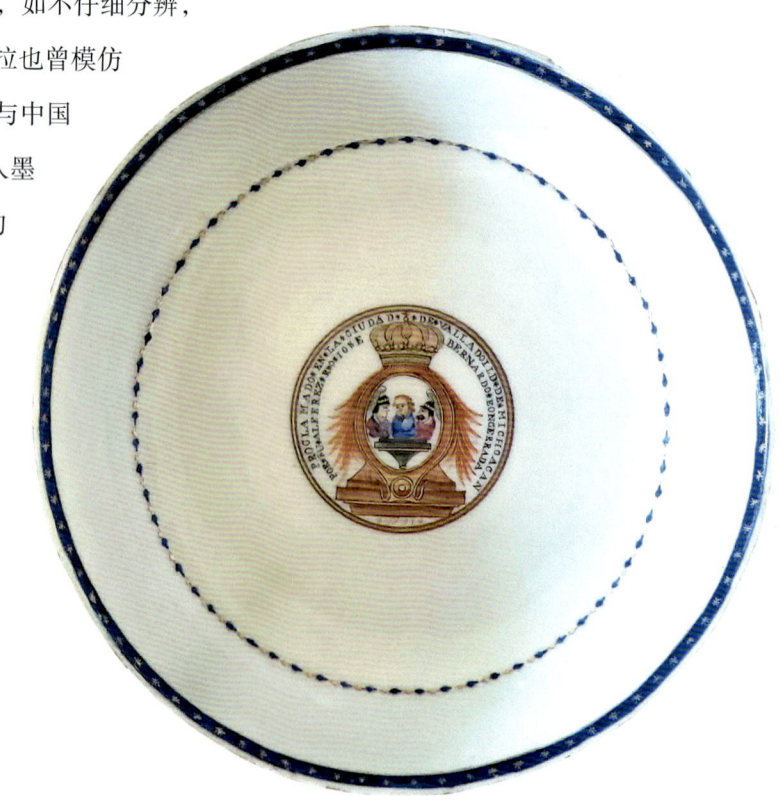

图5-47　粉彩描金查理四世登基纪念瓷盘·清乾隆

纹章瓷装饰风格和文化特色

图5-48

芝加哥艺术学院藏。盆高21厘米，口长32.1厘米，宽21厘米；托盘高5.4厘米，口长33厘米，宽25.1厘米。汤盆是康涅狄格州的埃利亚斯·摩根订制的，摩根所使用的纹章为其威尔士的祖先使用的，是美国为数不多的贵族纹章瓷器。

纹章瓷的烧制始于明代末年。18世纪中期开始，纹章瓷的订单和生产达到了顶峰，许多原先地位较低而且没有特定纹章的富贵人家，也开始创造自己的纹章盾徽。英国伦敦甚至出现了一种专门为人订制有特殊纹饰瓷器的商人，号称"瓷人"。虽然纹章瓷的数量在中国外销瓷中所占的比例不大，但是由于这些瓷器大多为欧洲诸国的皇室、贵族、豪门家族、军团、大公司等专门订制，规定了独一无二的纹饰、造型乃至工期，因此订制价格高昂，对产品的质量要求也十分严格。当时集中了最好的工匠和原材料，按欧洲人的审美要求和具体订单烧制出来的纹章瓷，每一件都是艺术精品。与一般的外销瓷相比，纹章瓷质量上乘，又是欧洲上层社会专享，因此有人将纹章瓷比作外销瓷中的官窑瓷器。

图5-48 粉彩描金埃利亚斯·摩根纹章带盖汤盆

图5-49

大英博物馆藏。五供由三个将军罐和两个花觚组成,此类组合自康熙末年开始在西方流行,数量从五件到九件不等,常放置在壁炉架或者墙壁支架上。纹章为盾徽银狮紫貂造型,由于伯内尔家族分散居住在爱尔兰、埃塞克斯和伦敦,具体为哪一支所订制已无法考证。

———

图5-49 粉彩描金伯内尔家族纹章五供·清乾隆

据文献记载，18世纪中国销往欧洲市场的各类纹章瓷约60万件。其中1722年运到英国的40万件瓷器中多数为纹章瓷。由于英国东印度公司船长一般是贵族，大多数人会顺便订制自己家族的纹章瓷，有的人还帮亲戚朋友订制，所以英国东印度公司的船长及其亲戚和公司相关成员的家族纹章瓷在全部纹章瓷中占有相当比重。据瑞典学者统计，曾有300多个欧洲家族到中国订制过纹章瓷。

纹章瓷是由欧洲客户专门订烧的，图案均由欧洲设计，来样定做。通过一张张来自欧美的订单和样稿，把远在重洋之外的欧洲皇室、贵族与中国景德镇、广州的瓷器工匠联系起来。虽然纹章瓷在外销瓷中占的比重很小，但是非常重要，每一件都有其确切的主人，还可以通过纹章来为纹章瓷断代。

据统计，17—19世纪英国从中国订制的纹章瓷就有4000多种，而瑞典则有300多位贵族曾在中国订制过纹章瓷。<mark>这些传世的纹章瓷既是中西瓷器贸易的物证，也成为镌刻这些欧洲显赫家族历史的重要文物。每一件纹章瓷都承载了一个家族或者一个独特人物的历史，具有极其重要的历史价值。</mark>中国虽然是纹章瓷的产地，但由于它是一种特别定做的外销瓷，烧制以后远销海外，几乎没有留下任何有关订购者、烧制年代及其图案的中文记载。而留存在国内的纹章瓷又极为罕见，加上史料记载和参照物的匮乏，中国研究者对纹章瓷的纹饰内涵和历史价值难以达到准确全面的认识。面对这些珍贵的历史遗产，专家们似乎无从下手。而对纹章瓷进行全面深入的研究及其成果基本都是西方学者的。

图5-50

大英博物馆藏，高4.7厘米，口径35.8厘米。盘壁绘矾红彩描金花卉纹，盘心边缘锦地开光绘花卉纹，盘心绘汉密尔顿家族的纹章，这里表现的是该家族和道格拉斯、阿兰两个家族的组合纹章。订制者为阿奇博尔德·汉密尔顿，他是威廉·汉密尔顿爵士（此人因与纳尔逊勋爵的情妇艾玛结婚而名噪一时）的小儿子。

图5-50 五彩描金汉密尔顿家族纹章盘·清康熙

纹章瓷的制作与其他外销瓷一样需要经过多道工序，明代纹章瓷都在景德镇完成，烧制好以后再通过内河运送到广州口岸装运出海。因为明代纹章瓷主要是青花瓷，而欧洲纹章几乎都是彩色，青花并不能完美地表达纹章的内涵。随着订烧的数量越来越多，为了节省工期，广州的商人直接选用景德镇的白胚瓷，让瓷工们按照欧美商人提供的纹章和边饰图案彩绘加工以后二次烘烧，又有在外销瓷成品中央或四周加绘西方纹章图案重新烧制的。

图5-51 粉彩描金瑞士纳维尔家族纹章盘·清雍正

装饰风格的演变

从明代末年到鸦片战争，在三百多年的订烧过程中，纹章瓷的风格发生了许多变化。早期纹章瓷的特点是将大而匀称的纹章画在瓷器中心位置，醒目而突出，瓷器边缘环绕各种花卉或飘带作为装饰。

在18世纪的头几十年中，尽管青花瓷器已经不再那么流行，但仍制作了不少青花纹章瓷，其中就有一件中间饰以一只锦鸡栖息在牡丹花丛和竹林下的石头上，盘缘上画有一枚纹章鸟冠。这个瓷盘来自一套总数约为250件的餐具组，是由牛津郡切索尔汉普顿庄园的**查尔斯·皮尔斯**订制的。

图5-52

维多利亚与阿尔伯特博物馆藏。口径35.7厘米。这件盘子在18世纪英国纹章瓷中是非常重要的。订制者是英国的查尔斯·皮尔斯家族，这套纹章瓷在广州装船的发票还保留至今，现在收藏在大英图书馆，发票的时间是1731年9月19日，正是雍正时期的产品。

图5-52　青花竹石锦鸡图纹章盘·清雍正

图5-53
青花描金西希特曼纹章盘·清乾隆

图5-54
粉彩描金海耶斯家族纹章盘·清乾隆

18世纪30年代之后，新款的**粉彩**装饰图案和色彩被运用到了纹章瓷上，因此粉彩成为纹章瓷的主要装饰手段。大量设计精湛的装饰图案和边饰也被运用在中心图案和边框上，边饰也模仿了欧洲的样式，如流行于1740—1765年间的巴洛克式、洛可可式的卷边边饰，巴洛克式追求奢华的外表，讲究对称，在当时颇受欢迎；洛可可式图案不对称，风格淡雅、洗练，形式活泼；新古典主义式构图简单，图案对称，常为铲形或椭圆形，1780—1800年间风行一时。

从18世纪晚期起，纹章不再被单独装饰在显著位置，而是画在瓷器的边缘，与其他装饰纹样融为一体，说明订制者不仅仅强调纹章的重要性，更加注重瓷器整体的艺术效果。在订制过程中，纹章瓷也选用了当时流行的一些外销瓷样式，如万历年间的克拉克样式，乾隆时期的蓬皮杜夫人纹饰、菲茨休纹饰，18世纪早期带有印度风格的烟叶瓷等，这些典型的欧洲风格纹饰被频繁地运用到纹章瓷的装饰中。每隔十几年至几十年，纹章瓷的流行纹饰就发生改变，那些具有少见、精美纹饰的纹章瓷受到收藏家的追捧。

19世纪，尽管英国纹章瓷的订制数量急剧下降，但仍有几家广东作坊继续生产彩绘外销瓷器以满足市场需求。装饰风格逐渐发生变化，繁复的边饰以及深蓝、浅绿、酱色装饰成为主流。有一件瓷盘就是典型，它使用的蓝色和浅绿色釉彩是1800年到1815年间的典型风格，盘边缘上的纹饰里绘有4个花鸟纹开光。增加的装饰类型是对18世纪中期风格的怀旧，其边饰很可能是受到了1765年前后塞夫勒瓷器的影响。盘中心的纹章取自1810年后的一张藏书票，是班纳坦家族和麦克劳德家族的联合纹章，带有班纳坦家族的鸟冠和座右铭"不快不慢"和麦克劳德家族一语双关的座右铭"成为铜墙"。

图5-55　粉彩描金罗伯逊家族纹章盘·清乾隆

纹章瓷承载的家族记忆

纹章瓷在欧洲颇为流行,尤其在英国,受英国东印度公司取得制海权激发,对它们的需求在1720—1830年间达到高峰。这方面公认的专家大卫·霍华德鉴定了约4000件纹章瓷,还有几千件尚待鉴定。具有统一图案、包括家族纹章的瓷器餐具可能有300多套,形式多样,包括盘子、汤碗、牛油碟和烛台,少数几套完整地保留到今天。对个别瓷器纹章的鉴定与其说是艺术历史问题,不如说是家谱研究问题。

图5-56 粉彩描金科顿的李氏纹章盘·清乾隆

图5-56

华盛顿与李大学博物馆藏。瓷盘是科顿的埃尔德雷德·李夫妇或者他们的儿子订制的，口沿的广州港口风光有可能是从中国水墨画中复制的。英国的李氏家族和弗吉尼亚的李氏家族属于同一祖先的后代，因此弗吉尼亚李氏也使用这一纹章。

一件用红色和蓝色绘制，标有英格兰**科顿的李氏家族纹章**的瓷盘边缘，画上了伦敦和广州的风景。这件瓷盘的制造日期约在1733年，图像反映了两个城市在对华贸易中的重要性。伦敦的圣保罗大教堂、其他教堂尖顶和伦敦桥的复合景色，与广州美观的城墙和疏朗的景色（这种风格使人想起中国风景画）相映成趣。更值得关注的是科顿的李氏和美国弗吉尼亚的李氏同出一脉，因此华盛顿与李大学的校徽就采用了科顿李氏的纹章。由此可见，瓷器纹章不仅仅是一种装饰，更是承载了家族记忆的传承。

在英国，一些社会名流和学界精英也热衷于订制纹章瓷器。比如著名的英国探险家、博物学家约瑟夫·班克斯，这个曾经与库克远航发现澳大利亚的英国学者，也禁不住瓷器的诱惑，专门订制了属于自己的纹章瓷。在大英博物馆就收藏着两个墨彩描金的纹章双耳杯。他对中国植物和野生动物很感兴趣，并且创作过一些关于中国动植物的水彩画，这个纹章瓷上的花卉图案就是从他的水彩画作品上复制的。这一对杯子可能是班克斯于1764年继承父母财产之后和1779年结婚之前委托订制的。通过这对杯子我们可以知道，当时的社会名流在订制瓷器的时候，一方面是为了纪念特殊事件，另一方面也会把个人的喜好或者研究对象融入其中，成为永恒记忆。

也有一些纹章瓷，不仅仅传承着家族的荣耀，也蕴含着隐秘的政治阴谋。被英国辉格党人称为老僭王的**詹姆斯·斯图亚特**，因为《权利法案》和《继承法案》将天主教徒的他排除出了英格兰及不列颠王位继承序列，但在他的身边还有一群詹姆斯党人，在法国国王路易十四的支持下妄图夺得英国的王位，甚至曾于1715年发动叛乱。按理来说，詹姆斯已经与英国王位无缘，但是他的追随者依然为他订制过瓷器，并且绘上了纹章，以示对詹姆斯的忠心不贰，这套带有字母组合的纹章杯及托盘就收藏在大英博物馆，依旧向人们诉说着英国王室的一段秘史。

图5-58

大英博物馆藏。瓷器上的纹章并不是传统意义上的皇家纹章，而是单独设计的。在纹章上有精心设计的描金字母组合"HMKJF"，其含义是"在法国的詹姆斯国王陛下"。

图5-59

维多利亚与阿尔伯特博物馆藏。口径22.2厘米。盘心绘制组合纹章，伦敦德里伯爵所继承的皮特家族盾徽为地，中间嵌入里奇韦家族黑底双翅纹章。

图5-57
青花红彩斯林格兰特纹章盘·清乾隆

图5-58 粉彩描金纹章字母组合杯及托盘·清乾隆

对于西方的贵族来说，他们注重的不仅仅是荣誉，还有家族的传承、家族的婚姻关系，而这些都在纹章上有所表现。在维多利亚与阿尔伯特博物馆藏的订制纹章瓷中，有关**皮特家族**的几件纹章瓷就是其中的代表。皮特家族从托马斯·皮特开始，成为英国的显贵之家，托马斯因曾拥有摄政王钻石而获得"钻石皮特"的诨号，也开始拥有属于自己的纹章。他的后代活跃在英国的政坛上，其长子罗伯特·皮特虽然只担任过下议院议员，但是他的儿子威廉·皮特曾经两次担任首相，孙子小威廉·皮特也曾担任首相，他们都是历史上很有影响力的人物。威廉·皮特的妻子海丝特·格伦威尔，是英国历史上既是首相妻子又是首相母亲的传奇人物。维多利亚与阿尔伯特博物馆收藏的皮特家族纹章瓷装饰的是威廉和海丝特的组合纹章。此外博物馆还藏着一件与威廉·皮特相关的纹章镂空果盘，也用组合纹章，只是装饰较为简单，但纹饰绘制十分接近，应是同一时期订制的。而托马斯·皮特的次子则是曾经担任背风群岛总督的托马斯·英尼斯·皮特，他是第一代伦敦德里伯爵，其妻子则是来自里奇韦男爵家族的弗朗西斯·里奇韦。在维多利亚与阿尔伯特博物馆中，收藏了一件**伦敦德里伯爵和里奇韦组合纹章**的瓷盘，为皮特家族又平添了一份文化遗产。而且仔细观察，会发现两个同样源自托马斯·罗伯特的纹章，却有着明显的长幼和地位区别。

总之，每一件纹章瓷都承载着一个家族的记忆。或许这些家族的传承已经断绝，或许这些家族的子孙已经默默无闻，或许这些家族的后裔早已流散世界各地，然而留在瓷器上的纹章依然在诉说着他们家族曾经的辉煌与荣耀，中国瓷器让这种辉煌与荣耀变为永恒，长留世间。

图5-59　粉彩描金伦敦德里伯爵和里奇韦组合纹章盘·清乾隆

青花双狐耳花卉图酱汁杯・清乾隆

青花留白缠枝莲纹开光花鸟瑞兽图碗·清康熙

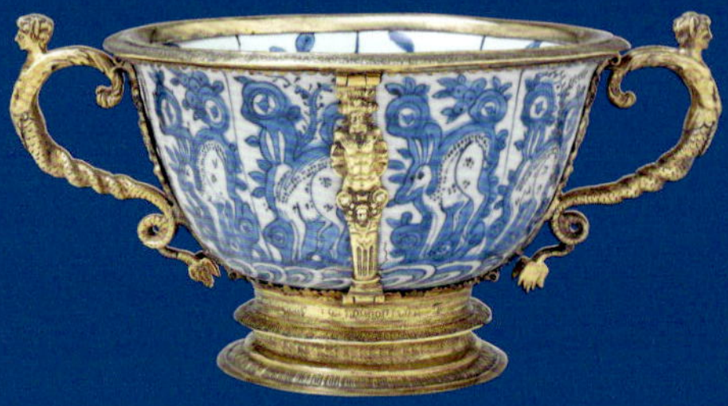

1500年后，中西**航路**打通，大航海时代开始，适逢明王朝**实行海禁**政策的弘治、正德时期。明正德年间，私商大规模违禁**下海通商**；隆庆元年解除海禁，开放月港。1602年，荷兰率先成立了东印度公司，葡萄牙、英国等紧随其后，开展**对华贸易**。据不完全统计，1602—1682年，通过荷兰东印度公司出口到欧洲的瓷器有1600万件之多，其中绝大多数是青花瓷。17世纪，**以中国青花瓷领衔**，西方刮起了一阵"中国风"。青花瓷以其神秘美感和实用性，让当时的欧洲上层社会和中产阶层折服。在寓所里陈设和使用中国青花瓷成为时人**社会地位**和**富足生活**的标志，青花瓷的纹饰也对欧洲静物画的发展产生了**影响**。

陆·

青花

那一阵
蓝白相间的
中国风

青花瓷的世界之旅

走向世界的元青花 / 336

全球化进程中的明代青花瓷 / 340

东印度公司和青花瓷的外销 / 344

青花中的瑰宝：克拉克瓷

荷兰人的海上战利品 / 354

荷兰人引领的克拉克瓷风潮 / 356

克拉克瓷的特征 / 358

形式多样的外销克拉克瓷 / 362

明清外销青花瓷的独特魅力

西方人订制的茶具 / 367

欧洲橱柜上的装饰组瓷 / 369

"中国风"与蓝柳瓷 / 374

青花瓷的世界之旅

青花瓷是以含钴的矿物为色料，直接绘装饰画于瓷胎上，再施透明釉，经1300℃左右的高温一次性烧成的蓝白两色瓷器。从技艺手法上来说，青花瓷可以分为釉下青花、釉上青花和贴纸青花三种，其中釉下青花占青花瓷的98%以上。

出水资料显示，中国自唐代以来就有青花瓷器销往海外，但目前发现的唐青花数量极少，仅在印度尼西亚勿里洞岛海域出水的"黑石"号沉船中发现了3件。因此它们可能只是特殊订制的瓷器，并没有在中国的瓷器制造业中引起什么波澜。但是，随着元代青花瓷的兴盛，青花瓷的外销在晚明清早期繁荣一时。从13世纪开始，中国从波斯进口钴料用以装饰瓷器，也就是我们今天常说的青花瓷。蓝白色青花这种审美趣味和装饰手法的兴起与蒙古帝国的扩张活动息息相关，正是因为蒙古人的西征使西亚与东亚之间建立了更为稳定密切的往来。青花瓷并没有随着元朝的灭亡而衰落，在整个晚明清早期，青花外销瓷令欧洲的大贵族和富商们心驰神往，并使许多人将青花瓷视为中国文化与审美风格的代表而进一步形成了后来风靡西欧的所谓"中国风"。从贸易角度来看，葡萄牙、荷兰、英国等国在通往东方的海路开通之后占得了先机，作为中间商在中国青花瓷外销过程中扮演了举足轻重的角色。为满足欧洲贵族的要求，并符合他们自身的艺术品位，这些中间商依据市场需求在中国订制瓷器，有时甚至会随订单附上木质样板以作为瓷工的参考。因此，明清两代的许多青花瓷都是专为海外市场订制的，其中按照装饰风格又有克拉克瓷、纹章瓷、宗教瓷等类型。

图6-1

东京国立博物馆藏。高6.6厘米，口径40厘米，足径23.8厘米。莲池纹图案又称为"满池娇"，原本用于丝绸刺绣上。

图6-2

维多利亚与阿尔伯特博物馆藏。口径14.6厘米。盘心绘赏梅仕女图案，曲栏、蕉石、竹石和人物组成一幅清雅的仕女赏梅场景。

图6-1 青花莲池纹盘·元

图6-2 青花赏梅仕女图盘·明嘉靖

走向世界的元青花

<u>15世纪末以前，中国陶瓷的对外贸易基本上是由中国商人、穆斯林商人、威尼斯商人共同经营的转手贸易。</u>在葡萄牙开辟新航线以前，这是一种自由贸易方式，主要销售到阿拉伯帝国及其周边地区。在唐代的对外贸易史中，"黑石"号的发现具有里程碑的意义。它不仅证明了唐代贸易海上路线已经成熟，还丰富了我们对中国外销陶瓷的知识。其中三件河南巩县窑青花盘的发现，明确了唐代就已经开始烧制青花瓷，但似乎仅仅用于订制的外销。

唐代出现青花瓷，这是被考古证明了的。至于宋代青花，目前古陶瓷界还在探讨中，一个重要原因是尚未有明确的考古证据证明宋代烧制青花瓷，海外也未曾发现宋代类似青花瓷的器物或残片。可以说，青花瓷在宋代目前看来依然是空白。而从历史发展角度看，唐青花和元青花之间也没有明确的传承关系。但追溯中国瓷器的发展历史，不可否认的是，元青花是在前代瓷器奠定的基础上发展繁荣的。

图6-3　青花花卉人物纹塔式罐·唐

图6-4　青花孔雀牡丹纹梅瓶·元

图6-3

巩义市食品厂7号唐墓出土。器通高44厘米。

图6-4

洛杉矶郡立艺术博物馆藏。高46.4厘米，腹径30.5厘米。梅瓶自宋代以来，就是中国瓷器的传统器形，元代延续了这一器形。

图6-5

大英博物馆藏。高48.3厘米，腹径37厘米。此罐上的鱼龙耳是元代瓷器的特征之一，新安沉船就曾出土类似的白瓷鱼龙耳香炉。根据现有资料可知，此类大罐主要用于外销。在伊朗的阿德比尔清真寺就有两个类似的罐子，同时在泰国也发现了类似的器物，而1996年在菲律宾巴拉望附近海域也发现了残片，这也充分证明了此罐的外销用途。

图6-5　青花缠枝牡丹纹鱼龙耳罐·元

  元青花瓷不仅是元代外销瓷的主要品种，也是中国大量生产青花瓷的开端。但是，存世的元代青花瓷极少，国内已知100多件，80%为出土器。相对而言，海外则有200多件完整器收藏，似乎更说明青花瓷的生产主要是针对海外销售的。当然，也有极少量为国内市场订烧。

  就目前海外留存的元代青花瓷来看，外销的元青花主要运往中东地区，特别是今天的伊朗和土耳其。土耳其伊斯坦布尔托普卡比宫博物馆的奥斯曼帝国皇家收藏和伊朗阿德比尔清真寺的萨非王朝皇家旧藏，是海外元青花的主要存世品。元青花外销瓷自14世纪起就在今土耳其的安纳托利亚半岛开始使用，以大盘和大罐为主，这主要受到了奥斯曼饮食文化的影响。根据《瀛涯胜览》的记载，穆斯林的饮食习惯是"用盘满盛其饭，浇酥油汤汁，以手撮入口中而食"，而谈到餐具时说："最喜中国青花瓷器……"另外，阿拉伯人和波斯人向来喜欢白底蓝花的器物，因此青花瓷的早期形式在很多方面应该是受外来审美的影响。可惜的是，学者们目前尚未在土耳其的档案中发现直接从中国订购瓷器的证据，因此这些瓷器的确定来源仍付之阙如。

图6-6

美国国家亚洲艺术博物馆藏。根据纹饰、青花发色以及残存造型和现存完整器对比，可知此残片是元代青花瓷遗存。残片于福斯塔特遗址发掘出土，原藏埃及伊斯兰艺术博物馆，后在瓷器研究专家约翰·波普的建议下，由理查德·埃廷豪森经手购入弗利尔美术馆。

图6-6　青花缠枝莲纹大盘残片·元

虽然从文献中可以看出，中国元代青花瓷还曾远销埃及、叙利亚以及红海沿岸等地，但似乎并没有完整的传世品。从考古发掘角度来看，埃及发现的元青花主要集中在**福斯塔特遗址**中，此外，叙利亚的杜马，伊朗内陆的内沙布尔，波斯湾的霍尔木兹岛，波斯湾北岸的巴士拉、乌伯拉、希拉和基什，巴林的巴林堡，黎巴嫩的巴勒贝克和也门都有元青花的发现，从而构成了一个系统连贯的元代青花瓷海路外销路线。

在印度德里的图格拉克宫遗址出土了67件元青花，这批瓷器均有不同程度的残损，但基本保存完整，这批瓷器的直径在24—50厘米之间，形体较大，所绘制的纹饰有凤纹、麒麟纹、**鱼藻纹**、**莲池纹**、束莲纹等，装饰繁复，构图严谨，与中东大量收藏的元青花非常相似。

元青花也有少量销往东南亚地区，在菲律宾和印尼发现的元青花大多来自墓葬，但无论是体量还是装饰上都远不如中东地区的收藏精美。但是也有一些大型元青花的残片出土，如中爪哇的满者伯夷王都遗址，就出土了数量可观的大型元青花瓷器残片，包括梅瓶、玉壶春瓶、花口盘、荷叶盖罐等，纹饰有龙纹、凤纹、莲池纹、折枝花卉纹和杂宝纹等。

根据中国甘肃、内蒙古、青海、宁夏、新疆等地的考古发掘以及俄罗斯、伊朗的内陆发现可知，元青花曾经通过草原丝绸之路向外输出。元青花在景德镇生产完成之后，沿着水路通过鄱阳湖进入长江，一部分器物通过大运河北上然后经过陆路出口，另一部分则在沿海码头登船运往西亚、北非。可以说，元青花是从海陆两条途径走向世界的。

图6-7 青花鱼藻纹菱花口盘·元

图6-7

大英博物馆藏。高8.2厘米，口径47.1厘米。鱼藻纹是元代较为常见的装饰图案，完整器物目前除了大英博物馆之外，伊朗、美国大都会艺术博物馆、俄罗斯艾尔米塔什博物馆都有收藏。

图6-8

俄罗斯艾尔米塔什博物馆藏。口径45厘米。目前已经有考古资料证明，元青花除了通过海上丝绸之路出口外，也有一部分瓷器通过草原丝绸之路运往国外。

图6-8 青花鱼藻纹大盘·元

全球化进程中的明代青花瓷

明代青花瓷的外销，大致可分为三个阶段：第一阶段是明洪武时期至宣德八年，第二阶段是宣德八年之后到隆庆元年，第三阶段是隆庆开禁之后到明朝灭亡。

受宋代文人思想的影响，青花从纹饰到色彩都不符合中国式审美需求。15世纪以后，中国人对青花瓷的观感才开始发生变化。洪武、永乐时期青花瓷的生产逐步恢复，并迅速达到一定高度。特别是明朝宣德时期，官窑大量生产青花瓷，也开始尝试使用国产钴料以代替从西亚地区而来的进口钴料。青花瓷是当时最受欢迎的国产瓷和外销瓷品种，销往东南亚、南亚、东亚、西亚、非洲等处。从洪武到宣德时期，尤其是受到郑和下西洋的影响，中国的青花瓷开始走向海外，数量增加，销售范围也有所突破，扩大到了印度洋、阿拉伯半岛和非洲东部，并借由阿拉伯商人传输到了更为广阔的地区。从考古发掘资料来看，这一时期的青花瓷残片几乎遍布郑和航线的周边国家，尤其伊朗、土耳其等国更是集中了大量精美的永乐、宣德青花瓷。这一时期的销售形式具有浓厚的官方色彩，一则是直接赏赐，二则是在当地进行互市贸易，而私人贸易则近乎绝迹，这与明朝初期朝贡、海禁并存的政策有关。即便如此，在永乐、宣德时期依然形成了明代青花瓷外销的第一个阶段，也是第一个高潮。

宣德八年（1433）七月，历时28年的郑和下西洋远航正式宣告结束，此前持续的朝贡贸易也受到严格限制。到弘治时期，前来明朝朝贡的国家仅剩下朝鲜、暹罗、日本、琉球、占城和满剌加。与朝贡贸易衰落形成鲜明对比的是，民间海外贸易得以发展壮大。在高额利润的诱惑下，沿海居民不惜铤而走险，武装自卫组成走私集团以对抗海禁政策。自宣德之后至隆庆时期，明政府的政策反复数次，在时开时禁的变化中，明朝政府逐渐对来华贸易的商人放宽限制，逐步敞开大门，并最终导致了隆庆开海。这是明代青花瓷出口第二阶段的总体背景，在这样的背景下，青花瓷的出口也发生了显著变化。

图6-9
台北故宫博物院藏。高9.2厘米，口径17.3厘米，足径7.2厘米。青花夔龙碗是明成化官窑的产品，同类产品也收藏在伊朗阿德比尔清真寺。

图6-10
大英博物馆藏。高45.8厘米，宽36.4厘米。砚屏呈长方倭角形，下有底座。青花装饰，四周绘缠枝莲纹，中间圆形开光内饰如意云纹环绕菱形开光，开光内书波斯-阿拉伯文铭文，铭文内容为《古兰经》第72章的18节至20节。此砚屏上的波斯-阿拉伯文是目前所见正德青花瓷器中最长的。

正统至天顺年间（1436—1464），是明代青花瓷出口的低谷时期。成化之后，随着民间贸易的逐渐兴起，青花瓷外销得以恢复和发展，然而官窑青花瓷依然占据着主导地位，这一点从伊朗阿德比尔清真寺收藏的成化至正德时期的青花夔龙纹碗、青花影梅折枝花纹碗、青花麒麟杂宝纹盘等器物上可以看出，这些器物是典型的景德镇御窑厂产品。这一时期还有一起现象很值得关注，那就是正德朝生产了数量很多的带有伊斯兰风格和阿拉伯文的青花瓷，这些阿拉伯文内容多与《古兰经》教义或者瓷器用途相关，有些甚至连制作年代也用阿拉伯文书写。这固然与正德皇帝崇尚伊斯兰教俗有关，但也反映了这一时期青花瓷的外销已经开始注意销售地的特殊需求，以期扩大外销。但是这样的官窑瓷器的外销所占份额依然有限，这就导致了民间贸易的兴盛，大量的民窑青花瓷就以走私的形式运往海外。在《皇明条法事类纂》中就记载了这样一个案例，成化十四年（1478），浮梁县（今景德镇）人方敏等就曾凑银六百两，购买"青白花碗、碟、盆、盏等各项瓷器共二千八百个"进行贩卖，后经由广东人走私至海外，以货物兑换的形式进行贸易。这个案例，清晰地反映了当时海外青花瓷走私活动的实际情况。

图6-9 青花夔龙纹碗·明成化

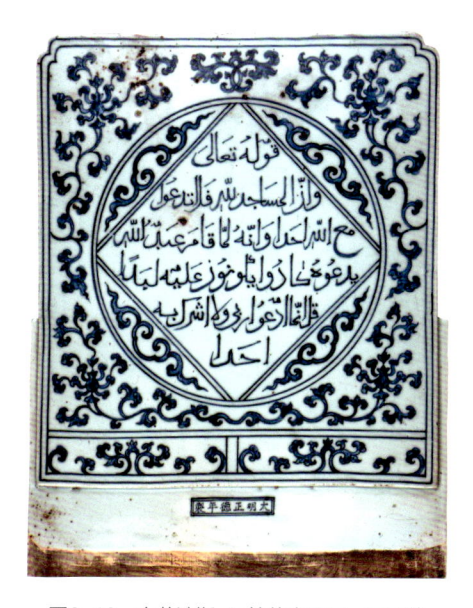

图6-10 青花波斯-阿拉伯文砚屏·明正德

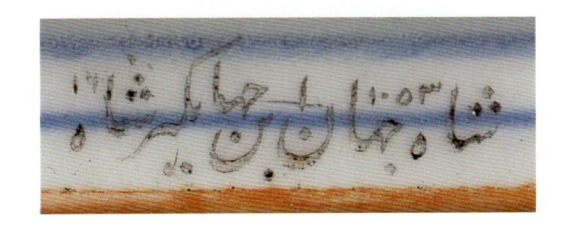

图6-11　青花葡萄花卉纹菱口盘·明永乐

与此同时，世界格局也在急剧变化，随着大航海时代的开启，葡萄牙人率先开始海上扩张，作为当年郑和下西洋重要中转基地的满剌加在正德六年（1511）落入葡萄牙人手中，葡萄牙开始以此为基地试探性地和中国接触。然而葡萄牙人和明政府的第一次接触并不顺利，并以失败而告终。但是葡萄牙人并不打算就此放弃，甚至以武力相要挟，这才有了嘉靖元年（1522）中蒲屯门西草湾海战的爆发，葡萄牙战败之后转移到福建漳州月港和浙江宁波双屿一带，与海盗勾结进行走私。这样的走私活动受到了明政府的严厉打击，葡萄牙人不得不转移地点，重回广东，直至嘉靖三十三年（1554）才得以恢复正常贸易。此时的葡萄牙通过走私获取了大量的青花瓷，在欧洲市场赚取了高额利润，同时，葡萄牙人也开始有意识地订制青花瓷器，这些瓷器基本上都收藏在各大博物馆或者在私人藏家手中，这也是明代青花瓷出口转向的重要标志。

从嘉靖三十三年到明朝灭亡,随着葡萄牙人获准与中国贸易及私人对外贸易的合法化,加上隆庆开海的影响,这一时期的青花瓷外销特别是民窑青花瓷的外销出现了前所未有的兴盛局面。与此同时,以葡萄牙、西班牙和荷兰为代表的西方商业势力在中国的青花瓷外销中逐渐占据了垄断地位,促成了自明隆庆元年(1567)海禁开放后开始的明外销瓷的第三个阶段,也形成了第二个青花瓷外销高潮,并为清代外销瓷的全面发展打下了坚实的基础。

图6-12　青花开光花卉山水图菱花口碗·明嘉靖

图6-13　青花桃形开光莲池鹭鸶纹执壶·明嘉靖

图6-11

阿勒萨尼私人收藏。口径43.2厘米。这是一件富有传奇色彩的外销青花瓷。盘底镌刻着第一位收藏人的捐赠铭文:"由萨法维(公主)马欣·巴努捐赠给拉扎维宫。"可知此盘最早由萨法维王朝的开创者伊斯玛仪一世之女马欣·巴努·哈努姆购得。盘底足外缘上釉处的第二处铭文写道:"贾汉吉尔·沙阿之子沙·贾汗第16年,1053年(伊斯兰历)。"其下又刻有"251图拉"。可知此盘后来又落到了印度莫卧儿王朝君主、泰姬陵的创建者沙·贾汗手中。这些铭文的存在足以说明永乐朝青花瓷走向世界的历程。

图6-13

大英博物馆藏。高30厘米,宽16厘米。此壶底足青花书"宣德年造"寄托款,根据与台州刘氏墓出土器物对比,可知此壶是嘉靖时期的产品。而壶盖、流口和把手的黄铜装饰,则可能来自奥斯曼土耳其或者印度莫卧儿王朝,结合这些因素可知此壶是嘉靖时期的外销瓷。

图6-14

保罗·盖蒂博物馆藏。纵48.6厘米,横65.6厘米。画中国王卡斯帕手里拿着的是一只独特的白地蓝花花卉纹杯,杯中装满金币。画家复制了类似中国青花瓷的纹饰和造型,很可能是瓷器出现在西方绘画中的最早先例。

东印度公司和青花瓷的外销

中国瓷器在欧洲的流传似乎渊源已久,但是由于缺乏翔实的资料,很多传说可能都是后世层累积淀而成的。意大利画家安德里亚·曼特尼亚(1431—1506)在他1495年所绘的《三王来朝》中最早明确描绘了一件白地蓝花小杯子。根据《圣经》福音书记载,耶稣降生之时,几位国王在东方观测到代表救世主诞生的伯利恒星,这颗星引领他们来到了耶稣降生的地方,并带来了黄金、乳香和没药作为贡物。画中的三位国王分别为圣婴进献了一只装满金币的白地蓝花瓷杯、一件盛放乳香的土耳其香炉和一件放没药的玛瑙盖碗。虽然《三王来朝》中的蓝彩器物究竟是青花瓷还是欧洲的蓝彩锡釉陶不得而知,但其的确彰显了蓝白两色瓷器的魅力,而在1514年的另一幅意大利油画《诸神的盛宴》中出现的白地蓝彩器物很有可能是元代晚期到明代早期的青花瓷。此画以希腊神话为背景,描绘了诸神的聚会,展现了文艺复兴时期画家对希腊奥林波斯诸神和平、愉悦生活的想象。画中的一位男神头顶白地蓝花折沿大盘,女神则手捧白地蓝花的大碗,而在地上也有一只装满水果的白地蓝花缠枝莲纹大碗。后世对于这幅画的仿作中,也都保留了白地蓝花器物。《诸神的盛宴》中的白地蓝彩器物图像应该受到了中国瓷器之启发,无论造型还是装饰,都具有元代和明早期景德镇窑青花瓷的风格,说明欧洲对青花样式情有独钟。

图6-14　安德里亚·曼特尼亚油画《三王来朝》

图6-15 乔凡尼·贝里尼油画《诸神的盛宴》

图6-15

美国国家美术馆藏。纵170.2厘米，横188厘米。在贝里尼的这幅作品中，出现了三件白地蓝花器物，这也是西方名画中出现白地蓝花器物较多的一幅，尤其是其中的两件白地蓝花花卉纹大碗，刻画精细，完美再现了其艺术魅力。

图6-16

皮博迪·埃塞克斯博物馆藏。高9.8厘米，口径50.8厘米。盘心主题图案是双头鹰抓着穿箭心脏的圣奥古斯丁纹章，这是葡萄牙耶稣会的纹章。描绘这一纹章的明代青花瓷常见的多为罐，大盘并不多见，此盘应是当时传教士在澳门订制的。

图6-17

桑托斯宫现在是法国驻葡萄牙大使馆，其中的瓷器室依然保持着原始面貌。仔细观察瓷器室藻井上的瓷器，可以发现这些瓷器跨越的时间很长，从明代直到清代的都有，基本上以明代青花瓷为主。

图6-16　青花圣奥古斯丁纹章盘·明万历

　　从书面文献的角度来说，欧洲人对中国瓷器的最早关注大概是在1596年荷兰航海家范·林斯霍滕（1563—1611）出版的《印度游记》中。他提到："中国的瓷器每年都出口到印度、葡萄牙、西班牙和其他地方，但最好的瓷器只能供给中国皇家使用，不允许出口，否则会受到刑罚。它们精美无比，任何水晶般的玻璃制品都无法与之媲美。"这里所谓的"最好的瓷器"应该就是指官窑瓷。事实上，海外也并非没有官窑瓷器，但其对外传播的途径只有皇帝赏赐这一种形式，不能算作外销的范畴。

　　16—17世纪，葡萄牙、西班牙和荷兰的公司是中国货物的三大经销商，中国外销瓷经由他们销往东亚、东南亚、中东、非洲和欧洲等地。15世纪末葡萄牙和西班牙为开辟商路，几乎同时开始探索海外，开启了后世所称的"大航海时代"。也就是借由这些商队，中国瓷器开始逐渐大规模直接进入欧洲。**里斯本桑托斯宫**的金字塔式天花板上镶嵌了261件中国青花瓷，年代从弘治朝晚期直到明末（1500年前后至17世纪中叶）。这里所藏最早的瓷器应该是通过东方新航线运回里斯本的第一批明代瓷器，很有可能是1499年达·伽马从古里国（今印度科泽科德）带回里斯本献给曼努埃尔一世的。在早期外销瓷当中，青花瓷无疑是欧洲人的最爱。根据新加坡东南亚陶瓷协会副会长莫拉·里纳尔蒂的统计，到16世纪末欧洲收藏的瓷器中约80%是青花瓷。

图6-17　里斯本桑托斯宫瓷器室

图6-18 青花花卉纹军持·明崇祯

17世纪以降,荷兰东印度公司崛起,迅速取代了葡萄牙的贸易地位,荷兰也成为17世纪的"海上马车夫"。荷兰的东印度公司在巴达维亚(今雅加达)建立总部,负责亚洲的贸易,并在东印度群岛、圣赫勒拿岛等地建立据点。他们不仅主导着亚洲同欧洲的贸易,还垄断了亚洲同中东以及亚洲国家之间的贸易。在印尼的雅加达、斯里兰卡的科伦坡、印度的金奈、南非的开普敦和荷兰的海牙分散着2500万页荷兰东印度公司的记录。这些档案是近代全球史研究领域最完整和最广泛的资料,与当时数百个亚洲和非洲地区的政治和贸易历史相关。荷兰东印度公司在海上称霸的近200年间,共有近2000艘货船参与进出口贸易,总航行近5000次,"海上马车夫"之名实至名归。随着17世纪荷兰东印度公司大量进口中国瓷器,荷兰画家的作品中也开始出现中国青花瓷的身影,以克拉克瓷为代表的中国青花瓷最终成为荷兰"黄金时代"(17世纪)静物画和人物画的标志性主题,用以盛放龙虾、水果等昂贵消费品。

图6-19 青花克拉克瓷葫芦瓶·明晚期

图6-18

大英博物馆藏。高19.8厘米。南海哈彻沉船打捞出水。这艘沉船于1983年为英国职业寻宝人迈克尔·哈彻所打捞。船上的主要货物是明末景德镇生产的克拉克青花瓷，上面主要绘着山水纹。这艘船原本是要驶往荷兰东印度公司的重要基地巴达维亚，却不幸沉没。根据这些信息可知，哈彻沉船是荷兰东印度公司的船只，运输包括订制瓷器在内的货物。

图6-19

维多利亚与阿尔伯特博物馆藏。高20.3厘米，腹径11.7厘米。瓶为葫芦形，青花装饰花卉杂宝图案，是典型的克拉克瓷风格。晚明清早期自荷兰东印度公司加入亚洲贸易以来，其所贩售的主要瓷器就是克拉克瓷。

图6-20

大英博物馆藏。高30.5厘米，腹径14.7厘米。值得注意的是，扁瓶腹部的纹章图案有可能来自西班牙1588年塞戈维亚铸币局铸造的8里亚尔银币，仿制的时候，纹章中的狮子图案几乎变成了狗的图案，说明当时景德镇的窑匠已经在刻意模仿西方纹饰以促进瓷器外销。

图6-20　青花欧洲纹章长颈扁瓶·明万历

英国东印度公司虽然比荷兰东印度公司早两年成立，但因起初在东印度地区无据点，对荷兰主宰的贸易无法形成有力的挑战。直到1615年，英国强化了与印度的联系，英国东印度公司获得了建立据点和开设工厂的权利。18世纪，英国最终取代了荷兰，成为新的海上霸主。在东印度公司的业务中，主要进口项目是棉花、丝绸、硝石、茶叶和瓷器等。中国的茶叶和瓷器之重要地位，从英国东印度公司原总部大楼的一幅天花板壁画中可以看出，壁画描绘了一个穿着中国明代服饰的人正在搬动"进献"的一只大瓷罐，脚下则是一箱茶叶。在整个18世纪，通过英国东印度公司运至英国的瓷器在300万件左右。

除了这两家巨头之外，其他国家也相继成立东印度公司，经营与亚洲的贸易。主要有丹麦东印度公司、法国东印度公司、瑞典东印度公司等。

特别值得注意的是，各国在几个世纪的全球贸易中，由于种种原因发生了无数沉船事件。这些沉没于海底的瓷器成为后世探究外销青花瓷的宝贵实物资料。

青花中的瑰宝：
克拉克瓷

图6-21 青花花卉纹蛙形军持·明万历

  克拉克瓷，亦称"加橹瓷"，是一种流行于明末清初、具有多开光装饰的外销瓷样式。开光，即一种圈出范围，让其中的纹样醒目的装饰构图，在日本又被称为"芙蓉手"。16世纪下半叶到17世纪，克拉克瓷通过葡萄牙、西班牙和荷兰商船销入中东、欧洲、美洲等地区。贸易初期，克拉克瓷实属奢侈品，皇室贵族用之装饰房间。以便于包装和运输的盘、碗等器形为主，多为青花。17世纪上半叶，荷兰东印度公司取得海上霸主地位，克拉克瓷贸易量扩大，极具实用功能的克拉克瓷开始增多，消费群体也随着欧洲经济的迅猛发展而逐渐变大。与此同时，根据不同国家文化的生活与审美品位需求，还衍生出一些特殊器形，如军持。在克拉克瓷中，中心主体纹饰以自然主题、吉祥图案和人物故事为主。荷兰是世界上进口克拉克瓷最多的国家，据统计，目前世界上75%的克拉克瓷器收藏在荷兰，这也反映了当时荷兰在东西方贸易中的主导地位。

图6-22

明尼阿波利斯艺术学院藏。高6.4厘米，口径35.9厘米。这类瓷盘主要是为出口西方而生产的，器形硕大，符合西方的饮食习惯。

图6-22 青花花卉草虫图克拉克瓷盘·明万历

荷兰人的海上战利品

15世纪后期,西班牙和葡萄牙开始了殖民竞争,一度几乎发生战争。教皇亚历山大六世认为这种状况对教会不利而出面调停,他于1493年5月4日规定了一条所谓的教皇子午线,将那些"未知的土地"一分为二,以此限定两国的新势力范围。次年,该子午线又在《托德西拉斯条约》中作了修订,在亚速尔群岛以西370英里处新划定了一条子午线,规定该线以西新发现土地属于西班牙,以东属于葡萄牙。为摆脱西班牙和葡萄牙的贸易霸权,迅速崛起的荷兰在1602年成立荷兰东印度公司,开辟了好望角以东的新航线。其亚洲总部设立在巴达维亚,负责亚洲贸易的相关事宜。

图6-23 青花花卉杂宝纹克拉克瓷葫芦瓶·明万历

图6-24 青花花鸟纹克拉克瓷盘·清康熙

图6-24

荷兰国家博物馆藏。口径50.5厘米。从收藏信息来看，这个克拉克瓷盘的确是荷兰东印度公司销售的商品。

图6-25

荷兰国家博物馆藏。高9.7厘米，口径50.5厘米，足径25.5厘米。这是荷兰东印度公司从中国订制的瓷器。

图6-25　青花荷塘芦雁图克拉克瓷盘·清康熙

为争夺海上贸易利益，葡萄牙和荷兰商船经常在东印度群岛发生激烈争斗，击沉或掠取对方船只。1602年，荷兰两艘商船在非洲圣海伦娜附近掠获葡萄牙商船"圣哈戈"号，并将战利品送往荷兰的米德尔堡。船上载有大量瓷器，但具体数目不详。其中大部分瓷器按比例分给了两艘荷兰船只的船员，有一部分用于拍卖。这是荷兰公众第一次看到数量如此庞大的瓷器，而此前只有少量瓷器通过葡萄牙和西班牙流入荷兰。两年后，荷兰人又在马来西亚帕达尼附近掠获葡萄牙商船"圣凯瑟琳娜"号，船上载有各式各样的万历时期的中国瓷器共计60吨，约10万件。在随后的国际法庭中，荷兰对前两次掠夺商船的行为进行了合法自辩，宣称荷兰有权参与教皇子午线以东的贸易。此后，荷兰开始大规模地从中国购买瓷器、茶叶等，在长达两个世纪的时间里扮演着"海上马车夫"的角色。借助海运优势，荷兰不仅参与了欧洲对亚洲地区的贸易，还在很大程度上主导着亚洲国家之间的贸易。

所有权争议结束后，荷兰议会下令将掠夺的瓷器在阿姆斯特丹进行公开拍卖，并将此专场命名为"克拉克"。竞拍者从西欧各国闻讯而来，法国国王亨利四世拍得"一套质量最好的餐具"，英国国王詹姆斯一世也参与其中。这次拍卖会的轰动效果及其所带来的巨大利润，让荷兰人看到了瓷器市场的巨大潜力。他们以葡萄牙的这艘货船的名字为这类青花瓷命名，即荷兰语"kraak-porselein"，译为克拉克瓷。从此"克拉克"一词便同中国外销瓷紧密联系在一起，沿用至今。

荷兰人引领的克拉克瓷风潮

1604年的阿姆斯特丹拍卖会之后，欧洲对中国瓷器的需求量大增，荷兰东印度公司单纯凭借东南亚的转手贸易无法保证瓷器供应。1625年，荷兰东印度公司在台湾岛建立热兰遮堡（今台湾台南安平古堡），作为该公司瓷器贸易的中心，直接向中国订货。中国船只将瓷器运往台湾岛，荷兰船只再将其运往巴达维亚。其中部分瓷器从巴达维亚运往荷兰，但大部分瓷器被当地船只运往周围群岛的诸多港口进行贸易。此外，也有中国帆船直接驶往巴达维亚和班塔姆（现印度尼西亚万丹省），但其所载大部分瓷器质量较差，被称为"粗瓷"，主要限于东南亚地区的贸易。

已知最早关于克拉克瓷的文字记载出现在1638年4月12日东印度公司阿姆斯特丹总部主管送交巴达维亚的一份瓷器名单上，其中记载"5000个大craekcom"（克拉克碗）和"10000个绘有中国画纹饰的十边形盘子，这些盘子跟刚刚收到的caraek（kraak）瓷器一样"。尽管这些词仅各出现一次，却是订单上最主要的货品。荷兰东印度公司巴达维亚的一名总督于1639年5月2日向热兰遮堡的荷兰商人发出了订购意向："我们想从你那里得到制作精良、绘制精美的克拉克瓷器。"在奥兰治亲王弗雷德里克·亨德里克的夫人阿玛莉亚·索姆斯1673年的瓷器收藏名单中也多次出现过"kraeckwerck"和"craeckcommen"，即克拉克瓷盘和碗的字样。

图6-26

英国皇室收藏。高23.2厘米，军持为蒜头口，长颈，小口，口部微敛，下端鼓起，腹部呈扁圆形，圈足。通体青花装饰。口沿部绘如意纹一周，颈部绘蕉叶纹，流上开光绘如意纹和漩涡纹，肩部覆莲瓣开光内绘花卉纹。腹部主体图案为四个大型开光，内绘四季花卉图案。

图6-26　青花四季花卉纹克拉克瓷军持·明晚期

图6-27 青花花卉瑞兽纹克拉克瓷碗·清康熙

克拉克瓷与其他瓷器相比究竟有什么特点呢？对这一问题的严肃研究始于荷兰学者芭芭拉·哈里森。在荷兰博物馆1964年的展览图录中，她描述了荷兰吕伐登宫殿中的一些收藏品，首次将克拉克瓷作为独立专题进行研究。1980年，荷兰四家博物馆合作对其藏品进行整理，并从胎、釉、造型、装饰纹样、制作工艺等八个方面对克拉克瓷进行归纳总结，基本厘清了克拉克瓷的特点。凯特将克拉克瓷定义为一种菱口薄胎、弧腹、口沿通常有印花、整体器形呈扁平状的外销瓷，但这一定义仅适用于盘、碗等餐具。直到20世纪80年代末，"克拉克瓷"这一陶瓷术语才开始出现在中国的瓷器研究中。1986年4月，哈彻沉船物品在荷兰阿姆斯特丹佳士得公司拍卖，中国陶瓷学者冯先铭、耿宝昌等人应邀前往参与海捞瓷的讨论，并参观了荷兰、比利时、法国、英国、葡萄牙等国家的20多所博物馆。此次欧洲之行，他们将"kraak-porcelain"的概念带回中国。之后，冯先铭和冯小琦将"kraak-porcelain"译为"克拉克瓷"。

图6-28

墨尔本维多利亚国家美术馆藏。高26.9厘米,腹径15.5厘米。万历时期的克拉克瓷器,除一部分军持之外,大多数依然延续了中国传统瓷器的造型。这个玉壶春瓶只是在口部稍作改动,其余部分依然保持传统面貌。

克拉克瓷的特征

根据资料显示,中国不见克拉克瓷的传世收藏,除窑址出土的瓷片外,基本以陪葬品的形式出现于墓葬。这类陪葬的克拉克瓷多有瑕疵,有些底部开裂,两两相扣以做尸枕,被称为"寿盘"。荷兰东印度公司总督贾恩·科恩早在1616年10月10日写给公司董事的信件中就提及:"在这里我要向您报告,这些瓷器都是在中国内地很远的地方制造的,需要预先付款,因为这类瓷器都是我们订制的,在中国是不用的,中国人只拿它来出口,而且不论损失多少,都要卖掉的。"由此可认定克拉克瓷为当时的外销品种,不供应国内市场,而墓葬中为何零星出土了克拉克瓷不得而知,比如,在南城县万坊镇游家巷村发现的明万历三十一年(1603)墓中,就出土了八开光青花克拉克瓷盘,其盘口有重新粘补施釉后再入窑的痕迹。

图6-28 青花花卉纹克拉克瓷玉壶春瓶·明万历

图6-29 青花瑞兽图克拉克瓷方瓶·明末清初

图6-29

克利夫兰艺术博物馆藏。高31.1厘米。这种方瓶形状源自欧洲杜松子酒瓶，通体青花绘制，瓶身四面纹饰为芭蕉麒麟、丛竹瑞兽、松树驺虞和枯树骏马。这些图案是明末清初的典型特征，在御窑厂日趋衰微之际，景德镇的窑工们开始尝试新的器形以满足海外市场的需求。

目前，学术界主流观点认为克拉克瓷的烧造年代主要在明嘉靖朝到清雍正朝早期，于万历到崇祯时期达到生产高峰。晚明的早期克拉克瓷盘上都有繁复的大小开光相间的纹样，在一些盘子的纹样青料下可见织品纹理，这是因为它们的坯体制作采用模具印坯成型工艺，用一层织品隔在瓷坯和模具之间以便于脱模。有时候，瓷工们还会尽量将胎体变薄以节约材料。晚期清代的克拉克瓷盘上基本看不到繁复的大小开光相间的纹样，纹样青料下也看不到织品纹理。

图6-30

维多利亚与阿尔伯特博物馆藏。高8.9厘米，口径14.2厘米。碗为花口，深腹，圈足，胎体轻薄，釉色泛青。通体青花装饰。

图6-31

墨尔本维多利亚国家美术馆藏。高17厘米，口径38.6厘米。碗为敞口，深腹，圈足。外壁、内壁均有莲瓣式开光，内绘花卉图案和山水图案，开光之间绘流苏丝带。

图6-30 青花花卉杂宝纹克拉克瓷碗·清康熙

图6-31 青花花卉山水图克拉克瓷碗·清康熙

虽然制瓷技术和装饰风格的变化造就了克拉克瓷的不同特征，但在其发展过程中陆续出现很多特殊器形和特例，有些装饰风格几乎没有变化，因而很难找到明确的逻辑发展规律和划分标准。麦克尔尼根据可明确断代的克拉克瓷实物资料，从装饰特征角度将1550年到1644年左右的克拉克瓷划分为7个时期，但仅适用于盘、碗等餐具。里纳尔蒂以世纪交界为时间点，将克拉克瓷简单划分为16世纪后半叶和17世纪上半叶两个时期，并按器形特征将克拉克瓷分为盘、克拉普穆森汤盘、碗和封闭式容器。其中克拉普穆森来自荷兰语，原意为一种帽子，取其形而称这种像帽子的宽沿深腹汤盘为克拉普穆森，是克拉克瓷的特殊类型；封闭器形即有盖或口小的器形。上海师范大学教授施晔根据荷兰各博物馆的藏品，以崇祯八年（1635）为时间节点，按装饰风格将它们划分为两类：崇祯八年以前，纯粹中国风格；以后为订制瓷，纹样中融入了欧洲场景，如风车、渔船、打猎场景、东印度公司及家族纹章等元素。

就目前全球考古和传世资料来看，中国克拉克瓷主要产于江西景德镇，福建漳州平和、泉州德化等地。其中，景德镇是主要产区。根据考古资料，在景德镇老城区的10个窑址中发现了克拉克瓷的烧制痕迹，但似乎没有专门烧制克拉克瓷的窑厂。从景德镇明清窑址的出土资料来看，明万历到崇祯时期（1573—1644）是景德镇克拉克瓷的兴盛时期，但瓷器的质量却参差不齐。相对而言，观音阁御窑厂遗址出土的克拉克瓷质量最高，莲花岭、人民瓷厂和东风瓷厂次之，新华瓷厂、电瓷厂和刘家弄再次。

图6-32 青花婴戏仕女图克拉普穆森盘·清康熙

图6-32

乌得勒支中央博物馆藏。高7厘米，口径26.5厘米。克拉普穆森盘实际上就是一种深腹折沿盘，其形状就像一个翻边的帽子。

图6-33

乌得勒支中央博物馆藏。高3.5厘米，口径21厘米。

图6-33 青花梅花喜鹊图克拉克瓷盘·清康熙

形式多样的外销克拉克瓷

中国瓷器外销到欧洲伊始，价格昂贵，是王室贵族和大富商用以体现地位和品味的奢侈品，主要用于房间装饰。日内瓦艺术史博物馆所藏一幅绘于1630—1635年的油画《访客》中，主人和客人皆着荷兰风格礼服，餐桌上铺着昂贵的桌布，橱柜顶端装饰着克拉克瓷盘碗。这种用中国瓷器装饰房间的习惯在欧洲很多国家的宫殿和庄园中绵延不绝，在18世纪进入鼎盛时期。

图6-34

日内瓦艺术史博物馆藏。纵85.7厘米，横117.6厘米。这幅画中壁橱上排列整齐的克拉克瓷器说明当时荷兰的中产阶级已经普遍使用从中国进口的克拉克瓷器了。

图6-34　油画《访客》

图6-35

维多利亚与阿尔伯特博物馆藏。高14.3厘米，宽13.7厘米。这个盐碟是万历时期景德镇生产的，根据贸易公司专门提供给中国瓷器作坊的模型烧造。盐碟的形状源自16世纪80年代的英国金属盐碟，而装饰上则结合了中国传统纹饰。

图6-35　青花动物花鸟纹盐碟·清康熙

　　随着荷兰东印度公司的稳定经营，瓷器订单量加大，原先仅限于皇族贵胄欣赏的克拉克瓷逐渐进入普通富贵人家。但对于一般家庭来说，这些藏品虽然具有实用价值，但绝非日用品。克拉克瓷主要出口欧洲，但直接仿照欧洲器物造型的克拉克瓷并不多见。有一种形似欧洲玻璃器的方形酒瓶被认为是最早仿制欧洲器形的克拉克瓷，在欧洲各大博物馆均有收藏。英国小说家乔治·威尔士藏有一件晚明青花松竹梅莲纹方形壶，四壁拱门形开光内分别饰有松树、竹子、梅花和荷花，这是一件将西式造型和中式装饰相融合的器物。英国伦敦维多利亚与阿尔伯特博物馆藏有一件青花动物花鸟纹六角盐碟，盐碟六面分别绘着数种花鸟纹和麒麟纹。这种造型的盐碟是1600年左右对欧洲金属盐碟的仿制，它们显然是欧洲订购公司向中国瓷厂提供样式并订制的。

军持是另一种应市场需求的仿制造型。军持在梵语中被称为"Kuṇḍikā，即净瓶，既可作为礼器又可作为实用净手器。其原型可能源出于印度，因其可作为宗教礼器，用于每日祷告前的小净，后来就广泛流行于以伊斯兰教为主的西亚和部分南亚地区。传统的军持造型为长颈圆腹，肩部丰满，有流无柄。明朝末期出口的克拉克风格的军持，则将直流口变为球状流口，腹部一般六开光，以直线或点、横等几何线条分隔。16世纪末，出现一种象形造型的军持，但流行时间很短。这种造型风格受东南亚地区15世纪的泰国及越南器物风格的影响，除了常见的石榴和大象造型，还有青蛙、**松鼠**、**摩羯鱼**等造型，都十分罕见。

图6-36
青花葡萄纹松鼠形军持·明万历

图6-37
青花花卉草虫纹葫芦形军持·明万历

图6-38 青花摩羯鱼形军持·明万历

图6-39 青花鹿纹克拉克瓷碗·明万历

图6-36

德累斯顿国家艺术馆藏。高19.6厘米，长14厘米，宽11.4厘米。军持为直口，平折肩下收，长颈。肩部为一只松鼠的造型，松鼠嘴部为短流，扁圆腹，圈足。腹部开光绘葡萄纹，松鼠身下为葡萄纹，纹饰和造型相结合构成中国传统的松鼠葡萄图案，寓意多子多福。

图6-37

大英博物馆藏。高19.2厘米，长14.5厘米，宽11.9厘米。军持整体造型为葫芦式，口部为石榴式，流形如带叶的树枝，流的根部堆塑一茎枝叶。葫芦的上半部绘变体石榴纹，下半部绘花卉虫草纹。石榴、葫芦皆寓意多子多福。

图6-38

荷兰国家博物馆藏。高22厘米，口径5.7厘米。在明代外销的军持中，摩羯鱼形是一个特例。但是摩羯鱼造型的瓷器在唐代前后就已经出现，这种外来的文化物种经过中国人的再加工又成为外销瓷中的精品。

图6-39

大都会艺术博物馆藏。高15.9厘米，宽33厘米。碗为典型的万历时期克拉克瓷。根据相关资料考证，这件瓷器的拥有者是英国女王伊丽莎白一世的顾问伯利勋爵。

16世纪末到17世纪，葫芦瓶、胆瓶和蒜头瓶作为外销瓷被销往海外，其中也包含克拉克风格的装饰。当克拉克瓷器被贩运到西方之后，作为进入西方的特殊商品，瓷器自然受到皇室或者王室的喜爱，为了彰显瓷器的特殊性，一些克拉克瓷器不仅仅被装上鎏金铜盖，甚至安装了造型多样的鎏金铜支架。这些瓷器上的铜支架，不仅有铜匠的标记，也有购藏者的标记，其中以大都会艺术博物馆收藏的林肯郡伯利家族的克拉克瓷最具代表性。

克拉克瓷上的西方装饰纹样体现着欧洲流行风尚的变化。向日葵等菊科植物是克拉克瓷上的常见纹饰。向日葵原产自北美洲，16世纪初被西班牙人从墨西哥和秘鲁引进欧洲。此后不久，向日葵图案就在瓷器上流行起来，并且多用于克拉克瓷器的装饰上。这是"地理大发现"以来，前所未有的植物图案被绘制在瓷器上，并且与中国传统图案组合在一起，说明当时中国与西方的交流日益紧密。17世纪上半叶，在中国传统的装饰风格中，还添加了郁金香装饰，成为17世纪克拉克瓷的重要装饰特征之一。

明清外销青花瓷的独特魅力

图6-40

大英博物馆藏。高32.4厘米。此壶从造型上来说,是仿制中东常见的金属执壶的造型。从口沿至足部,均为青花装饰。

图6-41

大英博物馆藏。高5厘米,口径6.8厘米。天启年间,景德镇的陶工开始大量生产民用瓷器和外销中东、日本和欧洲的瓷器,这五件杯子就是日本客户订制的,杯子上绘制了四朵菊花图案,杯底青花方框书"天启年制"四字楷书款。

元明清时期青花外销瓷的式样造型,受很多外来文化的因素影响,尤其是元明时期,多受到波斯的伊斯兰文化的影响。元代青花瓷从造型上说早已注意到外销的特殊需求,许多器物是针对伊斯兰世界而设计的,故而在波斯地区受到上层社会的欢迎,元青花瓷中的罐、执壶、大盘等,本身就是为适应伊斯兰国家的日常需求而烧制的。而到了永乐、宣德时期,器物造型延续元代,更为广泛地吸取了伊斯兰风格,如此时流行的抱月瓶、长颈方口执壶、天球瓶、八角烛台、长颈水罐、花浇、双系单面大扁壶、双耳扁瓶、折沿盆、带盖豆、无挡尊、仰钟式碗等,其伊斯兰风格特征极为明显。

而自明嘉靖朝之后直至清代,青花瓷的造型变化则日新月异,从一开始的中国传统样式作为出口的主力,到订制青花瓷,青花瓷外销的西方文化特征全面凸显出来,许多瓷器在样式上既不是伊斯兰风格,也没用中国传统风格,而是全新的西方风格,这与西方人的生活方式和饮食习惯有着很大的关系。

图6-40
青花缠枝花卉纹长颈方流执壶
明永乐

西方人订制的茶具

欧洲的地形和气候并不适合茶叶生长，虽然英式下午茶被现代媒体宣传为一种独具特色的风尚，但这种情调的源头却似乎与大航海时代的瓷器贸易相关。根据荷兰东印度公司的档案记载，17世纪初，运往荷兰的瓷器中并没有一件与喝茶有关。我们现在所熟知的茶杯、茶壶、糖罐、奶瓶，在当时都未能出现在欧洲人的订单中。

1607年，荷兰人第一次把茶从澳门带到班塔姆。1610年，茶叶才由荷兰东印度公司商船从日本平户购买，经班塔姆进入欧洲。1626年12月26日"斯希丹"号从巴达维亚返航回阿姆斯特丹时，船上载有在厦门和金门购买的12814件精致瓷，其发货单上第一次出现了"茶杯250只"，茶杯的订购标志着欧洲已经逐渐兴起了饮茶的风尚。1637年1月，荷兰东印度公司董事写信给巴达维亚中转站，提到"因为人们开始用茶，希望每艘船都能运回一些中国的茶叶罐和日本茶叶"。之后的订单表明，茶杯的订购量逐渐加大。在1643年4月25日的一份订购合同中，茶杯的订购量高达25000只。之后，茶杯和碗、盘一样，成为瓷器贸易的固定品种。喝茶的习惯也从荷兰传到法国、德国和英国。

图6-41 青花朵花纹杯五件·明天启

图6-42 青花花卉纹八角形茶杯及茶碟·清康熙

在英国,饮茶之风开始于1650年。英国作家皮普斯1650年9月的日记记录:"我点了一杯茶,一种中国的饮品,我以前从未喝过。"随着茶而来的是茶杯,之后还有其他茶具,如茶壶、茶碟和茶盘等。到17世纪80年代,西欧饮茶之风兴盛,在一些大城市,茶屋已经非常普遍,对于茶具的使用也开始非常讲究。荷兰东印度公司商船"头顿"号于1690年在越南海域沉没,船上载有大量青花茶壶、茶杯等茶具,其中**茶杯、杯盖和茶碟成套**出现,同中国传统的三才盖碗相似。茶碟和茶杯有菱口、圆口和八角形,器形多样,装饰以花卉纹为主,有些是克拉克瓷风格。

图6-42

私人收藏。杯高5.5厘米、口径8厘米;碟高2厘米,口径12厘米。为"头顿"号沉船打捞出水的瓷器,整体保存完整,杯和碟纹饰基本接近,底部均有叶形花押。杯上的纹饰不是中国传统图案,应是荷兰人提供的样图。

图6-43

瑞典布考斯基拍卖行拍卖。这是康熙时期典型的装饰花瓶组瓷,由两个敞口花觚和三个长腹盖罐组成。值得注意的是,瓶身上的纹饰绘制的时候采用了螺旋形开光,每个开光中绘制的图案均不相同,具有别样的艺术美感。

欧洲橱柜上的装饰组瓷

最常见的装饰组瓷是装饰花瓶组瓷（garniture），它是绘着相同主题纹饰的花觚和盖罐固定组合。花觚有的直腰，有的腰部凸出；盖罐由将军罐和梅瓶演变而来，受欧洲风格的影响，盖子面的直径相对比较大。它们的组合形成一种特殊的外销瓷样式，通常被当作陈设瓷放置于壁炉和橱柜之上装饰房间。

欧洲有一种顶部呈弧形上凸的橱柜，顶部以上会有几层小展示台，专门用来展示瓷器，通常以花觚和花瓶的组合形式呈现。当时的荷兰人认为，家里没有陈设着这样一套装饰组瓷的橱柜是不完整的。因此，荷兰东印度公司18世纪的订单中总是出现五件套的装饰组瓷，即两件花觚和三件盖罐。偶尔也有七件一组，但主要是私人另外订制，不属于东印度公司的统一购买。

图6-43　青花花卉纹装饰花瓶组瓷·清康熙

图6-44　青花开光仕女婴戏图装饰组瓷·清康熙

　　然而，这种装饰传统的由来还无法考证。1680年以前，绘有相同主题纹饰的组瓷还未出现。虽然荷兰人在此之前也曾将来自中国或日本的盖罐和花觚自由地组合在一起，但还不能准确地将之称为装饰组瓷。法国著名巴洛克风格建筑师、家具设计师丹尼尔·马罗特的一些壁炉和墙壁装饰设计图中并没有展示过这种类型的装饰品或长腹盖罐。显然，花觚和长腹盖罐的组合从一开始就已经确定了。克里斯蒂安·乔治和迈克尔·弗莱克认为，这种组合是荷兰需求的结果，这些装饰组瓷是专门为荷兰市场制作的。"头顿"号沉船中出水的这类瓷器可视为其发展的早期阶段。

图6-44

保罗·盖蒂博物馆藏。16世纪末到17世纪，欧洲人认为瓷器是上层社会才能消费得起的稀有商品，当时欧洲许多的王公贵族大量订购中国瓷器，将这些瓷器放置在被称为"中国奇异屋"的壁橱里或者壁橱的上方，或者在壁炉的上方，一排排地陈列着。

图6-45 马罗特蚀刻版画《壁炉和墙壁装饰设计》

图6-46 青花花卉运河教堂纹装饰花瓶组瓷·清康熙

图6-47　粉彩花卉纹方瓶和方觚装饰组瓷·清乾隆

图6-47

英国皇室收藏。高36厘米。乾隆时期，粉彩瓷的烧制进入鼎盛时期，这一时期的装饰组瓷大量采用粉彩进行装饰，这组三件套的方觚和方瓶上绘制的是牡丹、玉兰和菊花图案。

根据现存的传世资料来看，这种青花装饰组瓷不仅在荷兰，在其他西方国家也十分流行，是17世纪下半叶到清初的风尚，18世纪还出现了釉上彩装饰组合。这类装饰组瓷的主题纹样主要是中国传统的人物、花草或景观。值得注意的是，17—18世纪，荷兰东印度公司主导中西方的瓷器贸易，荷兰的生活场景和自然风光也逐渐融入这一时期的青花瓷制作中。在装饰组瓷中出现了一种具有荷兰特色的装饰图案：画面以河流为前景，旁边是一排类似教堂的房屋。这种风景被称为**运河教堂**。大英博物馆藏有一套清康熙青花装饰花瓶组瓷，每件器物外壁的一半饰宝塔花草纹，另一半饰运河房屋场景。这种同一器物两侧绘着不同文化内涵纹样的装饰组瓷，可以给房间形成一种特殊的装饰效果，主人可以根据喜好选择展示哪一种主题。

"中国风"与蓝柳瓷

17世纪，青花瓷流行于欧洲，当时欧洲贵族和富商对中国风光和文化的想象主要来自中国外销瓷的装饰纹样，特别是中国的山水、楼阁等场景。从17世纪到19世纪，这种对中国风格的模仿渗透欧洲生活的各个方面，这种时尚被称为**"中国风"**。在之后欧洲各国对中国瓷器配方的漫长试验中，为达到相似的视觉效果，青花瓷上的纹饰是首先被模仿的元素。

在所有被模仿的纹样中，柳树被视为中国风光的代表，并逐渐形成了"中国场景"的瓷器纹样定式：柳树、小桥、楼阁、栅栏、小船等。绘有这种搭配纹样的青花瓷在当时英国瓷器贸易中的销量远远超过了其他瓷器的总和。因为这种主题画面布局的中央是一棵柳树，故而被称为**"蓝柳瓷"**。1780年，著名的英国陶艺家托马斯·明顿将其应用在英国瓷器上，为了营销，他还编织了一段不为中国人所知的凄美爱情故事：

图6-48

大英博物馆藏。长16.3厘米，宽8.9厘米。据说这个盘子是由托马斯·明顿设计制造的，盘心绘制的就是典型的"中国风"青花纹饰，与明顿所编造的故事场景基本吻合。

图6-49

维多利亚与阿尔伯特博物馆藏。口径22.9厘米。这个盘子是斯波德的工厂使用转印技术制作的"中国风"青花瓷盘，也是最早采用转印技术制作的蓝柳瓷瓷器之一。

图6-48　英国青花亭台楼阁山水图六角盘

图6-49　英国斯波德工厂生产的青花山水楼阁图盘

图6-50　英国菲利普公司仿制的"中国风"青花盘　　　　　图6-51　英国青花亭台楼阁山水图盘

从前，有一位叫孔西的富家小姐与家里的穷伙计张相爱，但遭到父亲的反对，并辞退了张。为了防止他们来往，父亲在府邸竖起高篱笆，还将女儿许配给了一位贵族公子。张和孔小姐只能靠一条沟通内外的小河传递信件。他们决定在柳树垂下枝条时私奔。贵族来迎娶孔小姐的时候，正是柳树垂枝之时，张乔装成仆人混入府中，带走了孔西。但不巧被孔父发现，孔父命人追上去。他们逃到一座小岛，孔父派人追到岛上，杀了张，并放火烧了他们的房子，孔小姐无比绝望，冲进火海殉情。他们的爱情感动了天神，天神把他们变成了一对长生的白鸽。这个故事很像英国的"罗密欧与朱丽叶"和中国的"梁山伯与祝英台"的组合版。因为白鸽的部分是后来续编的，所以在前期的蓝柳瓷中并没有出现白鸽。

随后，英国另一位陶艺家约西亚·斯波德发明了转印技术，即将装饰纹样绘制于纸上，利用水的压力将纸上的图案转印到瓷器上用以替代手绘纹样，由此大大降低了瓷器制作的成本。在之后的一个半世纪中，蓝柳瓷几乎成为英国青花瓷器的固定纹样。在西方国家，这种纹饰一直沿用至今。

德化窑白釉簋式炉・明

德化白釉獬豸香薰一对·清初

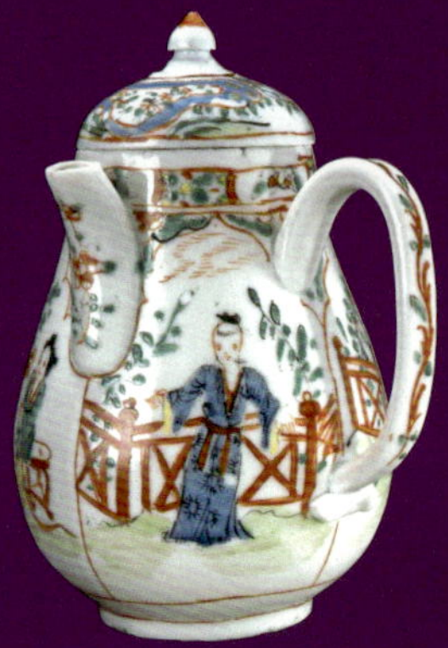

2021年7月25日，在中国福建省福州市举行的第44届**联合国教科文组织**世界遗产委员会会议上，中国申报的"泉州：宋元中国的世界海洋商贸中心"顺利通过审议，成功列入《**世界遗产名录**》。作为**海上丝绸之路**东端的起点之一，**泉州**早在南宋时期就成为"东方第一大港"。元代的时候，它是马可·波罗笔下文明西方的"刺桐"。在泉州申遗的22处代表性遗址中，有两处瓷器窑址值得注意——**磁灶窑址**和**德化窑址**。宋元时期，大量的泉州本地生产的瓷器就已经行销海外，而到了明清时期，泉州的**德化**更是一个可以和景德镇并驾齐驱的外销瓷产地，它所生产的瓷器就是欧洲人所说的**"中国白"**（Blanc de Chine）。

柒·

德化瓷

那一片
纯洁
的"中国白"

让欧洲人痴迷的"中国白"

马可·波罗讲述的德化瓷器 / 383

德化白瓷促生的欧洲陶瓷业 / 385

欧洲艺术视野下的德化白瓷 / 387

明清德化白瓷外销的主要品种

加工精细的日常器皿 / 390

丰富多姿的白瓷塑像 / 393

欧洲和新世界的德化白瓷贸易

荷兰的德化白瓷贸易 / 400

英国的德化白瓷贸易 / 402

南北美洲的德化白瓷贸易 / 405

让欧洲人痴迷的"中国白"

德化县位于著名的闽南金三角，是泉州市的下辖县。德化窑位于德化县的戴云山，戴云山一带窑址数量庞大，时代久远，其中最具代表性的有碗坪仑窑址、屈斗宫窑址和南窑岭窑址。自宋代开始，德化瓷器作为著名的外销瓷器，通过泉州港的各国商船源源不断地走向世界，东南亚、欧洲都留下了它的痕迹。明清时期，随着全球化进程的日益加快，德化生产的白瓷更是让欧洲人痴迷。

马可·波罗讲述的德化瓷器

考古资料显示，德化在宋代的时候就已经开始生产白瓷，元代德化白瓷观音制作成熟并且成为朝廷的贡品，目前国内依然可以见到元代德化白瓷观音遗存。德化白瓷得以走向世界，与著名的旅行家马可·波罗不无关系，正是他第一次向西方介绍了中国瓷器和德化瓷器。据说收藏在威尼斯圣马可大教堂宝库的"马可·波罗罐"是目前有文献可证的最早到达欧洲的中国瓷器之一。

可以说，马可·波罗对德化窑瓷器最早传入欧洲起到了推动作用。瓷器的英文是"porcelain"，而这个英文单词最早的含义是"贝壳"。据说马可·波罗在福建德化看到精美的白瓷呈半透明状，宛如贝壳一般，以为是贝壳磨粉之后烧造的，称其为"贝壳瓷"，故而使用porcelain来命名中国瓷器。

图7-1
威尼斯圣马可大教堂宝库藏。高12厘米，腹径8.1厘米。据说此罐是马可·波罗带回威尼斯的瓷器，后来捐赠给了圣马可大教堂。

图7-2
美国国家亚洲艺术博物馆藏。高5.5厘米，口径10.4厘米。德化窑瓷器的出口历史悠久，不仅仅是各大博物馆的实物资料所证实的，海外的考古发掘和沉船打捞提供了更充实的证据。

图7-1 马可·波罗罐

图7-2 德化青白釉缠枝花卉纹圆盒·元

在《马可·波罗游记》一书中，作者讲述了他在德化窑的见闻。书中写道："流经刺桐（即泉州）港的河流，河面宽阔，水流湍急，是京师那条河的支流之一。德化就位于该支流和主流的交汇处。这里最值得关注的就是烧制瓷杯或瓷碗碟。这些瓷器的制作工艺如下：人们首先从地下挖取一种泥土，并把它堆成一堆，在三四十年间，任凭风吹雨淋日晒，绝对不能翻动它。泥土经过这种处理，就变得十分精纯，适合烧制上述的器皿。然后工匠们在土中加入合适的颜料，再放入窑中烧制。因此，那些掘土的人只是替自己的子孙准备原料。大批制成品在城中出售，一个威尼斯银币可以买到八个瓷杯。"这是西方关于德化瓷器最早的文字记载。由于德化瓷器是马可·波罗首先介绍给欧洲的，因此意大利学者将德化瓷命名为"马可·波罗瓷"。

明末清初，随着中西贸易日益频繁，欧洲各国先后成立东印度公司，参与与亚洲的贸易，中国瓷器被大量贩运到欧洲，这其中就有德化瓷器。欧洲人视德化白瓷为"中国瓷器之上品"，对其赞誉有加。而德化白瓷得名中国白，则与法国人有关。法国人普拉德在《1692年巴黎通讯地址使用手册》一书中首次将德化白瓷命名为"Blanc de Chine"（中国白），从此这一专有名词就成了德化白瓷在欧洲的特殊称谓，沿用至今。

图7-3　法语版手抄本《马可·波罗游记》插图

德化白瓷促生的欧洲陶瓷业

17世纪和18世纪是欧洲艺术大变革的时期，巴洛克和洛可可风格艺术盛行。在这个历史时期，中国的德化瓷器外销欧洲，一时间，欧洲的皇室贵族、思想家、文学家乃至艺术家都被这种瓷器所吸引，德化瓷器独特的功用和审美对他们产生了深刻的影响。

17世纪中期之后，荷兰东印度公司频繁来往于厦门港和漳州月港与中国进行贸易，景德镇由于明末战乱的影响，窑业凋敝。荷兰人就把目光投向了德化，大量订制德化瓷器，德化白瓷就此进入了欧洲贵族的视野。甚至艺术家们也把德化瓷器作为描绘的对象。1681年，荷兰画家伦纳德·科尼弗就曾创作过一幅以德化白瓷为对象的静物画，说明了当时德化白瓷受欢迎的程度。当时进入欧洲的德化白瓷大致可分为三类：欧洲订制瓷器、德化日用瓷器和作为装饰品的德化瓷器。这些类别的瓷器基本上是针对贵族的需求的，但是所购类型取决于贵族的个人爱好。比如德化窑生产的**狮子水滴**，原本是文房用品，出口到欧洲之后，由于狮子造型本身的魅力成功引起了欧洲贵族的注意。萨克森选帝侯奥古斯特二世就曾收藏了150多件狮子水滴，足见他对这类产品的喜爱。

图7-4
英国皇家收藏。高12.9厘米，长8.4厘米，宽7.6厘米。英国温莎城堡中式大厅陈列。执壶呈梨形，长流与把手均与壶身相连，花蕾式盖钮，壶身浮雕梅花纹。此类壶作为日常用器，曾大量出口欧洲。

图7-5
德累斯顿国家艺术博物馆藏。高4.6厘米，长4.1厘米，宽2.9厘米。这个小小的狮子水滴，是萨克森选帝侯奥古斯特二世所收藏的150多件狮子水滴中的一件。奥古斯特二世所藏狮子水滴每一个狮子都有自己的独特面貌，但都不太大，很适合拿在手中把玩。

图7-4　德化窑白瓷梅花纹执壶·清

图7-5　德化白瓷狮子水滴·清康熙

图7-6
洛杉矶郡艺术博物馆藏。高11.4厘米,长7.6厘米,宽7.6厘米。这个罗汉像制作于1715年,是伯特格尔仿制德化白瓷罗汉像的产品。从造型上来说,这个罗汉像应是用倒模技法制作的,但其白瓷釉质远不及德化瓷器细腻。

图7-7
维多利亚与阿尔伯特博物馆藏。口径26.7厘米。这个盘子乍看上去好像是中国的五彩开光花卉人物纹盘,其实不然,盘子是德化窑生产的白瓷光素盘,上面的图案是荷兰人模仿中国瓷器的纹饰绘制的。为了赚取更大的利润,荷兰人花尽心思对德化白瓷进行加工装饰。

图7-8
大都会艺术博物馆藏。高10.8厘米,口径10厘米。这个盖碗产自德化窑,原本是素面的,出口到欧洲之后,由欧洲的艺术家以描金彩绘贴塑的方式加上了西方风格的图案,使之成为一件东西结合的艺术品。

图7-6 伯特格尔仿制的白瓷罗汉像

中国瓷器进入欧洲之后,很快就引起了当地陶匠的注意,并开始进行研究和模仿。《马可·波罗游记》中关于德化瓷器生产的资料成了他们学习的主要文献,但是马可·波罗的记载过于简单,即便有实物资料,欧洲的匠师们也一直无法仿制出真正的中国瓷器。出于对中国瓷器的好奇,欧洲的炼金术师和学者也加入了研究的行列。尤其是德化白瓷和宜兴紫砂进入欧洲之后,很快成为炼金术师**约翰·弗里德里希·博特格尔**和学者瓦尔特·冯·契恩豪斯仿制瓷器的样本。17世纪中期,荷兰代夫特瓷厂率先仿制白瓷,但是它的产品都是软质瓷,完全没法和德化白瓷这种硬质瓷相比。真正成功的是迈森匠师伯特格尔,他在1710年左右成功仿制了德化窑生产的梅花杯和观音像。迈森的成功,很快轰动了欧洲,也迅速引起了欧洲各国瓷厂的争相效仿。而随着迈森匠师的外逃,其制瓷秘方和烧制工艺也逐渐泄露,欧洲瓷厂开始借此仿制德化白瓷,生产自己的硬质瓷器。可以说,欧洲众多瓷厂在创立之初都是以模仿德化白瓷作为其生产工艺的核心,德化白瓷被视为国际艺术,融合了许多东方元素。

欧洲艺术视野下的德化白瓷

虽然德化白瓷洁白如玉，欧洲的贵族却觉得它过于平淡，因此在欧洲对德化白瓷进行了再加工——以彩绘和镀金的方式增加视觉效果。纯白色的德化白瓷好比理想的空白画布，欧洲画工在这块画布上根据器物的造型特点和客户需求进行再创作，施以釉上彩绘，增加白瓷的质感。

德化白瓷在欧洲的彩绘加工出现在17世纪末到18世纪中期，彩绘的风格多样，但是设计和品质上差别很大。荷兰的阿姆斯特丹是**彩绘中国瓷器**的中心，这与荷兰东印度公司采购了大量的德化瓷器运回阿姆斯特丹有很大关系。这些瓷器经过荷兰画师的描绘装饰，然后在欧洲各国进行销售。18世纪末到19世纪初，英国也加入了德化白瓷再装饰的行列，其中大多数作坊都设在伦敦。英国人柯玫瑰所著《中国外销瓷》一书记载："目前所知最早几件在荷兰被重新装饰的东亚瓷器是两件德化窑瓷杯和两件写着丹麦腓烈四世的首字母缩写的日本瓷碟。这些瓷器绘以红彩和金彩，1701年被丹麦王室收藏。"再装饰的德化白瓷从种类上来说，有碗、盘、杯、奶罐和塑像等，装饰风格上大致可以分为两种，一种是完全欧洲化的图案、花卉、纹章和字母等，另一种则是模仿日本柿右卫门风格的彩绘，后者常见于英国人的再装饰上。在一些瓷塑尤其是观音像上，观音的长袍被装饰上了被西方人称为"红龙"的图案以及各种折枝花卉图案，在局部还使用了镀金工艺，使得瓷塑更具装饰性。

图7-7　荷兰彩绘德化白瓷盘·清乾隆

图7-8　描金彩绘德化白瓷盖碗·清

长期以来，中国人对于德化白瓷的认识仅仅局限于以何朝宗为代表的瓷塑大师，除此之外，在国人的心中，德化窑实在没有景德镇名气大。然而德化窑的瓷塑在欧洲却享有盛誉，欧美各大博物馆收藏有大量的德化瓷塑，其中观音像是种类最多、艺术成就最高的。明中期以来，中国汉传佛教中流行观音崇拜，泉州当地佛造像勃兴，德化出现了何朝宗、张寿山等瓷塑大师，他们的作品注重衣褶与人物动态的表现，非常符合17世纪巴洛克艺术大方、端庄、飘逸的视觉审美。此外，天主教的**圣母**崇拜能够在德化观音造像上引起宗教共鸣，观音的形象也被演绎为天主教的圣母。与此同时，欧洲商人带来了圣母的形象资料，使德化匠师的观音像受到了欧洲订单国图像的影响。到18世纪中期，观音像中的送子观音和观音童子这两种形象出现并逐步成为主流。16世纪中期，葡萄牙人在泉州定做象牙雕和木雕的送子观音，因为葡萄牙人信奉天主教，所以他们以送子观音象征着圣母马利亚怀抱圣婴。从明代末年到清代乾隆时期的两百年间，德化白瓷观音形象转化为圣母形象，继而演变为普通的欧洲女性形象。大英博物馆藏一件名为《半裸妇女像》的瓷塑，其中女性的脸部形象可以判断为观音模板的复制，德化的匠师把原本的观音头部替换为日常题材中的女性。诸如此类进行模块化置换的瓷塑很多，匠师有一套制作人像的模具，塑形时只要根据订单中人像的发型、动态和服饰进行改动即可。

明万历至清乾隆时期的德化白瓷，对18世纪欧洲瓷器的早期发展产生了深远影响，德化白瓷的烧造工艺和装饰手法融入了欧洲瓷器的制作，并由欧洲匠师演绎出符合欧洲人审美的新产品。17、18世纪的德化白瓷曾经"照亮了欧洲陶瓷之路"，促进了欧洲瓷器产业的发展，居功甚伟。

图7-9　德化白瓷圣母子像·清康熙

明清德化白瓷外销的主要品种

明清时期，德化白瓷风靡欧洲，在欧洲各国留下了大量的实物遗存。德化白瓷造型优雅，塑像人物气韵生动，作为外销瓷，德化白瓷是17—18世纪欧洲贵族富商家居陈设收藏的珍品。德化白瓷外销的品种类别丰富、造型各异，不仅有中国传统的日用器皿和佛道人物，还有仿制欧洲日用器皿风格的特色产品以及欧洲世俗风情的瓷塑，充分展示了德化白瓷的多样性。

加工精细的日常器皿

根据海外收藏的德化白瓷日用器皿的情况，大致可分为杯、炉、盖盒、壶、笔筒、奶壶、盐碟等多个品种。

德化白瓷杯是品种最多、数量最大的产品之一，按造型可分为铃铛杯、树头杯、梅花杯、三足杯、花瓣形杯、八角杯、吸管杯、仿犀角杯、耳杯、平心杯、爵杯等十余种。有的杯子腹部刻有"李白一斗诗百篇""长安市上酒家眠""名酒对花倾""谁人识得酒中趣""**劝君更尽一杯酒**"等诗句，说明这些杯子最初是酒杯，而到了西方之后这些杯子用途就发生了变化。在外销的德化瓷杯中以**鹤鹿杯**和梅花杯最为常见，这两种杯子实际上是仿犀角杯的产品，为德化窑所特有，深受西方人的欢迎。

图7-10 德化窑白瓷花卉纹杯·清

图7-11 德化白瓷刻诗文杯·清康熙

图7-12 德化白瓷鹤鹿杯·清

图7-10

大英博物馆藏。高8厘米，口径7.7厘米。德化窑胎体洁白有粉沙感，釉色闪青或呈乳白色。瓷胎中的铁杂质极少，使得器物呈色白净。

图7-11

维多利亚与阿尔伯特博物馆藏。高6.4厘米，口径9.5厘米。杯一侧刻松鹤纹，一侧有叶形图案，旁边刻："劝君更尽一杯酒。"草书刻款"玉人"二字。

图7-12

英国皇家收藏，温莎城堡中式大厅陈设。高9厘米，口径14.3厘米。此杯仿犀角杯造型，杯子一侧浮雕装饰松树、鹤、鹿，一侧装饰梅花、龙、虎。

外销的**德化白瓷炉**中常见有筒式炉、钵式炉、鼎式炉、鬲式炉等，在国内常作为宗教或民间崇拜的供器。出口到欧洲之后，这些炉除了作为珍玩收藏或陈设之外，带盖的更多会被作为奶油罐或者糖罐使用。而德化窑出口的白瓷盒，一般是圆形或者长圆形，多为粉盒。这些粉盒出口到欧洲，由于印花装饰精美，可与欧洲的首饰盒相媲美，因此多作为首饰盒使用。而常见的执壶则在欧洲作为茶壶使用，同时德化窑也根据欧洲饮茶之风的兴起专门制作了适合泡茶的茶壶。18世纪中期以后，随着咖啡和茶叶在欧洲的普及，订制德化茶具和咖啡具也成为一种时尚。而为了适应当地人的饮食习惯，欧洲的订单往往会附上一些特殊器形的图样，如奶壶、盐碟和啤酒杯等，德化窑按照图纸也生产了大量的此类瓷器。

熏炉顶部

图7-13 德化白瓷花卉纹带底座八角熏炉·清康熙

图7-14 白瓷后加彩"中国风"壶·清康熙

图7-14
大英博物馆藏。高14厘米，宽10.7厘米。壶为罕见的侧柄壶造型，是仿制欧洲银器制作的。原本是德化生产的白瓷壶，出口到荷兰之后，由荷兰画师描绘了"中国风"人物图案，其用色主要以红绿二彩为主，可能是模仿中国五彩瓷的用色。

图7-15
英国皇家收藏。高39厘米，长19厘米，宽14厘米。狮子被放置在有四条龙支撑的镀金青铜底座上，狮子的背上安装了一只镀金铜蜥蜴，蜥蜴的嘴里伸出一个四支烛台。这件镶嵌瓷器是东方瓷器和西方金属加工完美结合的艺术品，更是英国国王乔治四世最早购买的亚洲镶嵌瓷器之一，现在被陈设在白金汉宫。

出口到欧洲的德化白瓷常常会加装银鎏金或者铜鎏金的金属构件，进行加工改造。如分别在盖盒的子母口和盖面镶上银边和银扣，或者将印花杯、盘、骑麒麟人像等配上**铜鎏金**的金属构件改造成**烛台**。这样的装饰改造主要流行于18世纪，当时的法国是用金属构件改造中国瓷器的中心。这样的改造，一方面促进了德化白瓷的外销，另一方面也通过改造使得被改造瓷器的价格大幅增长。

图7-15 德化白瓷狮子带镀金铜烛台·清

◆ 丰富多姿的白瓷塑像

德化白瓷中的外销塑像取材十分广泛，以宗教造像为最，其中包括佛教、道教和民间信仰等。德化白瓷外销兴盛之后，为了适应日本及东南亚各国的宗教信仰，德化窑在继承传统样式的基础上生产了大量的宗教造像。佛教类的造像有释迦牟尼佛、**观音**、弥勒、罗汉和达摩等；道教类的有八仙、西王母、三宝正像、文昌帝君、玄天上帝、真武大帝、天妃、**和合二仙**、关帝和寿星等。为适应欧洲的需要，德化窑一方面烧造了不少的基督像和圣母子像，另一方面根据订单要求烧造了大量的西方世俗人物造像。所有这些造像在德化白瓷外销的鼎盛时期，都曾大规模地出口欧洲，成为欧洲王室贵族、豪门富商热衷的收藏品。

图7-17

大英博物馆藏。高9.7厘米，长14.7厘米，宽7.8厘米。和合二仙，亦称和合二圣，为掌管和平与喜乐的神仙，传为拾得与寒山两位高僧之合称。

图7-16 何朝宗款德化白瓷鱼篮观音像·明

图7-17 何朝宗款德化白瓷和合二仙像·明

明清两代外销的**释迦牟尼佛造像**，通常表情庄严肃穆，头顶有肉髻，有的前额有一肉珠；跏趺坐于或者立于莲花座上，也有立于海浪之上的；身着佛衣，常见袒露一边肩膀。根据相关统计，西方国家收藏的德化白瓷释迦牟尼佛像多为18世纪的作品。西方可见年代最早的释迦牟尼佛，是英国工程师兼东方艺术收藏家帕特里克·约瑟夫·唐纳利所藏，背面有万历年款。而大英博物馆所收藏的一尊小型佛像也颇具特色，佛像头上带有光环，底部的莲花座可以与塑像本身分离。

17世纪到19世纪，德化白瓷中的**观音像**是外销欧洲的主要品种。当时的欧洲人并不清楚中国的观音崇拜，故而有西方学者认为这些观音像是"对基督教中圣母马利亚像的肤浅模仿"。欧洲人对于观音像的最早认知，是17世纪后半叶的事情。在荷兰绘图师布劳父子制作的一幅版画《新地图》中的角落里有一尊端坐的神像，其造型就是德化的观音像。此后，西方的贵族开始大规模地购藏德化观音像。观音像在欧洲流行的主要原因可以归结为两个方面，一是观音像本身所蕴含的东方宗教的神秘感，二是观音的形象与圣母马利亚有相似之处。

图7-18
"博及渔人"款德化白瓷释迦牟尼佛像·清

图7-19
苏格兰国家博物馆藏。观音像是德化窑白瓷塑像中最常见的品种，在西方国家的博物馆中，白瓷观音像的数量很多，一些私人藏家也热衷于购藏，这或许是因为他们在观音像上找到了文化的相似性吧。

图7-19　德化白瓷观音像·清

图7-20

维多利亚与阿尔伯特博物馆藏。高13.3厘米，长11厘米，宽11.8厘米。达摩是一个胡僧形象，席地而坐，右臂曲肘支颐，肘部放在膝盖上，背部有一个斗笠。

图7-21

加拿大皇家安大略博物馆藏。高15.2厘米。这个布袋和尚像是弥勒造像中最常见的，笑口常开是布袋和尚的典型特征。此像的特殊之处在于布袋和尚手持如意一柄，寓意笑口常开、事事如意。

德化白瓷中出口的**达摩像**数量并不多，大多数是17世纪的产品，其造型也多为达摩渡海形象——一个胡僧站立在波涛之上。偶尔可见坐姿达摩，如维多利亚与阿尔伯特博物馆所藏的一件坐姿达摩就是其中的特例，这尊达摩神情严肃，双眉紧蹙，与渡海达摩的舒展形象完全不同。德化窑中的罗汉瓷塑被日本学者赞叹为德化白瓷中的上品，之所以能够吸引欧洲人收藏，一个主要原因是德化瓷塑罗汉的面部表情丰富，喜怒哀乐均表现自然。

德化瓷塑外销瓷中的**弥勒像**，主要是世俗化的大肚弥勒，所谓布袋和尚是也。弥勒像造型除了常见的手持布袋之外，尚有戴着西式帽子、手拿笛子的形象，也有身旁放置钵盂的形象。

图7-20 德化白瓷坐姿达摩·明—清　　　　　　　图7-21 德化白瓷布袋和尚像·清

图7-22

大英博物馆藏。高28厘米，长15厘米，宽10厘米。文昌帝君坐在太湖石上，魁星侍立一旁。文昌帝君的装束是唐代儒生的装扮，头戴幞头，身穿长袍，一手持笔，正欲书写。魁星是一个小鬼的样子，笑容满面，手捧书册，似乎等着文昌点选中举的仕子的名字。

图7-22 德化白瓷文昌帝君与魁星像·明

出口西方的德化瓷塑中的道教人物像，值得一说的是文昌帝君和关帝。文昌帝君是中国民间和道教所尊奉的掌管文人功名禄位的神明，自古以来就受到文人学子的崇拜，朝廷也把文昌帝君的祭祀列为国家的重要祀典。每逢文昌帝君诞辰，本邑的童生、秀才、贡生、举人以及私塾教师都会到文昌庙举行三献礼。常见的德化瓷塑文昌帝君多为手持如意或者手持经卷的儒生形象或者帝王形象。也有把**文昌帝君和魁星**塑在一起的，如大英博物馆所收藏的一件就是如此。一般魁星的形象完全取自"魁"字造型，一脚向后翘起，有如魁字的弯钩；一手捧斗，象征魁字右边的"斗"字。而这尊塑像中，魁星则变成了一个手持砚台的小鬼。自关帝崇拜在中国兴起之后，通衢大邑、乡野村镇均有关帝庙，足见关帝信仰的繁荣。德化瓷塑中的关帝，大致有两种，一种是坐像，关帝坐在椅子上读《春秋》；一种是骑马像，塑造了关帝叱咤风云的雄姿。文昌帝君和关帝作为传统的中国道教神明，出口到西方之后，常被当作具有中国风格的陈设摆件。

在德化白瓷塑像中，有一部分是**世俗人物造像**，这类造像反映的是中国人的日常造型或者来源于中国当时流行的人物画，比如二美像、琵琶仕女像等。还有一些仕女像，造型多为头上有盘髻，脖子衣领扣得很紧，肩上有如意纹披肩。此类人像似乎来源于市井人物，往往携带乐器做表演状。还有一种男背女的瓷塑，据说此类瓷塑是专门为日本市场制作的。

图7-23

英国皇家收藏。高17厘米，长12厘米，宽6厘米。这尊雕像有两个人物，女主人手持长箫坐在石台之上，衣着服饰均为清代汉族妇女的形制；一个侍女手持小琵琶站在一旁，似乎一场闺中音乐会正要开启。这种世俗化的雕像在西方颇受欢迎，也是当时流行中国风的体现。

图7-23　德化白瓷持箫仕女像·清

在德化白瓷的瓷塑作品中，西洋人物的瓷塑主要是西方人订制的，大致可分为两类，一类是圣母马利亚和基督瓷塑，一类是荷兰人订制的人物塑像。德化生产的**圣母像**有一个特点值得注意，那就是这类塑像是在观音像的基础上略加变化而制成的，如在颈部加上十字架，头顶塑造出卷曲的头发，再加上圣婴。有的圣母像是站在卷云纹底座上，右手怀抱圣婴；有的是站在护法狮子底座上，左手怀抱圣婴。荷兰人订制的**人物像**，可分为单像和群像，群像一般为家庭形象，服饰基本上都是着荷兰传统服饰。也有**欧洲商人的骑马像**，人物头戴高顶礼帽，脖子上系着丝巾，还有骑着龙、乌龟和狮子造型的，样式很多。

图7-24　德化白瓷圣母子像·清　　图7-25　德化白瓷荷兰夫妇像·清　　图7-26　德化白瓷欧洲骑马人像·清康熙

欧洲和新世界的
德化白瓷贸易

17世纪到18世纪，是德化白瓷输入欧洲和新大陆的主要时期。从返航途中沉没的葡萄牙商船和荷兰商船上，人们已经发现了其中运载的德化白瓷。同一时期，英国沉没的商船货物记录和成功抵达英国而公开拍卖的货物也证明了德化白瓷的销售情况。更重要的是，在葡萄牙、荷兰和英国的长途贸易中，德化白瓷不仅销往欧洲，也进入了南北美洲，这些都是德化瓷器走向全世界的重要证据。

荷兰的德化白瓷贸易

17世纪初,"海上马车夫"荷兰继葡萄牙、西班牙之后在亚洲建立了海外殖民地,积极参与与中国的瓷器贸易,其中德化白瓷的贸易占了较重的份额。根据荷兰东印度公司的记录,漳州月港是德化白瓷的重要出口港之一。

1619年,荷兰东印度公司在巴达维亚建立了总部,以此为中转站,将各种小塑像和白瓷塑像运往欧洲。根据文献记载,最早被贩运到荷兰的德化白瓷是狮子烛台,1637年,在已故荷兰画家扬·布拉塞的库存清单内称为"白狮"。

在已经发现的荷兰沉船中,也打捞出水了荷兰贩运德化白瓷的资料。如1713年沉没于南非开普敦的"本纳布鲁克"号商船,就曾从中打捞出水德化白瓷的神明雕像、狮子、犬和人骑龙形哨子。相类似的瓷器也在"强力王"奥古斯特二世的瓷器收藏中可以见到。而1751年在印度尼西亚海域沉没的"海尔德马尔森"号也发现了数件白釉道教人物雕像。而当荷兰人占据台湾之后,以澎湖列岛为交接点与福建展开贸易,因此在岛上也发现了德化白瓷的残片,其中发现的印牡丹纹菊瓣形碗与哈彻沉船、"头顿"号沉船上的产品相类似。

图7-27 德化白瓷白釉桃形杯·清

图7-27

荷兰国家博物馆藏。高2.7厘米。当荷兰东印度公司在华展开陶瓷贸易以来,大量的德化瓷器被运回荷兰,成为荷兰贵族和富商的"宠儿"。

图7-28

"头顿"号沉船打捞出水。长8厘米。这件水丞于1992年在阿姆斯特丹进行了拍卖。

图7-28 德化白瓷蟹形水丞·清康熙

考古和沉船数据已经表明，荷兰曾经是贩运德化白瓷的重要国家之一。不仅如此，在运回荷兰之后，荷兰的画师曾经对这些德化白瓷进行再加工和装饰，以谋取更大的利润。而荷兰人订制的欧洲式样尤其是以荷兰人为模特的德化白瓷塑像，更是深受本国及其他国家的欢迎，从而留下了大量的这类瓷塑。

图7-29

维多利亚与阿尔伯特博物馆藏。高33厘米。带着猴子的荷兰商人塑像是德化白瓷中荷兰订制瓷器的常见品种，一般都是纯白瓷制品。商人的造型源自荷兰东印度公司的员工或者经理人，从衣着上就很容易判断出来。瓷像上的彩色是荷兰画师模仿康熙五彩的配色而绘制的，甚至有些纹饰直接是模仿自中国瓷器。

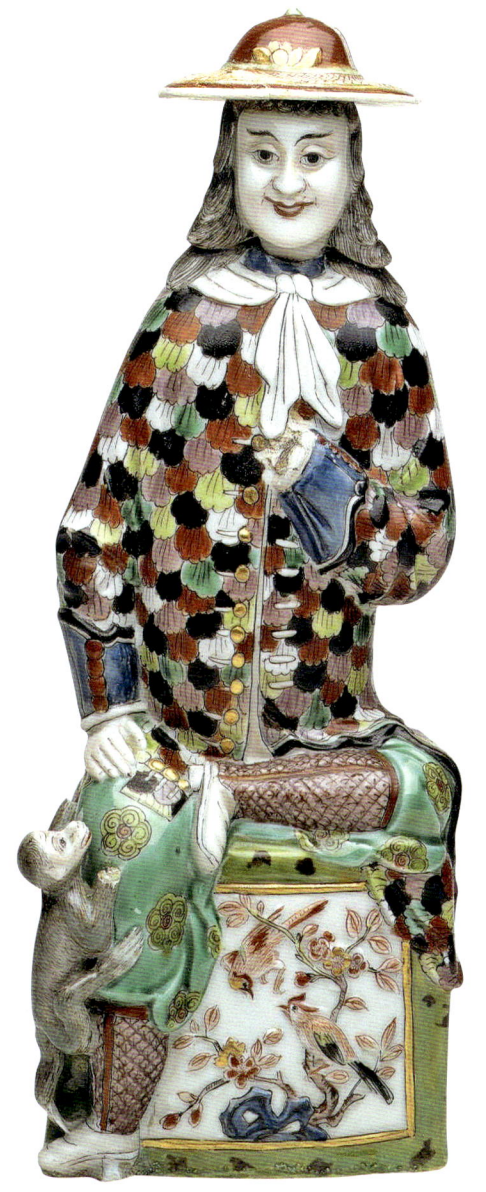

图7-29 后加彩德化白瓷荷兰商人像·清康熙

● 英国的德化白瓷贸易

在德化白瓷的海外贸易中，英国后来居上，较之葡萄牙、荷兰更为活跃，在17世纪末到18世纪初曾大量采购德化白瓷。英国东印度公司的船货清单就足以证明他们和德化窑场之间有庞大的商贸联系。英国东印度公司的文献证明，出口到英国的德化白瓷主要为人物和动物塑像，这些白瓷深受英国收藏者青睐，在英国许多贵族城堡和乡间别墅都留下了它们的影子。

英国东印度公司最早的德化白瓷贸易记录可追溯到17世纪末期，只是这些记录较为简略，描述瓷器偶尔会提到"白"字。如1697年驶往厦门进行贸易的"拿骚"号商船，于1699年返回英国的时候就运载着大量的塑像，其中包括175件被称为"Sancta Marias（圣母马利亚）"的塑像，这些塑像可能是以传教士提供的象牙或者木雕塑像为蓝本制成的。此类德化白瓷塑像在英国的博物馆和欧洲其他国家的博物馆都有收藏，可以说这是较为稀有的带有基督教圣像特征的德化白瓷。

图7-30

私人藏，英国古董协会展品。高38.1厘米。可以说这是较早销往英国的圣母子像，其东方文化和基督教特征融合的特点很明显，尤其是圣母胸前的十字架最为典型。

图7-30　德化白瓷圣母子像·清康熙

图7-31

大英博物馆藏。高11.5厘米。把杯的造型来自西方，颈部装饰弦纹，腹部印花装饰缠枝花卉纹。

图7-32

私人藏。高6.3厘米。这是英国东印度公司商人专门委托生产的德化瓷器。

图7-31　德化白瓷印花把杯·清康熙　　图7-32　后加彩德化白瓷嘉布遣杯·清康熙

　　"拿骚"号商船还运载了"70件仕女婴儿像、71件较小的仕女像、37只大白狮和1247只小白狮"，其中的仕女婴儿像可能指的就是德化窑的送子观音像。这些观音像在英国大受欢迎，可能是这些观音像和欧洲的圣母子像较为类似的关系。如英国女王玛丽二世的萨里汉普顿宫中就藏有6件德化白瓷观音立像。

　　"拿骚"号上的德化瓷杯数量众多，根据记载其中有255个白釉罐和把杯、497个**白釉把杯**和1470个白釉巧克力杯。这些杯子都是根据欧洲市场的要求订制烧造的。把杯主要用于饮用啤酒和其他酒类，造型可分为装饰弦纹的圆柱形杯和装饰弦纹的直颈鼓腹形杯，其原型应是德国或者英国的锡釉陶器。其中还有一种被称为**嘉布遣修士杯**的德化瓷杯，主要用于饮用咖啡或者巧克力，这种杯子之所以得名，是因为其造型和穿上斗篷的嘉布遣修士相似，这种杯子的原型应是英国的锡釉陶器或者银器。

图7-33　德化白瓷荷兰家庭塑像·清

后来的英国商船贩运的德化白瓷除了上述的器物之外，逐渐增加了诸如**荷兰人家庭**、荷兰骑士和荷兰男子像等欧洲风格的瓷塑。其中以荷兰人家庭瓷塑最具特色，其造型通常是表现一对夫妇坐在桌边，男子头戴三角帽，女子则顶着高挑的头饰，在他们的身旁有两个小孩和一只狗，别具生活气息。

在英国皇家收藏中，有大量的德化白瓷制品，是英国皇室数代人的积累。此外，英国的贵族和收藏家们诸如美术收藏家阿伦德尔伯爵托马斯·霍华德、埃克塞特伯爵五世夫妇、克兰子爵夫人戴安娜、马尔堡公爵等活跃在17—18世纪的上层贵族，都是德化白瓷的忠实拥趸。

图7-33

大英博物馆藏。高16.5厘米，长15.5厘米，宽7.5厘米。在1701年英国东印度公司的销售清单中，就有了荷兰家庭雕塑。这类原本由荷兰人订制的瓷器，在英国人介入德化白瓷的贸易之后，依然颇为流行。

图7-34

大都会艺术博物馆藏。高29.8厘米。真武大帝是道教崇拜的神灵之一。这尊真武大帝披发，身着盔甲，坐在石台之上，石台的洞中藏着龟蛇，象征着玄武。道教神像出口到西方，纯粹是西方人被神秘的中国文化吸引所致。

图7-35

维多利亚与阿尔伯特博物馆藏。高9.8厘米，宽13.7厘米。德化白瓷随着西班牙的马尼拉大帆船抵达新大陆，由于种种原因一部分船只沉没，只留下了大量的瓷器残片。在美国奥斯瓦尔德西方国家公园就曾发现过八方炉的残片，其局部细节和此炉类似。

南北美洲的德化白瓷贸易

德化白瓷在欧洲各国商船的运输下进入欧洲，同时也进入了南北美洲。自17世纪开始，德化白瓷的外销开始呈现出走向世界的势头，而这其中，西班牙、英国、荷兰和法国都起到了推动的作用，尤其是在德化白瓷进入南北美洲的过程中，它们更是功不可没。

17世纪到18世纪初期，西班牙帝国的殖民地在当时是世界上最大的。那个时候西班牙在南北美洲以新西班牙、秘鲁、新格拉纳达为核心建立起了庞大的殖民帝国，新西班牙和秘鲁发现的银矿为西班牙皇帝带来了巨额的财富。随着在菲律宾的马尼拉设立贸易中转站，西班牙在亚洲的贸易逐渐兴盛起来，中国的商品如丝绸、瓷器、香料、家具等从福建漳州、泉州和厦门起航前往马尼拉，以赚取西班牙银币。而西班牙人则从马尼拉开始，将中国的货物穿越大洋运往新西班牙，实现了真正意义上的全球贸易。

图7-34 白瓷真武像·清

图7-35 德化白瓷带盖及座八方炉·清康熙

西班牙人凭借着跨太平洋的贸易路线，成功把中国瓷器引入了南北美洲，他们所输入的瓷器基本都是16世纪末到17世纪初景德镇民窑、漳州窑烧制的青花瓷，另外还有一部分德化白瓷。这些瓷器从马尼拉出发，然后在阿卡普尔科登陆，再经由此地运往墨西哥城以及其他地区。考古发现已经证明，西班牙的马尼拉大帆船运载的瓷器中就有德化白瓷，如美国的尼黑勒姆海湾就曾发现康熙时期的德化白瓷残片。而在墨西哥旧城的考古发掘中，也发现了大量17—18世纪的中国瓷器瓷片，其中就有一些完整或半完整的德化白瓷和残片。墨西哥旧城考古发现的瓷器种类可分辨的有梅花纹杯、光素小杯、八棱花口杯、撇口碗、狮子香筒等。值得注意的有一件**瓷塑观音像**，观音为立像，手持如意，在观音的身旁有一小修士。这种东西结合的产物，应该是特别订制的、带有基督教圣像象征的德化白瓷圣母像。同类瓷器在荷兰格罗宁根博物馆也有收藏。

大量的实物证据也已表明，除了西班牙，英国、荷兰和法国也在自己于南北美洲建立的殖民地进行贸易。一些英国位于加勒比海及新世界的殖民地都有德化白瓷出土，其中最值得注意的是英国1655年从西班牙手里夺得的牙买加加勒比岛皇家港口的地震海啸遗址中，曾发现不少德化白瓷，其中有一些完整器物。皇家港口出土的德化白瓷大多为日常饮食器皿。光素无纹、锥划或贴塑纹饰的杯子应用于饮用新创且流行于欧洲各地的热饮，如茶、咖啡和可可，亦可能用于饮用17世纪普及于牙买加的酒精饮料。

图7-36　德化白瓷观音与修士塑像·清康熙

图7-37　德化白瓷梅花杯·清康熙

除了皇家港口之外，位于美国的英属殖民地也发现了德化白瓷。在纽约州克莱蒙的哈得孙河河谷别墅内就出土过德化白瓷的残片。在新英格兰、南卡罗莱纳的查尔斯顿的考古发掘中，也都有德化白瓷的发现，说明当时英国的商船从中国运输了大量的德化白瓷到自己的殖民地。而居住在纽约的富裕荷兰殖民者早于17世纪80年代就在收藏德化白瓷。理发师兼外科医生雅各布·德·朗格1685年的库存清单里就列出了超过100件瓷器，当中两把"白茶壶"及三尊"白男人像"很有可能是德化白瓷。这些德化白瓷有可能是荷兰东印度公司输入的瓷器。法国人运到殖民地的德化白瓷并不多见，实物可证的是发现于亚拉巴马州的欧德莫比勒遗址的德化白瓷，欧德莫比勒是法国驻路易斯安那州的第一个殖民地首府。这些瓷器来源并不是很明确，有可能是西班牙人带来的，也有可能是法国人带来的。

德化白瓷在南北美洲的影响力固然不如在欧洲那么深远，但是这是全球贸易路线开通之后最重要的见证。在南北美洲留下的痕迹，足以说明德化白瓷的无穷魅力。

图7-38　德化白瓷莲台观音像·明

图7-36
格罗宁根博物馆藏。高34.2厘米。观音手持如意，身穿长袍，腰系丝绦，站在石台之上，在观音的旁边，有一个小小的欧洲修士，身穿长袍，头上是短短的鬈发，双手捧着一个篮子，里面放着三个水果。这种东西合璧的德化瓷塑，明显是外销订制的产品。

图7-37
牙买加国家博物馆藏。梅花杯是德化外销瓷中的常见品，17世纪的时候，随着英国的商船，德化梅花杯被运到了牙买加皇家港口，并在20世纪的考古发掘中出土重见天日，证实了德化瓷器走向加勒比海的外销历史。

图7-38
克利夫兰艺术博物馆藏。高45.2厘米。观音头戴宝冠，身披天衣，胸挂璎珞，臂绕披帛，双手结法印，跏趺坐于莲台之上。面容温和，满含慈悲。莲台莲瓣层叠，每一个莲瓣都清晰细腻，莲台之下承以莲花、莲叶和莲蓬。整个造像层次分明，做工精细，装饰繁复，体现了德化瓷塑匠师的高超技艺。

青花缠枝莲纹玉壶春瓶·明洪武

青釉岁寒三友图玉壶春瓶·清雍正

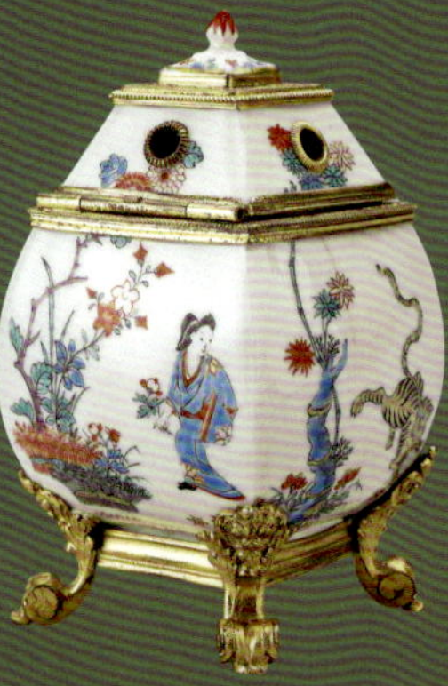

随着**丝绸之路**的开辟、拓展，中国的丝绸、茶叶和陶瓷等产品纷纷走出国门，走向世界。中国瓷器外销乃始于**魏晋南北朝**，繁荣于**唐**，兴于**宋元**，盛于**明清**，虽晚于丝绸、茶叶外销，但最终成为人类贸易史上第一件真正意义上的"**全球性商品**"。它不仅以其千姿百态的造型、多种多样的装饰而深受世人青睐，更是作为承载着**几千年中华文明之精髓**的艺术品而逐渐影响了整个世界。不难发现，世界其他各国**仿制中国瓷器**的情况，是随着中国**外销瓷贸易路线**的发展而蔓延开来的，从朝鲜半岛、日本、越南等临近地区，到伊朗、土耳其、埃及等西亚和北非地区，最后到欧洲、美洲各国及其殖民地。各国受中国瓷器的**启发**或**直接影响**，结合本地实际情况而进行试验、仿制，最终在不断探索中形成了本民族自己的制瓷产业。

捌·仿制

中国瓷器引领的世界瓷器潮流

朝鲜半岛对中国瓷器的仿制

早期：新罗与唐三彩 / 415

中期：高丽与越窑青瓷 / 417

后期：朝鲜王朝与青花 / 423

日本对中国瓷器的仿制

奈良三彩与唐三彩 / 428

"濑户烧"、青瓷、黑釉瓷的仿烧 / 430

中朝两国影响下的日本青花 / 433

柿右卫门仿制的彩瓷 / 438

"中国风"与欧洲各地的锡釉陶器生产

西班牙和葡萄牙的马略卡彩陶 / 447

法恩扎与美第奇家族 / 450

蓬皮杜夫人和塞夫勒瓷厂 / 453

荷兰油画与代尔夫特蓝陶 / 460

欧洲硬质瓷器时代的来临

"炼金术士"的成功与德国的仿制 / 467

英国的仿制与瓷器生产的工业化 / 472

朝鲜半岛
对中国瓷器的仿制

　　中华文化很早就传入临近的朝鲜半岛，在语言文字、学术思想、典章制度、风俗宗教、工艺科技等方面对其产生了全面、深刻而长久的影响，并使其逐渐发展出相似的文化和价值观，从而形成了"中华文化圈"。而随着中国制瓷技术的成熟、产品的外流、人口的迁徙，朝鲜半岛较早地接触到中国瓷器，逐渐开始学习并掌握制瓷技术，而其所制作的瓷器往往是从直接仿制中国瓷器开始的，然后逐渐融入本民族的文化情趣，从而形成自身的独特风格。

早期：新罗与唐三彩

朝鲜半岛在距今几十万年前就有人类活动的迹象，公元前10000年至公元前1000年为朝鲜半岛的新石器时代，这一时期最具代表性的遗物就是一种在顶端边缘有梳齿状花纹的尖底陶器，亦称**"栉纹土器"**。此类器物在包括今中国东北、辽东半岛和山东半岛的多个东北亚地区均有出土，可想而知，彼时朝鲜半岛的居民与生活在其他东北亚地区的人有着千丝万缕的关联。于前15世纪至前10世纪左右，朝鲜半岛进入青铜器时代，此时期遗迹中除了有青铜器出土外，还出土有大量的底部平坦、表面没有纹路且常有把手的陶器，通常称为**"无纹土器"**。无纹土器与之前的栉纹土器造型大相径庭，在此时期，可能有大量来自中国地区的移民进入朝鲜半岛，他们带来了相对先进的农耕技术和冶陶技术。《尚书大传》和司马迁《史记·宋微子世家》等中国文献也有关于商末周初，周天子封箕子于朝鲜，箕子率领一部分商民迁居朝鲜的记载，所以往往认为朝鲜半岛上在前1120年至前194年，曾经存在"箕子朝鲜"的政权。

图8-1
韩国国立中央博物馆藏。高38.1厘米，腹径26.6厘米。该陶罐出土于首尔市岩寺洞住宅遗址。

图8-2
韩国国立中央博物馆藏。高24厘米。韩国忠清南道扶余郡松菊里房屋遗址出土文物。

图8-1　栉纹尖底陶罐·新石器时代 　　　图8-2　圆角平底红陶罐·青铜器时代

图8-3 鸭形陶器·三韩时代

图8-4 铅釉高柄豆·统一新罗

在历经其后的"卫满朝鲜"时期、"四郡三韩"时期后,朝鲜半岛在前57年到668年形成了新罗、百济、高句丽三国鼎立的局面。此时期,佛教自中国传入并发展壮大,而此三国也产生了诸多别具特色的陶器。例如,新罗地区出产的陶俑及**鸭形**、舟形、车形陶器等,而此类陶器多为明器随葬,作为死者灵魂飞升极乐的工具。彼时高句丽地区还出现了低温**黄绿铅釉陶器**。

660—668年,新罗在唐军的帮助下征服百济、高句丽,又将唐军推出朝鲜半岛,朝鲜半岛进入"统一新罗时期"(668—901),这是朝鲜半岛首次出现统一的国家政权。其早期社会稳定,陶瓷制作方面得以发展,开始生产高温**灰釉陶器**。又由于与中国唐朝交流密切,新罗工匠开始以唐三彩为蓝本,发展出新罗三彩。新罗三彩器亦多作为典型的随葬明器。随着工艺日益进步,陶器上也开始出现更多华丽的装饰。值得注意的是,上釉陶器在新罗末期已发展成为初期形式的青瓷。

图8-5
韩国国立中央博物馆藏。高20.5厘米。通过文献和与骨灰罐一同出土的货币可以得知,墓葬时间为7世纪以后。该骨灰罐的顶盖上带有宝珠形顶盖把手,长颈及肩部绕有圆形印花纹。这可能是特殊阶层使用的最高级别的器具。

图8-6
大英博物馆藏。高10.4厘米。这种灰釉陶器在统一新罗时期存在的时间很长,在朝鲜半岛是主要的陶瓷产品。但是仔细观察的话,会发现其上的纹饰和当时中国瓷器上的纹饰有相似之处。

图8-5 黄褐釉盖罐·统一新罗　　图8-6 灰釉陶刻花骨灰罐·统一新罗

中期：高丽与越窑青瓷

盛唐时期，低温铅釉陶器已入寻常百姓家，唐三彩制作使陶器走上辉煌的同时，瓷窑已经兴起，南方越窑青瓷与北方邢窑白瓷，二者共执牛耳，以此形成了"南青北白"的局面。同时，造船业和航海技术的发展促进了港口的兴盛和海外贸易的繁荣，明州（今宁波）成为重要的贸易港口。考古发掘证明，唐代已经有大量的越窑青瓷经过明州港，海运进入朝鲜半岛。而且还有资料显示，此时期已有"中国专业陶工进入朝鲜半岛的西南沿海一带开设窑厂烧制瓷器"。正是在这种直接影响下，约10世纪初，朝鲜地区成功烧制出初期的青瓷，新罗成为世界上第二个产瓷国家。全罗南道康津郡大口面地区被认为是其青瓷的发祥地，通过对其遗址的考古发掘和研究，发现其窑炉结构、装烧工艺均受到越窑影响，而且遗址中还出土了大量的初期青瓷，特别是玉璧底瓷片。而这些遗物的造型、胎质、胎色以及釉质、釉色，已经酷似中国晚唐至五代时期的越窑青瓷。所以，此时期的青瓷虽然为灰青釉，尚属粗瓷，但为后来高丽青瓷的诞生奠定了基础。

新罗王朝施行严苛的"骨品制度"——一种以血缘关系为纽带决定政治地位和社会地位的社会等级制度，使得地方豪族势力不断壮大。9世纪初，王朝中央发生内乱，王位更迭频繁，致使王室衰微，中央集权瓦解。889年，新罗全境爆发农民起义，地方豪族也纷纷自立，新罗中央政府难以收拾乱局，统治秩序崩溃，朝鲜半岛再度陷入分裂状态。直到918年，出身于松岳（今朝鲜开城）地方豪族的王建推翻"后高句丽"称王，在历经18年征战后，于936年再次实现"三韩一统"，开创了享国470余年之久的高丽王朝。

此时的中国，北宋一统中原，其重点发展的海外贸易日益兴盛，宋朝与高丽也开始了更为密切的交流，海商也成为两国之间官方联系的纽带和政治交往的中介。国家层面，遣使互访已为寻常，而民间层面的海商人员则更是往来频繁。宋朝先进的文化和政治制度得以深刻影响高丽。高丽不仅一改前朝的骨品制度，学习中国而设立并逐渐完善其科举制度，而且为表示对宋的尊敬，开始使用宋朝年号（后改用元朝年号）。梨花女子大学博物馆藏有一件出土于京畿道的**青釉"淳化四年"铭文罐**，其器底环刻有"淳化四年癸巳太庙第一宝亭器匠崔吉会造"铭文一周。"淳化"正是宋太宗使用的年号，"淳化四年癸巳"则应是993年。

图8-7

韩国梨花女子大学博物馆藏。高35厘米。根据罐底铭文可知，此罐是工匠崔吉会制作的，是一件用于高丽太庙第一室即太祖室的皇家御用瓷器。韩国文化遗产厅的相关专家认为："此罐整体呈淡绿色，表现出了当时受中国影响的特点，是韩国对青瓷独特色彩进行尝试的早期阶段的产品。"

图8-8

台北故宫博物院藏。徐兢此书完成于宋宣和六年（1124），原书图文并全，惜遭靖康之乱而亡其图，乾道三年（1167）徐兢侄徐蒇为之首次刊印，虽无法觅得原图，还沿用"图经"为其书名。《宣和奉使高丽图经》内容宏富，传世也久，成为今日研究古代中韩关系及交通史最珍贵的史料。

图8-7　"淳化四年"铭文罐·高丽王朝

　　由此看来，在瓷器制造方面，高丽不仅继承新罗时代陶瓷器工艺传统，而且自进入高丽时代以来，政治平稳，社会安定，青瓷制作迅速发展。更由于同宋朝贸易往来密切，以耀州窑为代表的中国北方青瓷和以龙泉窑为代表的南方青瓷得以大量输入，使得其青瓷制作技艺日臻完善。从传世及出土遗物中不难发现，此时期的青瓷造型大都仿自同时期的宋代瓷器，装饰手法也基本沿袭了越窑、定窑、耀州窑以及后来的汝窑、龙泉窑、景德镇窑等诸多宋代名窑的风格。直至11世纪中期，**高丽青瓷**也在仿制中到达第一个高峰，其胎、釉等原料经过精选、精炼，胎质极佳，成品质量很高，釉色纯正，呈绿玉色调，被称为"翡色青瓷"，成为一代名品。

　　高丽青瓷不仅在高丽上层阶级流行，也得到了来自中国的赞叹，受到了宋朝士人的认可。北宋宣和五年（1123），宋朝遣使访问高丽，使团成员之一的徐兢将此一路的见闻辑成了**《宣和奉使高丽图经》**。其中就有关于高丽青瓷的介绍。首先，徐兢认为高丽青瓷中"作碗、碟、杯、瓯、花瓶、汤盏，皆窃仿定器制度"，"其余则越州古秘色、汝州新窑器，大概相类"，虽然文字中透露出了些许不以为意，但如今看来，高丽青瓷能与汝窑、定窑相提并论已经是一种肯定了。而可贵的还是釉色，"器色之青者，人谓之翡色。近年已来，制作工巧，色泽尤佳"。

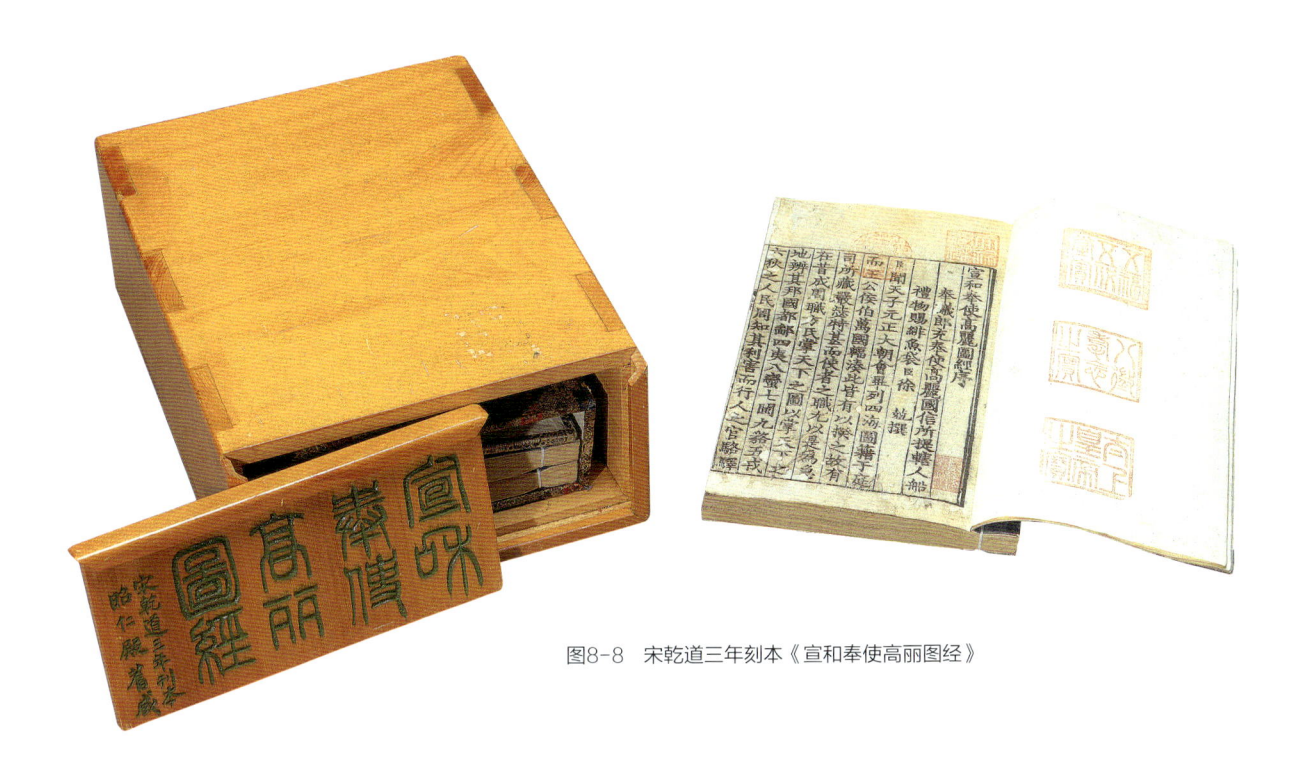

图8-8　宋乾道三年刻本《宣和奉使高丽图经》

图8-9

韩国国立中央博物馆藏。高21.2厘米，口径11.1厘米。这件香炉与徐兢所著的《宣和奉使高丽图经》中记述的狮子香炉有关，因而备受瞩目。

由于高丽青瓷只供上流社会，因此在技术上日益求精，器物追求华丽，开始广泛运用堆花、透雕等技巧。而在12世纪中期，高丽青瓷在模仿中国青瓷的基础上开始了更多的创新，比如制作了诸多模仿鸭子、龙、鱼、龟、狮子等动物以及南瓜、莲花、竹等植物的仿生瓷，其瓷塑栩栩如生，精巧至极。徐兢在看到这些仿生瓷之后，也不禁赞叹，给予了"唯此物最为精绝"的高度评价。

图8-9　青瓷狮子香炉·高丽王朝

图8-10 青瓷镶嵌牡丹唐草纹葫芦形注子・高丽王朝

图8-10

韩国国立中央博物馆藏。高34.3厘米，口径2厘米，足径9.7厘米。葫芦形的注子主要出现在中国唐宋时期的瓷器中，但从整体线条的走向和各部分的比例来看，这个注子已经体现出了高丽式的形态。壶身下部镶嵌的牡丹图案非常可爱，体现了独特的艺术魅力。

更为重要的是，12世纪中后期的高丽陶工发明了**青瓷镶嵌技艺**，从而使高丽青瓷制作进入了第二个高峰。青瓷镶嵌技艺，是从当地流行的金属器嵌银丝工艺以及螺钿漆器制造工艺发展、演化而来，大致工序是在瓷坯上刻出纹样，再将黑白两色土料填入刻槽，打磨光滑后素烧，再施青釉，并高温烧制而成，精美绝伦。

北宋太平老人在《袖中锦》一书中，将"端砚""定瓷""浙漆""吴纸"与"高丽秘色"等并列为当时著名工艺品中的"天下第一"。如今看来，高丽青瓷是以浙江越窑为代表的中国南方青瓷文化传入朝鲜半岛并高丽化的产物，也最终成为朝鲜半岛对世界陶瓷艺术的最大贡献。

图8-11
青瓷镶嵌牡丹菊花纹瓜棱形瓶
高丽王朝

图8-12
青瓷铁画花卉纹盘口瓶
高丽王朝

图8-13
青瓷铁画折枝花卉纹梅瓶
高丽王朝

另外，11世纪后期，在越窑、磁州窑影响下而出现的**釉下铁绘工艺**也值得一提。其铁绘纹饰呈黑褐色，前期罩以青釉，后逐步发展为白瓷铁绘。纹饰绘画风格可大致分为两类，有些绘画工整，如黑白版画；也有些率性写意，有水墨画的风格。而纹样也多为牡丹、莲花、花鸟等。这些与磁州窑白地黑绘装饰艺术相似度很高。在出现青瓷镶嵌工艺之后，高丽陶工还发明了白瓷黑镶嵌技法，其纹饰特征也从之前的"粗枝大叶"转向了纤细白描。

随着蒙古人的屡次入侵，在国事艰难、民族危亡的情况下，高丽青瓷走向了没落。朝鲜半岛陶瓷的主流已经转向粉青砂器（即粉妆灰青釉砂器）和白瓷。

后期：朝鲜王朝与青花

朝鲜半岛的白瓷制作始于10世纪左右的高丽时期。早期的高丽白瓷，釉色偏灰，釉层较薄，且胎土淘洗不够纯净而含砂。虽然之后大力模仿中国定窑白瓷，器形区别不大，釉色也逐渐得以改善，但还是没有在青瓷流行的高丽时期得到太多关注。这种情况在高丽青瓷没落以及李氏朝鲜王朝建立后，发生了转变。

1392年，高丽大将李成桂推翻高丽王朝而建立了李氏朝鲜王朝。李氏朝鲜自建立以来，以儒治国，整个社会儒风盎然。由于儒教宣扬"君子如玉"，"类玉"的白色也为儒教所尊崇，而符合上流社会审美理念的"玉色"白瓷也就理所当然地成为王室御用之选。况且，朝鲜民族本身对白色的喜爱由来已久，这在《李朝实录》中多有记载，如"元人尚白，大明尚黑，以至日本尚青……吾东方常时好着白衣""东方之人，自古尚白"等。

图8-15

韩国国立中央博物馆藏。高25.6厘米。这件作品是用陶范模制的竹子状瓶。为了突出竹子象征坚定的意象，以亮丽的淡青色白釉装饰，表现出了竹子的姿态。

图8-14　白瓷托盏·高丽王朝

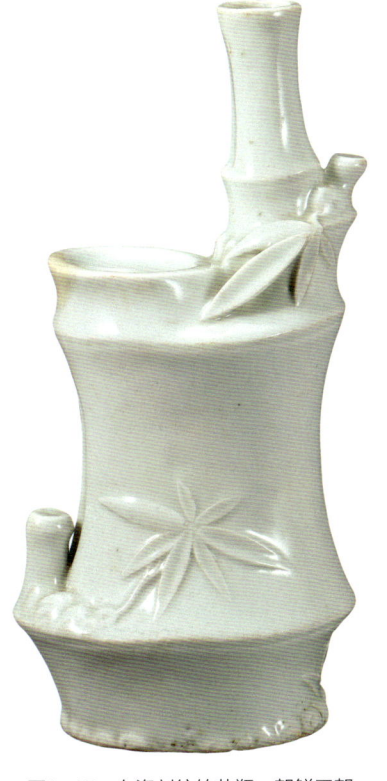

图8-15　白瓷刻纹竹节瓶·朝鲜王朝

朝鲜对明朝贯行"事大"的基本国策，与明朝建立了十分密切的藩属关系。较之他国，明朝与朝鲜的朝贡勘合贸易更为频繁，明廷特许朝鲜一年一贡，甚至曾有过一年多贡，以此显示与朝鲜的亲密。在这种历史背景下，李氏朝鲜不仅在政治、文化等诸多领域开始了对明朝的效仿，更学习了明朝的御窑制度。由于京畿道广州郡历来出产优质白瓷土，且靠近汉江，林木茂盛，燃料充足，所以被掌管御膳的司饔院选定，专设分院，称"分院官窑"或"广州官窑"。15世纪初，分院官窑所产的白瓷普遍线条柔和而釉色纯净，已经开始贡于王室。

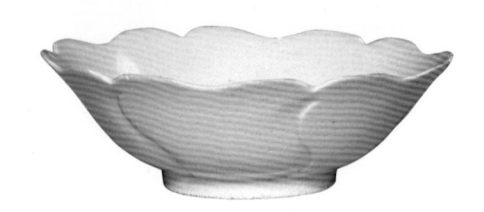

图8-16　白瓷葵花盏·朝鲜王朝

中国历代名瓷中，"白如凝脂，素犹积雪"的永乐甜白釉瓷器堪称一代绝品。其不仅釉色温润，好似白糖，而且器形丰富，线条柔美，永乐皇帝对其有"洁素莹然，甚至于心"的赞誉。据史料所载，永乐二十二年（1424），永乐帝曾赐予朝鲜世宗大王一批景德镇所产的优质白瓷，而喜爱白瓷的世宗立即下令分院官窑对其进行仿制，以改良本国白瓷。到了17世纪，**李朝白瓷**釉面已然更为润泽洁白，"有'雪白瓷'之誉"，其器形追求线条之美，多使用多面多棱、刻花、透雕等表现手法。由此可见，李朝白瓷的最终成熟受到过明初景德镇窑白瓷影响，而白瓷制作贯穿了李朝始终。

图8-17　白瓷罐·朝鲜王朝

图8-17
大都会艺术博物馆藏。高31.1厘米。此罐是朝鲜王朝时期官窑场烧制的瓷器，从其造型上可以看到永乐、宣德时期白瓷罐的影子。相对而言，釉色虽然没有永乐甜白釉那么纯净，却透露着一股淡雅之气，很符合朝鲜倡导的儒家思想传统，这也是白瓷在朝鲜王室备受推崇的原因之一。

图8-18
大都会艺术博物馆藏。高1.3厘米，口径21.4厘米，足径14.6厘米。此盘是朝鲜分院窑场生产的王室用瓷，是比较精致的王室瓷器。

图8-18　白瓷盘·朝鲜王朝

图8-20

克利夫兰艺术博物馆藏。高43.4厘米，腹径33厘米。罐为青花装饰，绘图精细，笔法流畅，应是朝鲜宫廷画员所绘。

图8-19 青花福寿康宁纹碗·朝鲜王朝　　　图8-20 青花花鸟纹罐·朝鲜王朝

　　1428年，宣德帝赐予朝鲜世宗大王10件青花瓷，景德镇窑的青花瓷进入了朝鲜宫廷。这使得在中国越来越流行的青花瓷也逐渐开始成为分院官窑陶工们模仿的对象。李朝文官成伣在其随笔文集《慵斋丛话》中言道："世宗（1418—1450在位）朝御器专用白瓷，至世祖（1455—1468在位）朝杂用彩瓷，求回回青于中国，画樽、杯、觞，与中国无异。"从这段文字中我们可以考察出当时的三个情况：首先，李朝青花瓷仿制成功的时间应不晚于世祖在位的15世纪中期，而本国所产青花瓷在世祖时已然常用；其二，此时的青花料基本依赖中国进口；其三，这一阶段的朝鲜青花瓷，在器形与纹饰上都是对明朝青花瓷的模仿。而由于李朝早期青花瓷器的青料须进口，价格昂贵且稀少，这自然令朝廷对成品率有着较高的要求。所以，为提高其成品率，绘画工序则由宫廷中的专业画师——"画员"承担。从广州郡分院官窑的优质白瓷土，到中国进口的优质青料，再到专业画师，这些举措让**朝鲜青花瓷**的质量从一经诞生就走向了高峰。

　　朝鲜青花瓷，在对明朝青花的模仿中也是有所取舍的。类似于元青花及明初青花那样繁缛的纹饰，朝鲜青花中没有出现，而是采取了更多的留白，主题除了反映王权的四爪龙纹外，一般是格调高雅类的，如松竹梅"岁寒三友"图、梅兰竹菊"四君子"图以及山水图等。这种情况一直持续到18世纪。而早期未能生产出纹饰复杂的青花瓷的原因可能来自两方面，首先是本民族的审美情趣所致，其次则是缺乏大量青料，追求成品率，则不便完成过于繁复的纹饰绘制。

直到15世纪晚期，朝鲜在全罗南道、平安南道的数个地区发现了青料，青花瓷的产量、质量本应有所发展，但发生在1592年至1598年的壬辰倭乱严重影响了其青花瓷的制造。1637年，朝鲜臣服于清，改奉清为宗主国，断绝了与明朝的来往。17世纪中期，清朝已然取代明朝，国势兴盛，景德镇御窑厂中青花瓷生产进入了新时期。朝鲜官窑对清代官窑的模仿令其青花瓷的纹饰和造型均趋于华丽精巧，但民风淳朴、儒风益然的朝鲜始终崇尚的是青白世界里的简约之美。

值得一提的是，李氏朝鲜除了对青花的仿制，对中国发明的其他釉下彩形式也进行过本土制作。比如，已经掌握的釉下铁绘技术继续发展，在白瓷胎的衬托下，达到了更高的水准，"犹如绢素上泼水墨"，妙造自然。可以说，在朝鲜半岛和中国的长期交往中，瓷器作为一个文化载体，成为两国文化交流的最好见证。中国瓷器以自己独有的魅力，影响和促进了朝鲜半岛瓷器的生产和发展，这是中国瓷器走向世界的历史过程中浓墨重彩的一笔。

图8-21　青花铜画长生纹壶·朝鲜王朝

图8-21

韩国国立中央博物馆藏。高37.3厘米。所谓长生纹指的是描绘"十长生（太阳、山、水、石头、松树、月亮或云彩、不老草、乌龟、鹤、鹿）"的花纹，朝鲜时期被广泛应用在家具、服饰、建筑、民间绘画等各个方面。绘"十长生"的瓷器多是为了祝寿而制造的。这件壶在图案构成方面，画面以利用斜线构图伸展开来的红色松树为中心，左右夸张地装饰以鹤、龟、鹿、竹、云等。画面同时运用了青花颜料和铜画颜料，色泽浓、深，给人以异常华丽的感觉。在形态方面，口缘部边缘笔直竖起，壶身则是从丰满的上端向下逐渐变窄，到了底部向内侧凹陷。这可以说是19世纪制作的壶的代表性特征。

图8-22

韩国国立中央博物馆藏。高32.4厘米。略圆的壶身表面上用铁画颜料和青花颜料恰如其分地表现出了浓淡的变化，写实地描绘出了葡萄藤的图案。在颗粒饱满的葡萄和藤蔓中间有一只猿猴，它手里攥着几粒葡萄，伸长胳膊去够剩下的葡萄。在壶的肩部有用毛笔蘸着青花颜料写的"车金舟人"字样。

图8-22 青花铁画猿猴葡萄纹罐·朝鲜王朝

日本对中国瓷器的仿制

中日两国一衣带水,文化交流源远流长。在长期的交流中,陶瓷是日本接受中国文化影响的历史见证之一,是两千年来中日交往最直接的证据。日本陶瓷的发展历史,实际上就是对中国陶瓷吸收、融合、创造的历史。日本在汲取中国陶瓷技术和文化的同时,又将本国文化因素融入瓷器之中,日本陶瓷的一些独到之处也被中国陶瓷所吸收,中日两国共同谱写了世界陶瓷交流史上的精彩篇章。

奈良三彩与唐三彩

日本的陶器制作时间较早,而发展到瓷器制作则较晚。在陶器制作方面,日本自旧石器时代晚期开始相继出现了装饰较为复杂的绳纹陶器(始于公元前1.2万年左右至前300年左右);红灰色、造型简朴的**弥生陶器**(前4世纪左右到3世纪左右出现),以及色呈黄褐色、胎质较薄、纹饰简单的土师器(4世纪至6世纪出现)。

图8-23 陶尖底罐·弥生时代

公元630年至894年，日本不断派人到中国学习，每次派出的遣唐使团多达百人以上，有时多至五百余人。唐朝的律令制度、文化艺术、科学技术、风俗习惯以及瓷器、唐三彩等通过他们传入日本，对日本的社会发展产生了重大影响。日本奈良时代（710—794）正是中国盛唐时期前后，也正是日本遣唐使往来最为频繁的时代。而**奈良三彩**，就是模仿中国唐三彩的生产工艺和彩釉等装饰工艺而生产的一种低温铅釉陶品种，代表着奈良时代日本陶艺的最高水平，是当时日本上层社会对唐文化向往的体现。奈良三彩是日本最早的人工釉陶器。其中有的是绿、褐、白三彩，有的是绿、白二彩，也有单独使用绿釉、褐釉和白釉的。这种由绿、褐、白组成的釉彩陶器，渗透了日本陶瓷手工业者浓厚的审美意识。但就像历经"安史之乱"的唐朝迅速衰弱一样，奈良三彩制作在9世纪的日本平安时代初期突然中断。

图8-24　奈良三彩盖罐·奈良时代

图8-25　奈良三彩盏托·奈良时代

图8-23

大都会艺术博物馆藏。高40.6厘米，口径22.2厘米，足径3.8厘米。这种尖底罐是日本弥生时代陶器的典型代表。

图8-24

东京国立博物馆藏。大阪府茨木市安威出土。这个三彩罐是作为骨灰坛使用的，罐身和盖以青、褐、白三色釉进行装饰，因年深日久釉彩已经明显脱落。这是奈良三彩罐中最早的精品，据说此类三彩罐仅供奈良时代的贵族使用。

图8-25

奈良县立橿原考古研究所附属博物馆藏。口径8.2厘米。日本平城京左京四条三坊六坪出土。盏托以黄、绿、白三彩装饰，从造型上看，这个托盏应是专供贵族使用的实用器，其釉色装饰则仿照唐三彩。

"濑户烧"、青瓷、黑釉瓷的仿烧

5世纪中期开始，创烧并流行于日本各地的**须惠器**成为日本陶瓷史上一个重要的节点。须惠器胎质青灰，而后来出现的一些须惠器的表面出现青灰色的薄釉，日本人称其为自然釉。这种自然釉起初是草木灰偶然落在器表而产生的，这也是日本早期的釉陶之一。值得注意的是，须惠器的制作，已经开始使用自朝鲜半岛传入的辘轳拉坯技术，并以高温烧成，与中国、新罗出现的高温灰釉陶器有关。所以，须惠器被认为是日本陶瓷与中国、新罗进行技术交流的产物。在须惠器制作的基础上，又因中国越窑瓷器的大量输入，尤其是唐代中后期，唐三彩、青瓷、白瓷和长沙窑的釉下彩瓷等中国瓷器输入日本，受此影响的日本地区陶瓷业开始迅速发展起来，特别是别具地方色彩的濑户窑、常滑窑、备前窑等。

诸多窑口中，以濑户窑较为特殊，并逐渐成为日本陶瓷业的代表，至今仍在生产名为"濑户烧"的陶瓷。而日语中常以"濑户物"一词指代日本陶瓷。濑户窑的兴盛与中国文化之间的关系依然紧密。

图8-26　须惠器短颈壶·古坟时代

图8-27　青釉长颈壶·古坟时代

图8-26
东京国立博物馆藏。千叶县木更津市琉璃光塚古坟出土。壶为唇口，溜肩，鼓腹，平底，底足有黏沙。壶身上部施釉，施釉不到底，釉色泛青，流釉明显。

图8-27
东京国立博物馆藏。大阪府八尾市高安古墓群出土。此壶虽为陶制，但通体施釉，釉色纯净。壶的造型有明显的仿照越窑瓷器的特色，技术手法也相当成熟，是须惠器中的精品。

图8-28 建窑黑釉兔毫盏·南宋

图8-29
濑户窑褐釉涡纹四耳壶
南北朝时期

图8-30
黄釉缠枝花纹四耳罐
南北朝时期

图8-28

东京国立博物馆藏。高7.5厘米，口径17.6厘米，足径5.7厘米。这是典型的福建建窑生产的黑釉瓷器，主要作为茶具使用。南宋时期，大量的建窑瓷器出口日本，被日本人奉为饮茶珍品。

图8-29

东京国立博物馆藏。高31.6厘米，口径11厘米，足径10.9厘米。这个褐釉涡纹四耳壶造型仿制中国白瓷四耳罐而大胆地施以褐釉，产生别样的美感。

图8-30

东京国立博物馆藏。静冈县书池区森町出土。四耳罐是濑户窑的主要器形，它完全仿制中国瓷器造型，这件罐子就是最典型的例子。

在日本与唐、宋的贸易、文化交流中，中国的茶叶和茶文化不可避免地传入了日本。据文献记载，在奈良、平安时代，日本朝廷就已经开始学习唐朝的饮茶之风，并种植自中国归来的留学生所带回的茶籽。中国宋代盛行的斗茶和茶道同样深刻影响了日本。此时的日本处于镰仓时代，中国茶、茶具和点茶法已经开始风靡僧侣、贵族、武士阶层，并逐渐向平民普及。以幕府将军源赖朝父子为代表的日本上层贵族均酷爱宋瓷，尤其是对中国建窑黑釉瓷十分珍爱，其所用茶盏均为建窑黑瓷。在这样的背景下，濑户陶工加藤四郎左卫门景正曾于1223年随道元禅师入宋，到浙江、福建等多地学习陶艺，回国后学习建窑黑釉瓷技艺而进行仿制，成为日本施釉陶瓷器之首创者。其使用的灰青釉、黑釉釉料中混入长石，使釉的附着力更佳，烧成后釉层均匀而肥厚，釉面透明度有了明显提升。濑户窑的成功打破了日本陶瓷生产的停滞状态，加藤四郎左卫门景正则至今仍被日本陶工们尊为"陶祖"。镰仓中期以后，濑户窑所产多施以配制出的铁釉，釉色呈黄褐色、茶褐色，并以划花、印花等技法装饰。到了室町时代（1336—1573），濑户窑成为当时日本陶瓷业的中心。

以濑户窑为始，茶具制作开始占据日本陶瓷生产的主导地位，茶道与茶具相互促进，此后出现的诸多窑口所产陶瓷中最具代表性的器物大都与日本茶道的初步形成、发展与兴盛密不可分。而日本茶道与日本佛教关系紧密，也形成了日本茶道"和、敬、清、寂"的美学思想。受此影响的日本陶瓷逐步形成了其独特的风貌。此时出现的"乐烧"茶具较为特别，不用辘轳成型，全靠手捏，表现出益加丰富的艺术性，风格自由，妙趣横生。

　　在灰青釉、黑釉器烧制成熟的基础上，一些窑口学习了中国与朝鲜半岛已经熟练的釉下彩绘，出现了以铁料为彩的绘制工艺，这为之后日本青花瓷的出现奠定了一定的基础。

中朝两国影响下的日本青花

日本一直到17世纪上半叶以前，基本靠从中国进口瓷器来满足自身对优质瓷器的需要，而本国所生产的陶瓷，从胎质烧结程度和烧造温度上看，还不能称为瓷器，只能算是釉陶。

1592—1598年间，刚刚结束战国时代的日本在丰臣秀吉的控制下两次对朝鲜发动了侵略战争（即万历朝鲜战争，朝鲜史书称之为"壬辰倭乱"日本称之为"文禄·庆长之役"），虽然均因明朝的介入而以失败告终，但其撤退时俘获、胁迫了众多朝鲜人随其返回日本，其中包括800多名朝鲜陶工。这些陶工来到九州岛及其周围地区继续进行陶瓷生产，以此带动了濑户窑、备前窑、**美浓窑**等日本传统陶窑的发展。在这种外来因素的推动下，日本窑业迎来了桃山时代至江户时代初期的全面发展时期。

图8-31

东京国立博物馆藏。高6.9厘米，口径28.5厘米，足径13.9厘米。红志野是安土桃山时代至江户时代初期美浓窑烧制的一种瓷器，因其烧造地在志野，且烧制之后釉色白中泛红而得名"红志野"。

图8-31　美浓窑红志野山水图平钵·安土桃山时代

此次战争中，被日军带回日本的以李参平为首的众多朝鲜陶工们在位于九州岛西北部的肥前藩佐贺县有田町上白川天狗谷开窑，建立了一座具有朝鲜风格的窑厂，并于1616年在附近的泉山发现了优质瓷土，继而烧造出日本第一件白瓷，宣告了日本瓷器时代的来临。在此之前有田地区已存在的许多窑厂很快便学习、掌握了瓷器烧造技术，并在此基础上成功仿制了青花瓷。"有田烧"成为该地区诸窑的总称，且因为其产品多从附近的伊万里港销售而又被称为"伊万里烧"。

初期的伊万里青花，成品参差不齐，不甚稳定，多有烧造变形者，其釉色则或白中闪青或偏黄，釉面有开片，青花发色大都灰暗、浅淡；纹饰构图并不严谨，或是满绘周身，或是几笔勾画；绘画风格则显得较为粗放写意，题材则以松、竹、梅、菊或山水为主，与同时期的朝鲜青花格调类似。1620年后，伊万里青花受到中国景德镇外销青花瓷的影响，纹饰俱是中国风格，山水、人物、动物、植物等纹饰常直接模仿中国青花瓷。款识方面，不仅有仿中国瓷器上的堂名款、画押款，连寄托款也照仿不误，有"大明年制""宣德年制""大明成化年制""大明嘉靖年制"等，甚至出现笔误后以讹传讹，将"大明"写成"太明"的器物不在少数。

图8-32

东京国立博物馆藏。高10厘米，口径29.7厘米，直径17.9厘米。钵为花口，外壁青花绘缠枝花卉纹，内壁及盘心绘云龙纹。这是伊万里窑烧制的出口欧洲的瓷器，无论是胎体质地还是青花色调，都具有很高的水准，可以说是伊万里瓷器鼎盛时期的代表作。

图8-32　伊万里青花云龙纹钵·江户时代

图8-33　伊万里岩鹿水禽纹轮花钵·江户时代

图8-33

东京国立博物馆藏。高13.6厘米，口径33.5厘米，足径14.4厘米。此钵是伊万里瓷器中受景德镇青花碗影响较深的产品，无论是纹饰还是青花发色，均可与景德镇青花媲美。

　　到了17世纪中期，伊万里制瓷技术彻底由朝鲜方式向中国方式转化，青花烧造技术日益成熟。又恰逢中国正值明清交替时期，天下大乱，中国瓷器外销几乎中断，一向从中国购买青花瓷的荷兰东印度公司转而开始逐渐扩大进口与景德镇瓷器风格类似的日本伊万里青花瓷。1659年荷兰东印度公司曾收购56700件日本瓷器，而在九年前，1650年荷兰东印度公司首次收购日本瓷器时，仅为145件。这些出口的瓷器中，绝大部分为伊万里瓷器，包括青花瓷和彩瓷。外销成为伊万里烧的主要目标，也促使有田窑业得到了飞跃式的发展。此时，出口的伊万里青花造型规整，胎质细腻，釉色清亮，纹饰模仿明末清初景德镇大量外销欧洲的"克拉克瓷"（日本称之为"芙蓉手"瓷器），伊万里很好地替代了景德镇，而日本也第一次成为面向世界市场的陶瓷生产、出口地。

　　17世纪晚期的伊万里青花，纹饰上开始出现更多的本民族、本地区的审美趣味，出现了一些以江户等地的版画为样本的瓷器，其精于构图，图案简洁而明快，留白更多；线条流畅，而青花色调自浅到深——层次丰富而富有变化，==明显受到了康熙青花"墨分五色"的影响，学习并使用了青花分水的技法。==

图8-34
伊万里青花持伞仕女图盘
江户时代

图8-35
伊万里青花花卉纹荷兰东印度公司标志盘
江户时代

伊万里青花除了大量出口欧洲外，还有部分供给日本宫廷和幕府等王公贵胄使用。1628年，肥前藩主**锅岛胜茂**设置藩窑，成为日本第一个官方窑厂，选用最佳的原料，以最好的技工制作，其青花瓷胎质和釉色均属上乘，造型规整，纹样多由藩主选定，还出现了青瓷青花这一独家产品。锅岛胜茂为防止青花技艺外流到日本其他地区，早已下令严禁其他地方的陶工、陶商进入有田区域，多处设卡监控。并且他要求将拉坯、上釉、绘画、烧制等众多重要工艺进行独立分工，陶工各司其职，出现了类似景德镇瓷业的"流水线"作业的情况，这在当时的日本是独一无二的。以往日本陶瓷制作均多数由一位工匠从拉坯到烧制，独立完成。但青花瓷精美而利润巨大，促使不断有外藩人潜入偷学青花瓷烧制技法，最终这项技艺还是逐渐传遍日本各地，比较有名的就是加贺的"九谷烧"。

18世纪末，欧洲也能大规模制作瓷器后，伊万里青花出口量逐年下降，产品主要内销，青花瓷自此开始进入日本寻常百姓家。但是伊万里青花的质量并没有因此下降，反而日益精巧，甚至在19世纪中前期名家辈出，此时的伊万里青花瓷已然胎质洁白，釉色莹润，青花发色艳丽，装饰技巧华丽，纹饰构图严谨，且多有创新，更多反映本民族审美，可以说是进入了鼎盛期。

图8-36 锅岛藩窑青花堤堰流水图盘·江户时代

图8-36

东京国立博物馆藏。高5.8厘米，口径19.7厘米，足径10.8厘米。锅岛藩窑瓷器是伊万里瓷器中具有官方性质的产品。从造型尺寸上就有严格的规定，产品以小件器物为主。瓷盘外绘折枝花卉，内绘堤堰流水，纹饰新颖，具有很强的艺术美感。

图8-37

东京国立博物馆藏。高22.7厘米,口径121.2厘米,足径58.2厘米。这个口径达到1米多的大盘是目前可见的有田窑青花瓷中最大的。盘内绘山水图,皴染有法,布局精细,不啻为一幅精妙的山水画。盘外壁青花书"大日本有田村黑牟三原菊三制"。原菊三是明治时期著名的陶瓷大师,他的作品曾在维也纳世界博览会上展示,此盘是他晚年的杰作,由其子原裕太郎捐赠给东京国立博物馆。

图8-37 青花山水图大盘·明治十二年

柿右卫门仿制的彩瓷

日本的瓷器制作技艺是自朝鲜半岛和中国传入，但是日本并没有像朝鲜半岛那样不喜釉上彩，而是一面制作反映日本茶道的"侘寂"美学意识而简单装饰的陶瓷；另一面却在明晚期景德镇五彩瓷和漳州窑彩绘瓷（日本称之为"吴须赤绘"）的影响下，发展出了更显华丽、富贵的彩瓷——大量使用金彩、红彩。这类彩瓷不仅受日本统治阶级欣赏，更得到了西方人的热爱，一度风靡欧洲，以至之后这类瓷器反向影响了中国，景德镇出现了所谓"中国伊万里"的瓷器。

1643年，有田町南川原的陶工酒井田元西和他的儿子喜三右卫门在伊万里瓷商的资助下，以中国青花五彩瓷为模板，试制成功了日本第一件釉上彩绘瓷器，据说他们是从长崎来的中国人周辰官那儿学到彩绘技法的。1644年，喜三右卫门用自己烧制的彩瓷精品，盛放着柿子，献给藩主锅岛胜茂，藩主开心地将"柿"赐给他作姓，以为嘉许。至此，柿右卫门成为日本五彩瓷的始祖，他研制的彩瓷被称为**"柿右卫门手"**（"手"即指"样式""风格"），成为伊万里彩绘瓷的代表。

图8-38

东京国立博物馆藏。高36.3厘米，口径5.1厘米，足径12.5厘米。这是生产于1650年至1660年间的早期柿右卫门瓷器，其风格依然是借鉴明末清初景德镇流行的满工技法，以红线条和红、黄、绿三色绘成的梅花图案为地，衬托突出用红色绘制的泽泻纹样。从构图上可见，初期的柿右卫门虽然没有脱离中国风格，但也出现了日式构图的倾向。

图8-38 柿右卫门彩绘梅花泽泻纹瓶·江户时代

图8-39

东京国立博物馆藏。高35厘米，口径14.4厘米，足径15.7厘米。佐贺县有田窑于1659年接到荷兰东印度公司的第一批订单之后，便开启了日本瓷器外销的新时代。此罐以红、绿、黄三彩装饰，口沿部绘回纹，肩部绘缠枝牡丹纹，腹部锦地开光绘牡丹纹，足胫部绘蕉叶纹。从造型和纹饰上来说，早期的柿右卫门风格瓷器忠实模仿了明末清初景德镇五彩瓷器。

图8-40

大英博物馆藏。高24厘米，腹径12厘米。这种柿右卫门风格的彩瓷，是专门为西方市场制作的欧洲样式的瓷器，在装饰上以红、黄、绿三彩为主，构图风格依然是中国样式的，而红色基调的大胆使用，则是柿右卫门风格较之日本古九谷风格的超越之处。

图8-39 柿右卫门锦地开光牡丹纹罐·江户时代

图8-40 柿右卫门梅花祥云纹壶·江户时代

现在所说的柿右卫门风格，一般认为是17世纪60年代确立的，因为在1659年，荷兰东印度公司开始从日本订购彩绘瓷，因此，大部分产品都传到了欧洲，这是一个有力的证明。柿右卫门风格的瓷器，是在借鉴中国明末清初彩绘瓷器技法的基础上产生并发展的。柿右卫门风格不仅是彩绘技法，连白胎的制作也是从景德镇学来的。景德镇用以彩绘的胎是乳白色的，而当时伊万里烧瓷的原料中铁分较多，胎体无论如何都泛青，技术上难度很高。日本为了赶制荷兰东印度公司的订单，只好从中国进口釉料。为了适应出口，与古九谷不同，柿右卫门风格是以红色为基调，用色强烈鲜艳，与人明快喜悦之感。

初期的柿右卫门彩绘瓷，已经具备了日式化的雏形。17世纪70年代，柿右卫门的日式化加深。在通透坚硬的乳白胎上，釉料从初期的流动，变得浓厚起来，能够充分地加彩。构图虽然追求中国的原作，但主题慢慢地集中在日本人喜欢的牡丹、菊花上，欧洲人喜欢的左右对称的构图也出现了。进入17世纪80年代元禄初期，柿右卫门风格在技术上、纹样上都已经稳定下来，形状端正，充分留有余白，虽然表达的是日本的情趣，但构图却是中国的，产品的形状也是中国的。柿右卫门彩绘瓷虽然是日本的产品，但欧洲人一直认为其是中国式的。==日式化的中国风格，就是柿右卫门风格的基本命题。==

图8-41

大英博物馆藏。高22厘米，腹径13厘米。从纹饰上来说，方瓶是从完全仿制中国风格向本土化风格转移的典型。此类方瓶主要面向欧洲市场，在17世纪后期开始进入英国，尤其是在威廉三世和玛丽二世统治时期，柿右卫门风格的方瓶深受英国贵族的喜爱。

图8-42

大都会艺术博物馆藏。口径25.1厘米。司马光砸缸故事图装饰的瓷器，在柿右卫门风格的外销瓷中十分常见，而欧洲人知道这个故事也是通过这种瓷器。在欧洲瓷厂的仿制柿右卫门风格的瓷器中，司马光砸缸故事图盘是主要的模仿对象。

图8-41　柿右卫门彩绘花卉纹方瓶·江户时代

图8-42　柿右卫门彩绘司马光砸缸八方盘·江户时代

17世纪80年代对于柿右卫门风格来说，是批量生产的时代。与面对国内销售的古九谷风格不同，这时的柿右卫门风格体现的是批量生产的形状、典型化的纹样。为了适应欧洲的需求，柿右卫门风格以华丽为原则，力求产品典型、质量稳定。这时的产品可以说是批量的工艺品。

18世纪20年代，德国的一家瓷厂仿制出了精美的柿右卫门风格的彩绘瓷，之后，这种技法迅速地传到了欧洲各地的瓷厂，沉重地打击了日本柿右卫门风格的窑业，而且日本国内也出现了强有力的竞争对手，即仿伊万里的瓷器。18世纪前后，柿右卫门彩绘瓷开始走向低迷，到了二三十年代，受到了沉重的打击。

图8-43

大英博物馆藏。高35厘米,长42—43.5厘米,宽14厘米。这种摆件是日本瓷场专门为出口西方生产的,与其他纯粹模仿中国的瓷器不同,这对大象在用色上除了红绿黄三色之外,还使用了蓝色,在装饰上显得更加绚丽。2015年12月,日本大桥宏司教授和柿右卫门十五代经鉴定,认为这对大象是柿右卫门风格的早期产品的代表。

一

值得注意的是,柿右卫门风格的瓷器在其发展历史中,除了模仿中国瓷器之外,"和风"潮流异常明显。从柿右卫门外销瓷装饰中描绘的内容来看,有很大一部分与海岛文化的景致相关。如海水波涛纹、秋草纹,即使是描绘曼妙的和风少女也带有丝丝的凄凉感。秋草纹是柿右卫门外销瓷中较为常见的一种植物纹样,在花草纹样上展现出与中国不同的美学意识。秋草纹绘制的大都是秋风萧瑟、秋草摇曳的场景,展现的是日本陶瓷的绘画性,少了一些概括性,增加了自然的真实性。

图8-43 柿右卫门彩绘大象一对・江户时代

图8-44

大英博物馆藏。高18厘米。瓶子的造型是一段竹节，边上还浮雕了两段小竹枝。在彩绘风格上，采用大面积留白的方式，以松石绿色、蓝色和红色绘制秋草、菊花和湖石，空中以云朵点缀，突出天高气爽、秋风萧瑟的景象。

图8-45

英国皇家收藏。高13.3厘米。根据器物造型可知，这个盒子是将柿右卫门风格方瓶切割之后安装铜支架组合的。瓷器上的纹饰一侧是梅花猛虎，一侧是穿着和服的女子手拿花枝，站在花园之中。纹饰中的人物身材窈窕，是典型的日本女子姿态。柿右卫门风格的日式彩绘人物瓷器并不多见，此为特例。

图8-44 柿右卫门彩绘秋草纹竹节瓶·江户时代

　　柿右卫门的彩绘瓷在人物取材上，多以身姿曼妙、身穿日本传统和服的青年女性为主，在线条、颜色等视觉元素中多有纤细轻盈的感觉。有些风俗内容和生活场景中的女性展现出悠然自得和内心喜悦之情。

　　日本柿右卫门外销瓷的发展得益于良好的外部条件，通过对外来文化的学习最终形成本民族独特的陶瓷装饰语言。这种装饰语言有中华文化的影响，也借鉴了欧洲洛可可艺术的风格特点，特别是在纹样构图上注重形式美感及各种人物、动物、植物、风景的写实，这也是为了迎合海外市场的需求。

图8-45 鎏金铜支架柿右卫门彩绘折花仕女图方盒·江户时代

"中国风"与欧洲各地的锡釉陶器生产

随着阿拉伯帝国入侵西班牙，伊斯兰世界仿制瓷器的技术在欧洲"登陆"。

欧洲人最早须经由穆斯林商人而得到中国瓷器。对于青花瓷，欧洲人惊讶于这些来自东方的洁白器皿可以将实用与艺术完美结合，白色和蓝色在基督教文化中同样代表着纯洁和神圣。他们疯狂搜求一切瓷器，也同样开始对瓷器的生产工艺产生浓厚的兴趣。

由于通往东方的陆上路线太长，且多被伊斯兰世界控制，欧洲商人们难以维持有利可图的贸易。而随着热衷于领土扩张的奥斯曼帝国的崛起，欧洲与远东地区的交流变得更加困难。直到15世纪，新航路的开辟让一切发生了变化，欧洲商船开始前赴后继地来到东方，寻找香料、丝绸、茶叶和瓷器。葡萄牙人的船队率先抵达了印度和中国并建立了贸易站和武装据点，在印度洋上进行长期的垄断贸易。

图8-46

英国皇家收藏。高31.2厘米。同样模式的青花梅瓶在英国皇家收藏中共有四件，纹饰基本相同，是中国传统的平升三级图案。崇祯时期的外销瓷在未受北方战乱影响的条件下依然很活跃，大量的瓷器通过南方口岸出口欧洲，相同的器物在哈彻沉船上也有发现。

图8-46　青花平升三级图六方梅瓶·明崇祯

图8-47　青花鱼藻纹碗·明嘉靖

图8-47

克利夫兰艺术博物馆藏。高7.8厘米，口径16.1厘米。自正德时期开始，葡萄牙人就在中国沿海进行走私贸易，至嘉靖时期愈发迅猛。

图8-48

维多利亚与阿尔伯特博物馆藏。纵139.7厘米，横170.2厘米。在17世纪至18世纪，葡萄牙曾在修道院、教堂和宫殿等建筑上大量使用瓷砖，这些瓷砖的图案经过了精心设计，通常为蓝色，面积很大，突出了华丽、奢侈的装饰效果。

　　当精美的瓷器运到了欧洲宫廷之后，这些来自东方的珍宝迅速吸引了欧洲贵族的目光，"白色的金子"——他们曾以此比喻中国瓷器，中国瓷器也成为地位和财富的象征。无论是葡萄牙还是荷兰，或者是英国，前往中国的目标首先就是取得更多的中国瓷器，中国瓷器也因此逐渐成为中欧贸易的主要商品，欧洲取代了西亚而成为景德镇瓷器最重要的市场。

　　欧洲的陶工们力图仿制中国瓷器的样式，欧洲的科学家们则梦想着研制出中国瓷器一样的胎体。

西班牙和葡萄牙的马略卡彩陶

8世纪初，来自北非的阿拉伯人和柏柏尔人横渡直布罗陀海峡，击败了西哥特王国，继而征服了几乎整个伊比利亚半岛。在接下来的近800年时间里，这里几乎成为伊斯兰世界的一部分，独立的伊斯兰国家相继建立。而后基督教徒不断反抗，直至1492年半岛才完整地重回基督教之手。在这里，两种文化的烙印重叠、覆盖、同化，最终形成属于西班牙和葡萄牙的独特印记。随着伊斯兰教徒扎根伊比利亚，其所掌握的彩绘瓷砖和锡釉陶器制作技艺以及白地蓝彩的装饰风格也逐渐传入了这里。

半岛的许多地区开始出产锡釉陶器和**彩绘瓷砖**。如今，在西班牙和葡萄牙总能看到这类陶瓷制品。南部城市塞维利亚就一直是瓷砖的重要产地。塞维利亚的西班牙广场上，有大量类似中国青花瓷的白地蓝彩瓷砖，而其四周墙壁上，镶嵌有58幅彩釉陶瓷壁画，分别表现西班牙58个省的地域特色和历史人文。

图8-48 蓝彩舞会图瓷砖·18世纪初

图8-49

维多利亚与阿尔伯特博物馆藏。宽13.1厘米。瓷砖上的纹饰是一个浑天仪，这个浑天仪是曼努埃尔一世的纹章，说明该瓷砖是曼努埃尔一世在西班牙访问期间订制的。

图8-50

苏富比拍卖。瓶为蒜头口，长颈，鼓腹，圈足外撇。颈部绘梅花纹，腹部绘葡萄牙国王曼努埃尔一世浑天仪纹章。此类瓷器多为葡萄牙人贩运订制，是明代出口葡萄牙瓷器中的精品。

图8-49　曼努埃尔一世纹章瓷砖·16世纪初

图8-50　青花曼努埃尔一世纹章蒜头瓶·明嘉靖

塞维利亚的瓷砖还影响了葡萄牙。在葡萄牙——这个被称为"瓷砖上的国家"——各个城市，瓷砖艺术充满大街小巷，它以各种的形式、色彩和图案，向人们展示着这个国度曾经的辉煌以及其人民非凡的创造力。在相当长的历史时期，葡萄牙瓷砖上的图案全是手工绘制，带有特殊的民族风情，记录了葡萄牙辉煌时期的各种生活风貌：宗教活动、狩猎、捕鱼、贸易、航海、战争等。葡萄牙国王**曼努埃尔一世**被认为是推动并发展了葡萄牙瓷砖文化的鼻祖。1503年，曼努埃尔一世造访西班牙塞维利亚，带回了彩绘瓷砖，并将其大量应用在皇宫的墙面装饰上。

图8-51　马尼塞斯缠枝花卉纹纹章盘·1427—1438

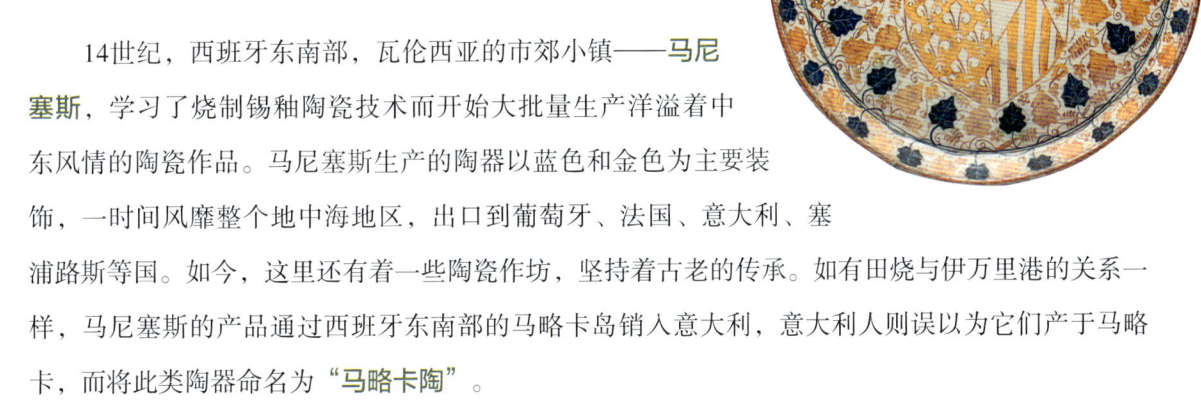

14世纪，西班牙东南部，瓦伦西亚的市郊小镇——**马尼塞斯**，学习了烧制锡釉陶瓷技术而开始大批量生产洋溢着中东风情的陶瓷作品。马尼塞斯生产的陶器以蓝色和金色为主要装饰，一时间风靡整个地中海地区，出口到葡萄牙、法国、意大利、塞浦路斯等国。如今，这里还有着一些陶瓷作坊，坚持着古老的传承。如有田烧与伊万里港的关系一样，马尼塞斯的产品通过西班牙东南部的马略卡岛销入意大利，意大利人则误以为它们产于马略卡，而将此类陶器命名为**"马略卡陶"**。

15世纪的葡萄牙逐渐进入全盛时代，葡萄牙人不断进行着向东方的探索，并终于绕过好望角进入印度洋，于1498年抵达印度，又在1513年抵达中国。葡萄牙率先将中国瓷器大规模带往欧洲，并与中国建立持续而直接的贸易关系。以陶瓷为主的商品贸易令其获利丰厚。16世纪晚期到17世纪早期，葡萄牙里斯本开始生产一种具有中国瓷器风格的彩陶制品，作为中国瓷器的替代品，最初也是对中国瓷器的完全复制，但之后逐渐融入了欧洲风格。这种瓷器还在后来发展成为具有葡萄牙本土风格的青花瓷。当葡萄牙人开辟了东亚的贸易路线后，中国的青花瓷大量流入伊比利亚半岛，并且很快成为伊比利亚陶工的模仿对象。1560年前后，西班牙托莱多附近的**塔拉维拉**和德拉雷纳先后建立起以模仿中国瓷器为主的锡釉陶厂，其产品迅速销往欧洲各地。

正如英国收藏家和古董商朱迪丝·米勒在《西洋古董鉴赏》中所说："商人们把中国陶瓷带到阿拉伯世界，培植了当地的陶瓷业，并对后来西方的陶瓷发展起到重要的作用。特别是那些已经受到中国陶器影响的锡釉陶器，随着阿拉伯人对西班牙的入侵而流入欧洲，促进了欧洲锡釉陶的发展，锡釉成了欧洲陶器最常用的装饰手段。"所以，伊比利亚半岛出现的仿制虽然更像是对伊斯兰地区锡釉陶器的仿制，但它所扮演的角色至关重要，是欧洲瓷器烧制技术的源头。而葡萄牙开启的与中国的直接陶瓷贸易，更是作为一把钥匙，开启了整个欧洲陶瓷业的发展之门。

法恩扎与美第奇家族

意大利是欧洲历史古国，是地中海区域重要的贸易中转站。进入中世纪的意大利结束了罗马帝国的长期统治，逐渐形成了众多城邦。由于处于东方和西方之间有利的位置，**威尼斯**和热那亚率先在众多城邦中繁荣起来，成为欧洲与东方贸易的主要门户，他们更早接触到了中国瓷器。13世纪后期，威尼斯人马可·波罗来到了中国，他回到欧洲后出版了游记，其中叙述了他在泉州所见到的中国瓷器。早期的来华传教士利玛窦也曾在自己的著述中粗略地记述了中国瓷器的制作。这些文献资料是当时的意大利人最早接触到的关于瓷器制作的文献，虽然这些文献都语焉不详，但这是意大利人生产瓷器最原始的参考资料。

图8-52
塔拉维拉青花西洋人物纹罐
18世纪初

图8-53
青花纹章图碗·明万历

图8-53

大英博物馆藏。高17.3厘米，口径34.6厘米。纹章盾徽上绘制着九头龙和两个人物形象的图案，盾徽外用拉丁文写着"对智者而言无新事"的铭文。根据相关研究可知，这样的纹饰有可能来自威尼斯。

图8-54

大英博物馆藏。高5厘米，口径43.7厘米。据说这个普赛克故事图锡釉陶盘是法恩扎陶艺师维吉利奥托·卡拉梅利的作品。盘心绘制的灵魂女神普赛克的故事，如同文艺复兴时期的油画，质感强烈，人物生动。盘底书写着阿普列乌斯关于普赛克的诗句。

14世纪后期，马略卡陶器的制作技艺传入意大利，并在15世纪迅速发展，意大利依旧将自己仿制出的陶器称为马略卡陶器。意大利东北部的**法恩扎**依靠其出产优质白色黏土而成为制作马略卡陶器的重镇，其产品曾外销欧洲其他地区，法语的"Faenza"一词就指代了豪华的陶瓷。**法恩扎因此成为意大利的"陶瓷之都"。**

图8-54 法恩扎彩绘普赛克故事锡釉陶盘·16世纪中期

随着法恩扎的崛起，意大利也开始基于这项技艺仿制其从与穆斯林商人的贸易中而得到的中国瓷器。15世纪后期，在美第奇家族的支持下，佛罗伦萨近郊的卡法乔罗建起了陶窑，依靠艺术家的参与而生产出了更为精美的马略卡陶。其产品构图严谨，较多绘制反映宗教历史的人物故事画，由于受中国青花瓷的影响，更多使用蓝色色调。出身于佛罗伦萨美第奇家族的托斯卡纳大公佛朗西斯科一世四处邀请工艺精湛的陶工，并在佛罗伦萨的鲍博利公园处建窑，决心在佛罗伦萨仿制瓷器。经过了约十年的探索，用来自维琴查的黏土和法恩扎的白土加上玻璃粉末状晶岩、白沙掺和烧制，从而造出了第一批利用黏土而制作的软质瓷。其外形参考了中国瓷器，在白色半透明的珐琅质表面用蓝色绘制中国式的纹样。这是欧洲最早仿制中国瓷器的产品，被称为"**美第奇瓷**"。其纹饰体现了来自中国瓷器的灵感，蓝色也类似于青花，但由于对瓷器原料缺乏了解，且烧造温度略低，因此胎质的硬度、白净度及透明度均低于中国瓷器，所以美第奇瓷被定义为"软质瓷"。

美第奇瓷是欧洲瓷器生产的早期探索，为欧洲其他地区仿制中国瓷器提供和积累了宝贵经验。

图8-55

大都会艺术博物馆藏。高5.7厘米，口径33.5厘米。佛罗伦萨美第奇瓷厂生产的软质瓷器，标志着欧洲瓷器制造的首次成功。虽然它不具备中国硬质瓷器的特性，但是在透明度、硬度、重量和精致程度上，已经接近中国瓷器了。

图8-55 青花扫罗之死图美第奇瓷盘·1575—1587年

图8-56

大都会艺术博物馆藏。高23.2厘米。锡釉陶药壶是鲁昂马塞特·阿瓦克内陶瓷作坊生产的，壶身纹饰由青、黄、绿、橙诸色装饰，短流下绿色花环内有一个头戴桂冠的男子肖像。此类壶是当时药店使用的一种器皿，主要用于储存糖浆、油或者其他液体药物。

图8-56 彩绘男子肖像锡釉陶药壶·约1545年

蓬皮杜夫人和塞夫勒瓷厂

16世纪早期，来自西班牙和意大利的陶工把锡釉陶器制作技术带到了法国。1512年，意大利人劳兰图在法国**鲁昂**建立窑厂，开始生产低温软陶。此后，许多意大利陶工来到法国建厂烧窑。法国开始学习意大利，加入仿制中国瓷器的阵营中。

法国人热爱景德镇的青花瓷和彩瓷，这促进了法国的仿制。法国国王路易十四十分喜爱中国瓷器，在宫廷宴会中，不仅以众多中国瓷器替代了银质餐具，还使用了本国仿制青花瓷而生产的陶器，使用"瓷器"成为时尚潮流的象征。路易十四又为其情妇在凡尔赛建了一座"中国宫"——特里亚农瓷宫。这里的装修是令人目眩缭乱的"中国风格"，宫内的檐口楣柱、墙角四边屋顶都贴着艳丽的瓷砖，室内装饰则尽是模仿中国青花瓷而绘制的白地蓝彩图案，它们多数来自鲁昂窑厂。鲁昂窑厂也因此成为当时法国最著名的窑厂，它的产品基本上是对中国青花瓷的模仿。鲁昂充分吸收了中国瓷器纹饰的趣味，制作了大量绘有中国风格的人物、风景的产品。

图8-57 鎏金铜支架粉青釉留白水仙蛱蝶纹双耳尊·清康熙

17世纪中叶，中国瓷器的造型和装饰手法广泛深入地影响着法国陶瓷业的发展。路易十四下令将宫廷内的金银器熔化另作他用，法国宫廷开始全方位使用陶瓷器。这个命令同样促使法国窑厂开始大量生产釉陶器。1664年，纳维尔窑厂生产了模仿中国瓷器纹饰和器形的产品，以其高超的仿制技术而名噪一时。此后，为满足更多法国人的需求，陶器上被融入西方图案，例如在盘子的中心绘制中国式的花园风景，而在其四周装饰法国式的花边图案。1673年，鲁昂窑厂陶工曾受命对中国瓷器的胎质进行研究和模仿，而圣克卢窑厂也在奥尔良公爵的资助下仿制出了与美第奇瓷类似的软质瓷。到18世纪早期，绝大多数的法国窑厂均在仿制带有中国风格的锡釉陶器，1771—1773年间，巴黎还出版了一本关于中国纹饰的书——《中国花卉·装饰·边饰·人物和主题图画集》。

图8-57

凡尔赛宫藏。高57.6厘米，口径25厘米。此尊是典型的康熙时期官窑粉青釉瓷器，出口到法国后安装了铜支架，后来被放置在特里亚农宫内。此瓶后来曾被塞维斯瓷厂仿制。

图8-58

卢浮宫藏。高4厘米，口径44厘米。纳维尔瓷厂设立之后，主要以中国瓷器为模仿对象，这个盘子中间绘制的就是具有中国特色的人物故事图案，其原型应是《三国演义》中的大闹凤仪亭故事。盘外壁也粗率模仿中国瓷器上的云纹。

图8-58　纳维尔仿中国青花瓷盘·路易十四时期

就在法国本土窑口正热火朝天仿制中国瓷器的同时，远在中国景德镇的法国传教士昂特雷科莱（汉名殷弘绪）也没有"闲着"，他将精力大量放在搜集景德镇瓷器生产的情报上。康熙四十八年（1709），殷弘绪因与江西巡抚郎廷极的私人关系和进贡法国葡萄酒受到康熙皇帝欣赏，在景德镇居住了七年，得以自由进出景德镇大小陶瓷作坊，悉心观察各项制瓷技艺，并与陶工们进行交流，掌握了大量的一手信息。康熙五十一年（1712），殷弘绪给中国和印度传教区巡阅使奥里神父写了一封长信，这封信十分具体地介绍了与景德镇瓷器有关的胎土、釉料、成型、色料、彩绘以及匣钵制作、瓷器入窑、烧成等制作工艺的情况，而且还附有《制坯》和《装窑》两幅反映当时

图8-59 纳维尔仿青花庭院人物图盘·1670—1680年

图8-60 纳维尔青花红彩人物图帽架·1660—1700年

图8-59

卢浮宫藏。口径57厘米。盘心绘制的是被法国人称为"Aux Chinois"的图案，图案的原型应该是中国流行的高士图，因此图中的花卉、湖石、树木均是模仿中国样式，口沿处的开光也是如此。

图8-60

维多利亚与阿尔伯特博物馆藏。高21厘米。帽架的造型来自中国瓷器中的帽架，只不过在法国作为假发架使用。上面的纹饰也是中国风格的，并且模仿中国的青花釉里红而变化为青花红彩。

图8-61　1722年殷弘绪写给耶稣会的书信手稿

景德镇制瓷工序的插画。其信中重点提到，"制瓷原料是由叫作白不子和高岭的两种土合成的，白不子的颗粒非常微细光滑，高岭土掺水之后黏性大，一旦经过高温焙烧就变得非常洁白"。1716年，《科学》杂志刊发了殷弘绪的这封信，使得欧洲人第一次认识了中国瓷都景德镇的先进制瓷技艺。1717年，殷弘绪把采集到的景德镇高岭土标本寄往欧洲。1722年，殷弘绪再次进入景德镇，写了第二封信，对之前的报告作了十七条补充，介绍了其他与景德镇瓷器相关的技艺。

图8-61

殷弘绪在1722年的信中补充了大量有关颜色釉料的情报，其中包括制作难度颇高的乌金釉和紫金釉。

图8-62　利摩日生产粉彩花卉纹茶壶·约1773—1784年

图8-62

维多利亚与阿尔伯特博物馆藏。发现高岭土后，利摩日的陶瓷厂如雨后春笋般兴盛起来。这个茶壶是利摩日发现高岭土之后的产物，已经具备了可与中国瓷器媲美的实力。

图8-64

大都会艺术博物馆藏。高40厘米。这对花瓶上的图案是法国艺术家弗朗索瓦·布歇的作品。在当时布歇作为法国皇室的御用画家，其作品不仅出现在瓷器上，还出现在挂毯和鼻烟壶上。这些艺术家的作品，为塞夫勒瓷器增色不少。

得到殷弘绪所提供的大量信息后，法国人终于找到了类似的原料。1765年，法国中部城市**利摩日**发现了适合制作瓷器的白色黏土，于是许多窑厂在此建立，一方面继续仿制中国瓷器，另一方面则尝试开发符合法国人审美和民族风格的瓷器。利摩日也因此成为法国的"瓷都"。

当时已经发现"高岭土秘密"的德国迈森瓷开始进入欧洲高端瓷器市场，这让路易十五感到焦躁。他最著名的情人蓬皮杜夫人则为法国陶瓷业的发展作出了不可磨灭的贡献。热衷于装饰艺术与建筑艺术，也是洛可可艺术风格积极倡导者的她，于1759年买下了1740年成立的文森纳窑厂，并将其搬迁到自己在塞夫勒的住宅附近，更名为"**塞夫勒瓷厂**"，使之成为皇家瓷厂。塞夫勒由于得到路易十五的支持而逐渐集中了以往法国锡釉陶器的优点，而蓬皮杜夫人亲自指导瓷厂的生产和创意，使其纹饰构图严谨、用色富丽堂皇。因此，塞夫勒瓷厂迅速获得成功。塞夫勒瓷厂初期烧制象牙色软质瓷，直到1767年用瓷土成功烧制出了硬质瓷。虽然塞夫勒瓷器成熟后基本是体现法国式审美，但仍带有中国瓷器的元素，例如大量使用的描金工艺、开光手法等。

图8-63　塞夫勒粉红地开光天使图瓶·约1760年

塞夫勒瓷器整体风格华丽非常，这与当时由蓬皮杜夫人所引领的洛可可风格有很大关系。法国贵族们开始以能在家里摆上几件塞夫勒的瓷器装饰品为时髦。塞夫勒瓷器有一种特别的粉红色，是瓷器厂的招牌，也成为当时法国人心中时尚和优雅的象征。

图8-64　塞夫勒绿地开光人物风景图盖瓶·1772年

荷兰油画与代尔夫特蓝陶

1602年，荷兰东印度公司成立，这是一家具有国家职能、向东方进行殖民掠夺和垄断东方贸易的商业公司。17世纪，荷兰东印度公司逐渐取代了葡萄牙而垄断远东贸易。荷兰人在这之前曾截获了一条名为"克拉克"的葡萄牙商船，船上就有许多中国明晚期风格的青花瓷。荷兰人将这些货物拉到阿姆斯特丹拍卖，引起了巨大反响，由于当时不知道怎么称呼这些瓷器，所以索性用船名去命名，称之为"克拉克瓷"。从此之后，更多的克拉克瓷由荷兰商船带到欧洲，对整个欧洲陶瓷业的发展影响深远。克拉克瓷也因此成为荷兰早期仿制的最主要模板，而仿制中国瓷器的主要地点就是代尔夫特。

图8-65 青花花卉纹克拉克碗·明晚期

图8-66 青花花卉纹克拉克瓷提梁壶·明末清初

图8-66

维多利亚与阿尔伯特博物馆藏。高26.7厘米，腹径11.7厘米。这种把壶的原型就是万历时期出口的把壶，壶身上的菊花纹和禽鸟纹万历时期的风格特征非常明显。可以说这是代尔夫特早期仿制中国青花瓷的锡釉陶瓷精品。

　　代尔夫特是鹿特丹港附近的小镇，16世纪中期发现其储藏有丰富而优质的白土资源，因而吸引了法国、比利时等地区的陶工前来建厂烧窑，意大利人烧制锡釉陶的技术也传到这里。有资料显示，1584年，荷兰就开始通过多种途径进口中国制瓷的釉料和青花料，以此试烧青花瓷。代尔夫特在17世纪就已经能仿造出中国青花风格的白地蓝彩软陶，称为**代尔夫特蓝陶**，并以之为主打产品。恰逢中国陷入明末清初的战乱时期，景德镇瓷业也进入低潮，无法满足欧洲人日益高涨的贸易需求。再加上荷兰政府的支持，器形和纹饰均与中国和日本所产青花瓷器相近的代尔夫特蓝陶，自然得到了更多订单，更多的人开始购买相对廉价的代尔夫特蓝陶，代尔夫特的窑业因此迅速发展。它成为荷兰陶瓷生产重镇，其产品更是欧洲优质锡釉陶的代表。

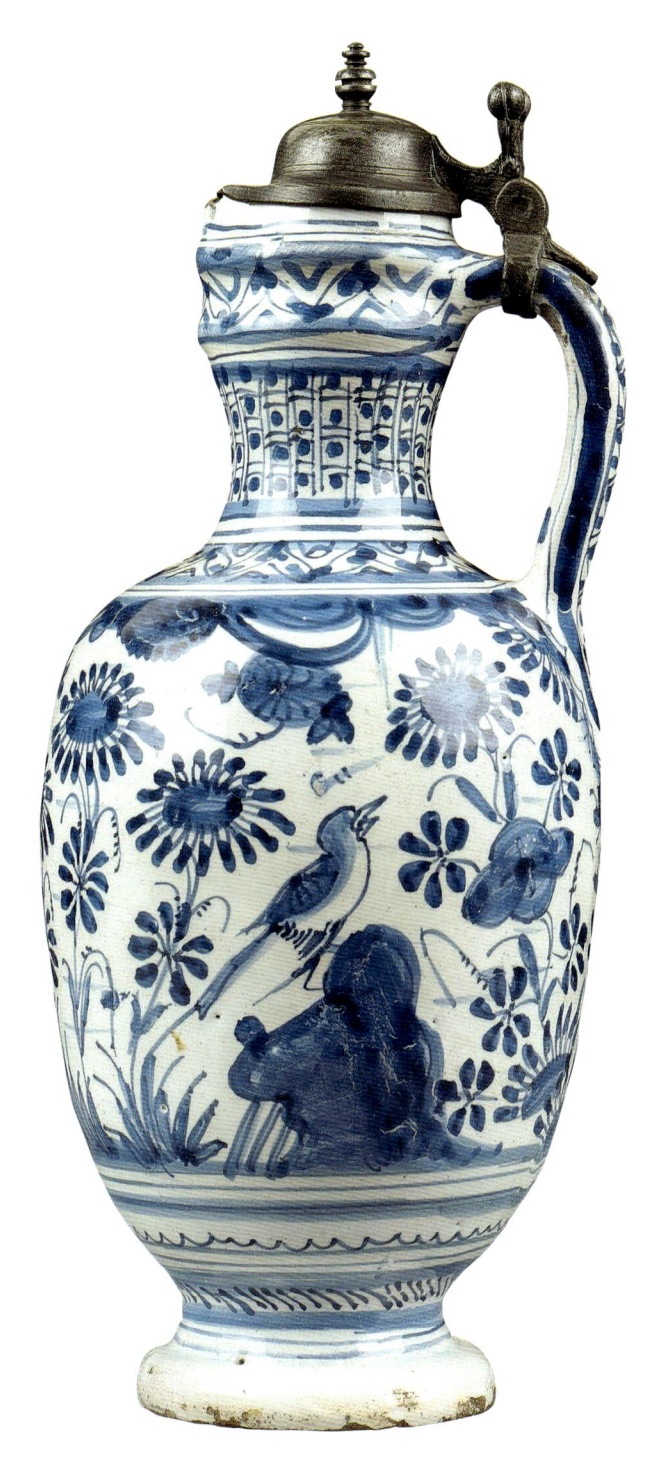

图8-67
代尔夫特仿青花花鸟纹把壶
1630—1650年

图8-68

大都会艺术博物馆藏。这一组陈设瓷器由两个葫芦瓶、两个花觚和一个将军罐组成，器物上满绘青花花卉图案。是代尔夫特德·马特勒陶瓷厂的产品，该厂所仿中国瓷器质量上乘，足以以假乱真。

图8-68 白釉蓝彩软陶组合陈设瓷器·约1690年

图8-69
代尔夫特仿五彩牡丹雉鸡图支架提梁壶
1761—1769年

图8-70
代尔夫特仿宜兴紫砂梅花纹红陶壶
1700—1725年

此后的代尔夫特蓝陶上，钴蓝装饰技术运用越来越娴熟，品种也越来越齐全，不仅仿制青花瓷，而后又仿制中国彩瓷，烧制了中国样式的五彩陶器。18世纪则开始更多地加入自身文化元素，以符合欧洲人的使用习惯和审美情趣。

虽然，从纹饰上看，代尔夫特蓝陶初期严格按照晚明时期外销青花瓷的样式进行仿制，其构图也以锦地开光为主，中心则绘制了如双鹿纹、亭台楼阁纹、山水纹以及人物纹等中国样式，而且其釉面不同于以往的锡釉，是比较光滑的，这是由于其在不透明的锡釉上两次施釉。在当年绝大部分欧洲人眼里，做到这些就已经可以以假乱真了。但其釉面虽然光滑却也没有中国瓷器釉面的玻璃质感，其胎质也因为是陶土所制而且淘洗方法简单，所以呈褐色，也不免粗松、颗粒较大，与中国瓷胎的致密洁白相距甚远。而且由于是低温烧造，所以更容易开裂、破碎，不适合盛装滚烫的物体。即便如此，代尔夫特的仿制在当时还是欧洲各国的仿制中最成功、最具代表性的，其地位直到18世纪中期才被德国迈森取代。值得一提的是，当时中国的宜兴紫砂器也随着景德镇瓷器一同出口到了欧洲，当荷兰的饮茶之风兴起之后，紫砂茶具的需求量也开始变大，因此代尔夫特也开始仿制宜兴紫砂，并且达到了以假乱真的程度。

图8-71
代尔夫特五彩中国风及黑人瓷砖
1700年

代尔夫特的陶器与其所分销的中国瓷器一同占据了欧洲市场上的垄断地位。随着产品大量外销至欧洲各国，代尔夫特的仿制技艺传到了多个地区，英国也开始生产"英式代尔夫特瓷器"。可以说，中国瓷器传入欧洲后，由代尔夫特引领而兴起了欧洲仿制中国瓷器的高潮。

图8-69
大都会艺术博物馆藏。高35.6厘米。提梁壶及支架具有明显的中国瓷器造型特征，虽然这是代尔夫特生产的锡釉彩陶，但是其色彩搭配和纹饰完全模仿康熙五彩，尤其是壶身牡丹纹的绘制，叶面的阴阳向背，花朵的开张闭合，摹绘得极为神似。

图8-71
荷兰国立博物馆藏。纵171.3厘米，横79.9厘米。瓷砖的独特之处在于它将中国的观音、刀马人物和黑人放在了一起。这件作品证明，在壁砖上描绘这些图案的彩绘师对于这个世界仅有相当粗浅的认识，因而将实际的中国图像和西方世界对南美洲土著形象的诠释相结合。

欧洲硬质瓷器时代的来临

　　无论是葡萄牙、西班牙，还是意大利、法国，甚至荷兰，在早期对中国瓷器的模仿中，始终没有生产出真正意义上的瓷器，即所谓的硬质瓷。欧洲瓷器的全盛时代，是欧洲人真正烧制出硬质瓷器的时代，他们一方面不断地研究中国外销瓷器，一方面根据收集到的各种信息，由德国人率先获得了硬质瓷器的秘密，从而让欧洲有了真正意义上的瓷器。而随着第一次工业革命的爆发，英国率先开启了瓷器的工业化生产。在这样的背景下，中国瓷器作坊式的生产方式已经落伍，中国瓷器外销开始走向衰落。不可否认，西方瓷器有如此的辉煌，是在中国瓷器甘甜的乳汁哺育下成长起来的，西方工业化生产的瓷器从骨子里从未摆脱中国瓷器的基因。

"炼金术士"的成功与德国的仿制

奥古斯特二世，神圣罗马帝国的萨克森选帝侯、波兰国王、立陶宛大公，此人身材魁梧、力大无穷，据说能徒手掰断马蹄铁，因此也被冠以"强力王"的称号。他曾有一句名言："我没有任何疾病，如果硬要说有，那只有一种，就是太爱瓷器。"这是真的，奥古斯特二世自始至终都是个狂热的陶瓷爱好者、收藏家。他曾在1717年和普鲁士国王兼勃兰登堡选帝侯腓特烈·威廉一世做了笔交易，用自己近卫军的600名"萨克森龙骑兵"换取了151件青花瓷，这些瓷器被世人称作"龙骑兵瓶"，而被换给普鲁士的龙骑兵们则被称为"瓷器兵团"。正是这样的狂热，令奥古斯特二世的瓷器藏品多达35798件，全部收藏在他的日本宫中，其中约有半数来自中国和日本，而中国瓷器则主要是从晚明到清初时期的景德镇瓷器和德化窑白瓷，此外还收藏了一些宜兴的紫砂器。

奥古斯特二世渴望瓷器，更渴望能在自己的领地内生产出跟中国一样的瓷器。当时的欧洲其他各国已经陆续开始仿制中国瓷器，并希望通过用不同土壤混合进行试验，来破解中国瓷器生产的秘密。他们的努力也不算白费，但始终只得到白色的软质瓷，而真正制出硬质瓷则离不开两个德国人的努力——博特格尔和契恩豪斯。

图8-72

私人藏。高4厘米，口径12.2厘米。盘为侈口，浅腹，圈足。青花装饰，口沿绘三束花卉图案，盘心绘蓼花蛱蝶图案。外壁绘简笔花卉，盘底青花双圈内有款识，并刻有日本宫收藏编号，可知此盘是奥古斯特二世的遗物。

图8-72 青花花卉纹盘·清康熙

1700年，年仅18岁的化学家博特格尔被带往德累斯顿，下令逮捕他的正是奥古斯特二世。奥古斯特二世最初是要求这位少年为他在德累斯顿炼金，博特格尔被监禁在一个秘密小屋中，被迫进行着无望的化学实验。奥古斯特二世又派遣了另一位化学家契恩豪斯对博特格尔的工作进行监督。相较于博特格尔，契恩豪斯当时已是一名声名赫赫的物理学家、数学家、化学家和医药学家。契恩豪斯早年曾受命勘察萨克森的自然资源，并花了20年时间观察玻璃作坊和彩陶工厂，一直试图揭示中国瓷器的秘密，也取得了一些成果。他向博特格尔提议，一起研究瓷器的秘方。虽然博特格尔本人一开始对此没有太多兴趣，但契恩豪斯的建议被奥古斯特二世接受了。于是，契恩豪斯与博特格尔在德累斯顿一处城堡中的实验室里与若干化学家、工匠一起尝试研制瓷器。殷弘绪的密信直到1712年才到达欧洲，所以当时的主要方法就是对海量原料进行反复试验。在奥古斯特二世的支持下，各地的原料标本被送到实验室，历经6年的反复试验和无数次失败后，终于在1708年1月15日，理想照进了现实，这次他们试验了7种配方，按照不同比例将一种白色黏土和雪花石膏混合烧制，产出了一种白色的硬质瓷。博特格尔成为欧洲瓷器的发明人之一，而另一位发明人契恩豪斯此时已经去世。

1710年1月23日，奥古斯特二世用拉丁文、法文、德文和荷兰文发表声明，向其他国家宣布萨克森公国研制瓷器成功，并将这批瓷器送到莱比锡参加了春季的东方贸易展会。但是，这些瓷器的胎质还略带黄色，并不洁白，釉面也有气泡，不够稳定，还不能与中国瓷器相比，所以试验还在继续。后来受殷弘绪的启发而在施诺瓦找到了优质高岭土，以此逐步改良了他们的产品，生产出了更白的瓷器，与景德镇瓷和德化瓷十分相似，这再一次震惊了欧洲。

图8-73

大都会艺术博物馆藏。高37.5厘米。在博特格尔的瓷器实验中，红色粗陶器的实验对发现瓷器真正的秘密具有至关重要的作用。就是在红色粗陶的实验中，他掌握了使得黏土易熔以及提高窑温的技术。他生产的第一批红色粗陶器物中，来自德化的观音像是主要的模仿对象。1709年11月28日，博特格尔烧制的8件瓷器中就有一件观音像。此后，其所仿制的观音像在欧洲大受欢迎。

图8-75

维多利亚与阿尔伯特博物馆藏。高4厘米。这个白瓷梅花纹杯可以说是真正意义上的瓷器了，其胎质中已经含有瓷土成分。在造型和装饰上依然保留着德化白瓷的痕迹，可以说博特格尔的成功受德化白瓷的影响很大。

奥古斯特二世敕令在迈森创办皇家瓷厂，成为欧洲第一个拥有真正瓷厂的君主。奥古斯特二世在迈森订制了大量瓷器，日本宫里的半数瓷器来自**迈森瓷厂**。由于奥古斯特二世酷爱异国情调，所以要求迈森对其收藏的中国瓷器进行仿制，以至于早期的迈森瓷器大都是"中国风"主题的产品。1725年，迈森开始出产青花瓷，聘用专业的设计师、画师和雕塑家对中国瓷器纹饰进行仿制和再设计，其产品上描绘了中国式的人物、花卉、山水风景和类似于龙的动物。但是由于缺乏对中国文化的理解，其纹饰也常常是不伦不类的。比如，**"蓝色洋葱"**是迈森瓷器最有名的系列之一，最初创造于18世纪中期。它是基于一种中国瓷器样式的再创造，起初被称为"球体"纹样。所谓的"洋葱"，并不是指真正的洋葱，极有可能是中国瓷器上桃子和石榴的变体。

图8-73
迈森瓷器厂生产的红陶观音像
1710—1713年

图8-74
迈森瓷器厂生产的白瓷杯
1709—1713年

图8-75
迈森瓷器厂生产的白瓷梅花杯
约1722—1730年

图8-76

大都会艺术博物馆藏。高19.2厘米。这种方瓶又被称为博特格尔瓷器，主要是因为其造型来源于中国瓷器，但是在纹饰上已经有了大胆的改进，瓶壁上使用的是撒克逊宫廷金匠约翰·雅各布·艾明格设计的巴洛克风格的纹饰。

图8-77

维多利亚与阿尔伯特博物馆藏。高15.9厘米。咖啡壶仿照中国传统梨形腹执壶，流为变形鸟喙形，青花纹饰虽然仿照中国的花果图案，但是果实变形成了类似洋葱的东西，此类变形纹饰最终被称为"蓝色洋葱"图案。

图8-76
迈森瓷器厂生产的巴洛克图案白釉方瓶
1713—1720年

图8-77
迈森瓷器厂生产的青花"蓝色洋葱"咖啡壶
约1740年

此后，迈森瓷器的风格由"中国风"发展为欧洲风情，纹饰逐渐转变为"以田园、公园、城市、湖泊、港口和市场为题材的欧洲风格"，但始终不变的是其对金彩的热衷，迈森瓷器始终偏好使用金彩进行装饰。此后受德化瓷的影响而出现了瓷塑，但题材也多是欧洲风格。

尽管奥古斯特二世为严守瓷器制作的秘密，将博特格尔幽禁至死，还下令让瓷厂生产流程中各个环节相互保密，但是秘密还是传了出去。到19世纪初，瓷厂在欧洲各地纷纷出现，制瓷技术已经传遍欧洲。

图8-78　迈森瓷器厂生产的釉上彩描金两个共济会会员雕像，约1744年

图8-79　迈森瓷器厂生产的维克多·阿马德乌斯二世纹章杯及杯碟

图8-78

大都会艺术博物馆藏。高22.5厘米，长23.8厘米，宽15.2厘米。这件雕塑是迈森瓷器厂瓷塑大师约翰·约阿希姆·坎德勒的作品。

图8-79

大都会艺术博物馆藏。杯高7.6厘米，口径6.4厘米；碟高2.4厘米，口径12.7厘米。这款釉上彩描金的纹章瓷是奥古斯特二世送给撒丁岛国王维克多·阿马德乌斯二世的外交礼物之一。

英国的仿制与瓷器生产的工业化

17世纪中期,荷兰陶工把锡釉陶制作技术带入英国,布里斯托地区附近出现了一些窑厂,其产品在设计上基本上跟代尔夫特的一致。虽然目的也是仿制中国瓷器,但毫无疑问的是,他们更像是在仿制代尔夫特蓝陶,也因此一直被称为"英式代尔夫特瓷器"。早期的英式代尔夫特蓝陶同样具有鲜明的中国风格,器形和纹饰均以中国瓷器为模板,之后逐渐出现更具英国本土风格的样式。但到17世纪晚期,欧洲大陆越来越兴盛的"中国风"也刮到英国,让英国人对中式艺术的渴望一度超过了之前的高度。此时的英式代尔夫特蓝陶常常采用中国晚明至清初时期的青花瓷风格,也更欣赏山水人物的纹饰题材。

图8-80
英国皇家收藏。荷里路德宫前厅陈设。高5.6厘米,口径33.5厘米。这个盘子是布里斯托为庆祝1688年威廉三世和玛丽王后即位而烧制。

图8-81
维多利亚与阿尔伯特博物馆藏。口径22.4厘米。这是"中国风"流行时期的布里斯托烧制的锡釉陶盘,人物和背景具有明显的中国特色。

图8-80
布里斯托制青花皇冠锡釉陶盘
1688年

图8-81
布里斯托制青花采花仕女图锡釉陶盘
约1748年

16世纪至18世纪初，英国的城市化进程明显加快，商业更加发达，中产阶级开始兴起。中产阶级并不能像贵族和资本家们那样，购置、使用从中国进口而来的瓷器，中国瓷器当时还是一种奢侈品。而英式代尔夫特蓝陶满足了他们的需求，其中式风格也符合当时的潮流，所以大受欢迎，英国各地陆续出现了许多制作英式代尔夫特蓝陶的窑厂。同时，这也为重商主义盛行的英国奠定了瓷器仿制的基调，就是将自己生产的瓷器更多地作为商品出售给本国的中产阶级，而不是像法国的塞夫勒和德国的迈森一样，以供给皇室、贵族为其初创期的主要订单。

但是，英式代尔夫特蓝陶远远算不上理想的替代品，且不说这种英国锡釉陶器距离中国瓷器有多远，它们甚至比代尔夫特所产的蓝陶还要粗糙，胎体厚重，釉面多有瑕疵，绘画也不及代尔夫特的优美细腻。

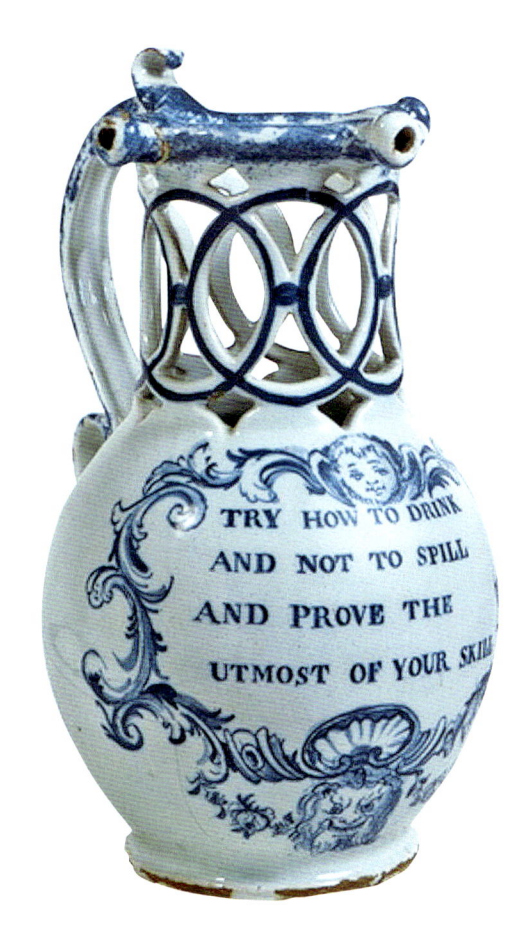

图8-82
布里斯托制青花铭文锡釉陶益智壶
1770—1775年

图8-82

维多利亚与阿尔伯特博物馆藏。高24厘米，腹径14.4厘米。此壶被称为益智壶，是在壶的口沿上有三个小口，三个小口与壶身由空心把手相通，口沿下镂空装饰。壶身上青花纹饰内用英文书写着铭文，大意是"尝试如何饮酒而不让酒洒出来，并证明你技艺高超"。

图8-83

大都会艺术博物馆藏。高2.5厘米，口径22.9厘米。鲍瓷厂所仿制的这件瓷盘和其他粗糙的中国风瓷盘不同，盘心的麻姑献寿图案更是深得中国画的精髓，可见中国瓷器对鲍瓷厂影响之深。

图8-83
鲍瓷厂仿制粉彩麻姑献寿图盘·1755年

图8-84

大都会艺术博物馆藏。高20厘米。这件瓷器明显仿制的是乾隆时期黄地粉彩番莲纹绶带耳扁壶,几乎可以和乾隆时期的粉彩瓷相媲美。

图8-84
伍斯特瓷厂仿制黄地粉彩扁壶，1870年前后

18世纪中期，殷弘绪的见闻传到英国，英国人据此找到了瓷石和高岭土，并开始烧制出软质瓷，比较著名的窑厂有**鲍瓷厂**、**伍斯特瓷厂**、**韦奇伍德瓷厂**等，它们都受到了中国瓷器不同程度的影响。鲍瓷厂和伍斯特瓷厂在初创期都致力于模仿中国瓷器的纹饰，仿制了许多绘有花卉纹、鸟树纹、人物纹的瓷器。伍斯特瓷厂精于仿制，鲍瓷厂后来则出现了一些"欧式中国风"瓷器，例如欧洲女人和中国式的船只、风景共同组成的纹饰。而韦奇伍德从中国瓷器上汲取到的最大灵感是来源于景德镇的瓷业分工制度。1769年，韦奇伍德建立了欧洲第一条瓷器生产流水线，这种新颖的全面劳动分工制度要求每个工人都必须是某道工序的行家里手。有证据指出，这种做法习自殷弘绪关于景德镇瓷业分工情况的论述。效率的提高使韦奇伍德步入兴盛期，其产品迅速打入了欧洲其他国家的瓷器市场。另外值得一提的是，18世纪中叶，工厂发明了青花转印技术，这大大提升了青花瓷制作的效率，而随着工业革命的推进，瓷业中也陆续出现了替代相应人工工序的机器。英国在这种瓷业工业化、机械化的情况下，一步步从瓷器进口国成为瓷器出口国。

图8-85
韦奇伍德青花转印风景图盘·1796—1801年

图8-85
维多利亚与阿尔伯特博物馆藏。口径25厘米。青花转印技术的出现，彻底改变了瓷器生产中人工绘制图案的低效生产模式。正是由于这种技术上的革新，瓷器的工业化生产才得以实现。

图8-86
维多利亚与阿尔伯特博物馆藏。高41.6厘米，底座直径29.2厘米。瓷塑是一对正在打闹的小天使，他们因打闹而丢失了弓箭，正在努力寻找，弓箭就在大理石釉面的底座上。底座上有韦奇伍德公司的标志。

图8-86 韦奇伍德瓷厂釉上彩小天使·1796—1801年

图8-87　英国瓷器销售广告

19世纪初，英国陶工乔西亚·斯波德将煅烧后的骨头与瓷土和矿物熔剂直接混合而试烧成功，制作了属于英国发明的硬质瓷。

当西方大机器生产已经成为瓷器生产的主要方式的时候，中国瓷器依然在延续着几千年的传统方法。到了19世纪末20世纪初，中国已经从瓷器出口大国变成了一个瓷器进口国，尤其是高档的细瓷需要大量进口。这样的巨大反差，引起了爱国人士的反思。他们开始向西方学习先进的生产技术，引进国外的生产设备和管理方法。随着一系列瓷业公司的成立，中国瓷器开始了艰难的嬗变。经过几十年的努力，中国瓷器重新夺回属于自己的世界地位，并再度续写中国古代瓷器创造的辉煌。

结　语

瓷器这一伟大的发明影响了整个世界，对人类社会物质文化的提高作出了重大贡献。作为全世界第一个掌握瓷器制作技术的国家，中国历来被视作"东方瓷国"。在古代，中国瓷器不仅受到国内人们的普遍喜爱并广泛使用，成为社会生活中不可缺少的物品，同时也极受外国人的欢迎，是中国海外贸易中十分重要和主要的输出商品，在古代中外贸易往来和文化交流中占有重要地位。国外的中国古代瓷器现今主要被各大博物馆、图书馆、研究机构和私人藏家等收藏。目前海外地区发现的中国古代瓷器大体可分为两类：一类是非商品类瓷器，它们作为赏赐品、礼品等，数量有限；另一类则是作为商品对外销售的瓷器，这类最为常见，而且数量非常大，一般被称为"外销瓷"，也有学者称"贸易陶瓷""外贸瓷"。

中国外销瓷的出现丰富了中国陶瓷的种类，成为中国陶瓷发展史中一个重要的组成部分。一千多年间，瓷器始终居于东西方文化交流的核心，在欧亚大陆进行远距离的文化传布，而且深入所到之处的寻常百姓家，深刻地改变着当地的传统和文化。尤其在14世纪到19世纪的几百年间，中国输出的外销瓷器比任何其他商品都更敏感地记录了全球化进程中的种种冲击：精英阶层的消费支出，家庭两性关系的互动，用餐礼仪的改变，饮食文化的革命，装饰图案和服饰风格的改变，室内设计和建筑风格的影响，传统艺术手法的不断革新，国际贸易的顺逆、摩擦和冲突，科学研究、制造技术和产品创新，甚至社会价值观的变化……中国瓷器都对它们作出了反应，同时也接受了它们的冲击，参与到伟大的历史变革进程中。瓷器不仅是一种商品，更是一种文化载体，沟通着东西方文化的交流与碰撞，促进着东西方文明的交融与互进。

古代瓷器的运送有陆路和水路两种途径。陆路运输方式在中国瓷器销往蒙古高原、朝鲜半岛、中亚西亚地区以及东南亚的中南半岛等地时曾长时间存在，海路运输则是中国瓷器真正大规模走向世界的主要途径。据研究，在公元前5世纪，通过马来半岛的卡萨姆考连接南中国海区域的中南半岛和印度次大陆东岸的陆海联运路线就已经开辟；公元前3世纪起，经阿拉伯海往返红海-波斯湾与印度次大陆南岸-斯里兰卡之间的航路也已经畅通。到了公元8世纪，东起中国东海，经马六甲海峡和印度次大陆，西至中东与东非地区的航路已十分兴盛，此时的贸易货品以东方的香料、陶瓷、金属原料和西方的玻璃、金属器、珠宝、陶器等为主。

考古及文献资料显示，浙江等地东汉晚期烧造成熟的青瓷，便有伴随商贸往来而输入东南亚、南亚和中东地区的可能。魏晋南北朝时期，以浙江为中心的南方窑场的烧造技术在原有的基础上得到进一步发展，中国瓷器出口日本、朝鲜半岛及东南亚的运输道路已经成熟。隋唐五代时期的窑业在南、北方全面繁荣，并出现了以长沙窑为代表的一批烧造外销瓷器的窑口；此时的外销瓷主要通过陆路输往西域诸国，以及经海道运销西亚及非洲等地。宋元时期是中国瓷器外销的黄金期。两宋时期，我国古代手工业技术和商品经济高度繁荣，国内瓷器产地众多，窑口林立，因陆上丝绸之路被战乱阻断，海上贸易成为中国瓷器外销的主要途径。至元朝，因统治阶级的推崇及对外贸易的特殊需求，加之手工业经济的管理制度有变等，对外贸易出现了异于前朝的特征。现今，伊朗、土耳其各大博物馆内的卵白釉、青花等瓷器便是以景德镇窑为中心窑口烧造的产品。明朝前期实行海禁政策，大量精美瓷器被作为礼品、赏赐品通过政府层面的外交使团、僧团输出，在民间，与波斯地区的贸易活动也未完全间断，其产品种类包括瓷器；永乐、宣德时期，以景德镇御器厂为代表的窑场烧造的大量精美瓷器被赏赉或销往多国。明朝中期至清朝晚期的数百年间，世界大航海时代历经肇始、发展及繁盛期，中国的对外商品贸易取得前所未有的发展。瓷器作为中国独有的产品，在贸易份额中占有极高的比重，并由此在广东、福建等沿海城市及岛屿衍生出一批专供陶瓷等商品流通的市镇及走私场所。

中国外销瓷的销售模式随着时间的变迁而不断发展变化，其中一种最重要的方式就是订制。有据可查的订制瓷器应该在唐代就已经出现了；宋代订制瓷器已经常规化，出现了一些有别于中国传统瓷器样式的特殊器形；在元代，订制瓷器逐渐形成规模，订制的方式也更加成熟；到了明清两代，中国外销瓷器的订制进入了大爆发时期，订制者从葡萄牙人扩大到荷兰、英国、瑞典等国的东印度公司，西方的王公贵族、政客也加入其中，这些订制瓷器在器形、纹饰、规制、品类上都有了严格的规定，让中国外销瓷对世界的影响力进一步扩大。

　　中国外销瓷器作为人类贸易史上第一件真正意义上的"全球性商品"，不仅以其千姿百态的造型、多种多样的装饰而深受世人青睐，更是作为承载着几千年中华文明之精髓的艺术品而逐渐影响到了整个世界。世界其他各国仿制中国瓷器的情况，是随着中国外销瓷贸易路线的发展而蔓延开来的，从朝鲜半岛、日本、越南等临近地区，到伊朗、土耳其、埃及等西亚和北非地区，最后到欧洲各国及其殖民地。从15世纪到18世纪，意大利、荷兰、法国、英国、德国以中国瓷器为模仿对象，不断尝试自己生产瓷器。景德镇高岭土和制瓷秘方的传入，极大加快了欧洲各国制瓷技术的研发进程。欧洲各国受中国瓷器的启发或直接指导，结合本地实际情况而进行试验、仿制，最终在不断探索中形成了本国自己的制瓷产业，并充分利用工业革命技术成果，使制瓷器产业正式进入大机器生产时代。

　　回顾中国瓷器走向世界的光辉历程，可以明显看出，瓷器是一张历史悠久、璀璨夺目的"中国名片"。瓷器走向世界，代表着中国以独特的方式向世界展示自身魅力，代表着中国文化走向世界的独特模式。改革开放以来，中国瓷器工业迅猛发展，目前已重回世界瓷器生产大国行列，成为世界瓷器的制造中心，曾长期代表世界最高制瓷水平的景德镇瓷器，又将重焕新生，引领中国瓷器的未来发展，继续书写《瓷器改变世界》的精彩篇章。

迈森瓷厂仿中国青花瓷盖瓶·18世纪初

参考文献

中文文献:

[1] 北京大学考古文博学院, 江西省文物考古研究所, 景德镇市陶瓷考古研究所. 江西景德镇观音阁明代窑址发掘简报[J]. 文物, 2009(12).

[2] 曹建文. 中葡早期贸易与克拉克瓷器装饰风格的起源[J], 陶瓷学报, 2014, 35(01).

[3] 曹新吾. "克拉克瓷"西踪东迹丛考[C]//海上丝绸之路: 陶瓷之路——景德镇陶瓷与"一带一路"战略国际学术研讨会会议论文集. 北京: 中国社会科学院出版社, 2017.

[4] 晁中辰. 论明中期以后的海外贸易[J]. 文史哲, 1990, 2.

[5] 崔勇. 广东汕头市"南澳Ⅰ号"明代沉船[J]. 考古, 2011, 7.

[6] 方豪. 中西交通史[M]. 上海: 上海人民出版社, 2008.

[7] 方婷婷. 明代景德镇克拉克瓷碗的研究[D]. 景德镇: 景德镇陶瓷学院, 2013.

[8] 冯先铭, 冯小琦. 荷兰东印度公司与中国明清瓷器[J]. 江西文物, 1990, (02).

[9] 甘淑美, 17世纪末~18世纪初欧洲及新世界的德化白瓷贸易(第一部分)[J]. 福建文博, 2012, (04).

[10] 甘淑美, Eladio Terreros Espinosa, 唐慧敏. 17世纪末~18世纪初欧洲及新世界的德化白瓷贸易(第二部分)[J]. 福建文博, 2014, (03).

[11] 韩槐准. 南洋遗留的中国古外销瓷器[M]. 新加坡: 青年书局, 1960.

[12] 江建新. 景德镇宋元时期瓷器外销与新安沉船中的瓷器——兼论高丽青瓷和朝鲜白瓷青花与景德镇窑之关系[M]. 古代外销瓷器研究. 北京: 故宫出版社, 2013.

[13] 康蕊君. 托普卡帕皇宫博物馆的中国瓷器[M]//爱赛、郁秋克. 伊斯坦布尔的中国宝藏. 伊斯坦布尔: 土耳其共和国外交部, 2001.

[14] 李刚. 试述孙吴时期越窑的大发展[J]. 文物研究, 1988, (03).

[15] 李国清, 郑培凯, 梁宝鎏, 余君岳, 李果. 中国德化白瓷与欧洲早期制瓷业[J]. 海交史研究, 2004, (01).

[16] 李金明, 廖大珂. 中国古代海外贸易史[M]. 南宁: 广西人民出版社, 1995.

[17] 李瑞雪. 纹章瓷文化系列之二: 纹章和纹章瓷[J]. 金融博览, 2020, (02).

[18]李瑞雪.纹章瓷文化系列之九:葡萄牙皇室纹章瓷欣赏——若昂六世国王纹章瓷[J].金融博览,2020,(09).

[19]李小宇,袁晓春.蓬莱古船博物馆藏唐宋时期瓷器[J].文物,2016,(06).

[20]林国聪,孟原召,王光远.浙江宁波渔山小白礁一号沉船遗址调查与试掘[J].中国国家博物馆馆刊,2011,(11).

[21]林琳.17—18世纪荷兰东印度公司瓷器贸易研究[D].杭州:浙江师范大学,2017.

[22]林梅村.澳门开埠以前葡萄牙人的东方贸易——15~16世纪景德镇青花瓷外销调查之二[J].文物,2011,(12).

[23]林梅村.观沧海——大航海时代诸文明的冲突与交流[M].上海:上海古籍出版社,2008.

[24]刘朝晖.越南平顺沉船出土的漳州窑青花瓷器[J].中国古陶瓷研究:第13辑,北京:紫禁城出版社,2007.

[25]刘靖.17、18世纪中国陶瓷与法国文化艺术的交流[D].景德镇:景德镇陶瓷学院,2009.

[26]刘淼.明代前期海禁政策下的瓷器输出[J].考古,2012,(04).

[27]刘未.中国东南沿海及东南亚地区沉船所见宋元贸易陶瓷[J].考古与文物,2016,(06).

[28]刘向明,郑三粮.印尼"黑石"号沉船与唐代广东梅县水车窑研究[J].嘉应学院学报(哲学社会科学版),2017,35(01).

[29]马文宽,孟凡人.中国古瓷在非洲的发现[M].北京:紫禁城出版社,1987.

[30]南京市博物总馆,宁波博物馆,上海中国航海博物馆.CHINA与世界——海上丝绸之路沉船和贸易瓷器[M].北京:文物出版社,2017.

[31]彭明瀚.郑和下西洋·新航路开辟·明清景德镇瓷器外销欧美[J].南方文物,2011(03).

[32]皮奇.瓷器——德国及欧洲接受中国文化的一面镜子[J].吴鹏,译.中国历史文物,2005(04).

[33]秦大树,袁建.古丝绸之路:2011亚洲跨文化交流与文化遗产国际学术研讨会论文集[C].新加坡:世纪科技出版公司,2013.

[34]秦大树.埃及福斯塔特遗址中发现的中国陶瓷[J].海交史研究,1995(01).

[35]秦大树.肯尼亚出土中国瓷器的阶段性讨论[J].(韩国)海洋文化财,2017(10).

[36]三上次男.晚唐五代的贸易陶瓷[J].张仲淳,译.中国古陶瓷研究:创刊号,北京:紫禁城出版社,1987.

[37]森村健一.菲律宾圣迭戈号沉船中的陶瓷[J].曹建南,译.福建文博,1997(02).

[38]山东省文物考古研究所,烟台市博物馆,蓬莱市文物局.蓬莱古船[M].北京:文物出版社,2006.

[39]申浚.浅谈西亚与南亚地区发现的元明龙泉窑瓷器.故宫博物院院刊》,2013(06).

[40]施晔.荷兰代尔夫特蓝陶的中国渊源研究[J].文艺研究,2018(01).

[41] 孙晶. 定制外销瓷上的东西交融: 17世纪荷兰定制外销瓷研究[J]. 美术观察, 2020(03).

[42] 唐星煌. 汉唐陶瓷的传出和外销[J]. 东南考古研究: 第一辑, 厦门: 厦门大学出版社, 1996.

[43] 田中克子. 鸿胪馆遗址出土的初期贸易陶瓷初论[J]. 黄建秋, 译. 福建文博, 1998(01).

[44] 碗礁一号水下考古队编著. 东海平潭碗礁一号出水瓷器[M]. 北京: 科学出版社, 2006.

[45] 万明. 全球化视野下晚明漳州青花瓷的异军突起[J]. 社会科学辑刊, 2014(03).

[46] 万明. 中国融入世界的步履: 明与清前期海外政策比较研究[M]. 北京: 故宫出版社, 2014.

[47] 王光尧. 对中国古代输出瓷器的一些认识[J]. 故宫博物院院刊, 2011(03).

[48] 王平. 十八世纪销往英国的纹章瓷研究[D]. 上海: 复旦大学, 2013.

[49] 王少宇. 唐代外销瓷与销往地区的宗教文化关系[J]. 中国陶瓷工业, 2017, 24(06).

[50] 吴春明. 古代东南海洋性瓷业格局的发展与变化[J]. 中国社会经济史研究, 2003(03).

[51] 吴若明. 克拉克瓷名辨及海上丝路贸易区域功用研究[J]. 近代美术史, 2018(06).

[52] 香港东方陶瓷学会, 香港艺术馆. 东南亚瓷与中国出口瓷[M]. 香港: 香港东方陶瓷学会, 1979.

[53] 叶文程、罗立华. 中国青花瓷器的对外交流[J]. 江西文物, 1990(02).

[54] 叶扬秋. 17、18世纪欧洲艺术史中的德化白瓷图式考析[J]. 美术大观, 2017(06).

[55] 余光仁, 余明泾. 试论明末清初克拉克瓷的外延与内涵[J]. 东方收藏, 2010(11).

[56] 赵胤宰. 略论韩国百济故地出土的中国陶瓷[J], 故宫博物院院刊, 2006(02).

[57] 张浦生, 霍华. 青花瓷鉴定[M]. 长春: 吉林出版集团, 2010.

[58] 张世均. 中国瓷器在拉美殖民地时期的传播[J]. 黔东南民族师专学报(哲社版), 1995(01).

[59] 曾玲玲. "雪拉冬"(Celadon)与"中国白"(Blanc de Chine)——从两个瓷器专有名词看中国外销瓷对西方社会的影响[J]. 广州文博, 2011(00).

[60] 郑炯鑫. 从"泰兴号"沉船看清代德化青花瓷器的生产与外销[J]. 文博, 2001(06).

[61] 郑燕婷. 浅谈"中国白"——德化白瓷的古代发展史[J]. 陶瓷科学与艺术, 2014, 48(05).

[62] 中国硅酸盐学会. 中国陶瓷史[M]. 北京: 文物出版社, 2004.

[63] 中国社会科学院考古研究所, 南京博物院, 扬州市文物考古研究所. 扬州城: 1987~1998年考古发掘报告[M]. 北京: 文物出版社, 2010.

外文文献:

[1] AYERS J. Chinese and Japanese works of art in the collection of her majesty the queen[M]. London: Royal Collection Trust, 2016.

[2] BOUND M. The excavation of the Nassau. Excavating ships of war. International Maritime Archaeology Series, Vol.2[M]. Shropshire: Anthony Nelson, 1997.

[3] FINN C P. The material culture of drinking and the construction of social identities in the seventeenth-century dutch republic [D]. Sheffield: The University of Sheffield, 2014.

[4] FLECKER M. A 9th-century Arab or Indian shipwreck in Indonesian waters [J]. International Journal of Nautical Archaeology, Vol.29 (2), 2000: 197-217.

[5] FLECKER M. Excavation of an oriental vessel of c. 1690 off Con Dao, Vietnam [J], International Journal of Nautical Archaeology, vol.21 (3), 1992: 221-244.

[6] FLECKER M. The thirteenth-century Java Sea Wreck: A Chinese cargo in an Indonesian ship [J]. The Mariner's Mirror, Vol.89 (4), 2003: 388-404.

[7] GUY J. Early ninth-century Chinese export ceramics and the Persian Gulf connection: The Belitung shipwreck evidence [J]. TAOCI, 2005, No4: 9-20.

[8] KRAHL R, ERBAHAR N, AYERS J. Chinese ceramics in the Topkapi Saray Museum Istanbul: A complete catalogue [M], Vol 3. London: Sotheby, 1986.

[9] MONKHOUSE C. A history and description of Chinese porcelain. noted by Bushell S W [M]. New York: A. Wessels Company, 1901.

[10] POPE J A. Fourteenth-century Blue-and-White: A group of Chinese porcelains in the Topkapu Sarayi Muzesi, Istanbul [J]. Freer Gallery of Art, 1953.

[11] RINALDI M. Kraak porcelain: A moment in the history of trade [M]. London: Bamboo, 1989.

[12] SCHURZ W L. The Manila galleon [M]. New York: E. P. Dutton & Co., Inc., 1939.

[13] SHEAF C, KILBURN R. The hatcher porcelain cargoes: the complete record [M]. Oxford: Phaidon-Christies, 1988.

[14] VOLKER T. Porcelain and the Dutch East India Company: As recorded in the Dagh-Registers of Batavia Castle, Those of Hirado and Deshima and other contemporary papers 1602 - 1682 [M]. Leiden: E. J. Brill, 1971.

[15] WELSH J, VINHAIS L. Kraak porcelain: The rise of global trade in the late 16th and early 17th centuries [M]. London: Jorge Welsh Books, 2008.

[16] WILLIAM M M, FLECKER M. Archaeological recovery of the Java Sea Wreck [J], Singapore: Nautical Explorations, 2004.

[17] 長谷部樂爾, 今井敦. 日本出土の中国陶磁 [M]. 東京: 平凡社, 1995.

[18] 大韓民國文化財廳, 국립해양유물전시관. The Shinan wreck [J]. 목포시: 국립해양유물전시관, 2006.

[19] 福岡市教育委員会. 鴻臚館. 鴻臚館跡1~17 [M]. 福岡: [s.n.], 1991~2007.

[20] 文化公报部, 文化財管理局. 新安海底遗物 (综合编) [M]. 서울: 同和出版公社, 1988.

后记

《瓷器改变世界》一书，从2017年开始策划至今已经有五年的时间了。本书的策划最初立足于丝绸之路，计划通过中国瓷器的外销来讲述丝绸之路的变迁历史。在选题策划过程中，我们发现中国外销瓷器的世界影响力远远超出了大众的想象，因此才将目标专注于中国外销瓷的历史、中国外销瓷在世界范围内的考古发现和收藏，以及中国瓷器对世界各国在文化、艺术、生活乃至经济方面产生的深远影响，进而反映中国外销瓷器对世界的改变。

《瓷器改变世界》一书在选题策划的过程中，先后得到了北京大学考古文博学院博士生导师秦大树先生、南京博物院研究员霍华老师以及福建博物院文物考古所原所长栗建安先生的大力支持。本书的文稿撰写，第一章由景德镇市陶瓷考古研究所李军强撰写，第二章由景德镇美术馆汪婧撰写，第三章由景德镇市陶瓷考古研究所韦有明撰写，第四章由景德镇市陶瓷考古研究所方婷婷撰写，第五章由景德镇市陶瓷考古研究所上官敏撰写，第六章由上海大学张睿锜撰写、霍华审定，第七章由樊文龙撰写，第八章由景德镇市陶瓷考古研究所汪哲宇撰写，绪言由景德镇中国陶瓷博物馆刘龙撰写、江建新审定，结语由江建新撰写。由于国内相关资料有限，本书的内容依然有缺憾，希望广大读者批评指正。

编　者

2021年6月

图片来源

中国国家博物馆	上海博物馆
湖南省博物馆	扬州博物馆
景德镇市陶瓷考古研究所	广东海上丝绸之路博物馆
韩国国立中央博物馆	韩国首尔百济博物馆
韩国国立扶余博物馆	韩国国立公州博物馆
日本东京国立博物馆	日本奈良国立博物馆
日本九州国立博物馆	印度尼西亚国家博物馆
新加坡亚洲文明博物馆	土耳其托普卡比博物馆
伊朗国家博物馆	大英博物馆
英国维多利亚与阿尔伯特博物馆	英国苏格兰国家博物馆
英国皇家收藏	法国卢浮宫博物馆
法国尼姆文化历史博物馆	荷兰国家博物馆
阿姆斯特丹博物馆	荷兰乌得勒支中央博物馆
葡萄牙克卢什国家宫	德国德累斯顿国家艺术收藏馆
德国科隆东亚艺术博物馆	美国大都会艺术博物馆
美国国立亚洲艺术博物馆	美国克利夫兰艺术博物馆
美国威廉斯堡殖民地艺术博物馆	美国费城艺术博物馆
美国休斯敦美术馆	美国芝加哥艺术学院
美国明尼阿波利斯艺术学院	加拿大皇家安大略博物馆
弗朗茨·迈耶收藏	等等